生涯輔導

林幸台　田秀蘭
張小鳳　張德聰　著

▶▶ 作者簡介

（一、八章）

美國喬治亞大學教育心理學教育博士
現任國立台灣師範大學特殊教育學系教授

田秀蘭

（二、五、八章）

美國愛荷華大學諮商教育哲學博士
現任國立台灣師範大學教育心理與輔導學系教授

張小鳳

（四、七章）

國立政治大學心理學博士
曾任現代人力潛能開發中心執行長

張德聰

（三、六章）

國立台灣師範大學教育心理與輔導研究所博士
現任國立空中大學生活科學系副教授、
中國青年救國團主任、「張老師」基金會董事長

序

十四年前，空中大學開設了「生涯輔導」這門課，由我們四人共同規劃、撰述這本教科書。當時是採用廣播的方式，在空中與同學相會。其後曾重播數次，於 2003 年空大有意將之改為電視播放，吾等認為除了播放方式的改變外，上課內容亦有必要加以修正更新，因此當年 5 月起，即召開數次討論會，商議修訂的方式、內容及進度等事宜。經歷一年有餘，始完成空大第二版《生涯輔導》，如今事隔七年，在心理出版社的邀請下，我們再度局部修正，也因大家工作忙碌修改了近一年，本書終於付梓，十分感謝心理出版社林總編輯與執行編輯的協助。

這一次的修訂大架構沒有變動，仍為八章，但內容方面則加入了生涯輔導最近的資料。最近幾年，生涯輔導工作有相當重大的轉變，不僅在學術界從不同角度對這個課題有更深入的探討，也因為愈來愈重視每一個人的生涯發展，特別關注到個別性與獨特性。而在實務界，更因為實施高中及大學多元入學方案，學生在做生涯選擇時需要更多的協助，凸顯了生涯輔導的重要；而在社會上，因為金融海嘯的衝擊、經濟衰退、就業市場的緊縮，無論社會新鮮人面對「畢業即失業」的困境，或中年失業後面臨的生涯發展與家計問題，以及企業更替速度加快，生涯轉換成為當代工作者面對的課題；婦女二度就業以及參與勞動率的增加、人口老化後資深公民的生涯規劃、以及兩岸政治與經濟的發展與趨勢如 ECFA 的簽訂，在在都與生涯規劃、生涯輔導有密切關係，更顯示生涯輔導的重要，同時也對生涯輔導的研究與實務工作者產生新的學習與衝擊，而本書的修訂也正反映了現實狀況的需要。

林幸台　田秀蘭　張小鳳　張德聰　謹識

目　錄

第一章

生涯輔導基本概念

學習目標

詳讀本章後，學習者應能達到下列目標：

1. 認識生涯輔導的基本概念。
2. 了解職業輔導與生涯輔導的區別。
3. 了解生涯輔導演進的歷史背景。
4. 了解我國實施生涯輔導的概況。

- 生涯輔導基本概念
  - 生涯與生涯發展
    - 社會變遷與生活型態
    - 生計與生涯
    - 生涯發展
  - 職業輔導與生涯輔導
    - 職業輔導的理念與限制
    - 生涯輔導的意義與主題
    - 生涯相關名詞
  - 生涯輔導的演進
    - 職業教育與職業輔導的結合
    - 心理測驗的發展
    - 專業組織與刊物的發展
    - 生涯輔導理論的建立
    - 新世代生涯輔導
  - 我國生涯輔導實施概況
    - 職業輔導階段
    - 學校生涯輔導的推動
    - 成人與企業員工輔導的發展

摘要

生涯是個人一生當中，在家庭、學校、職場與社會上各方面所從事的活動與經驗的總合，而生涯的發展即跨越整個人生，成為一個連續不斷的歷程，個人在此發展歷程中，逐漸塑造出個人獨特的生活型態。

由於社會變遷的影響，個人面對錯綜複雜的社會環境，思考在這個人生旅程中，想要的是什麼？祈盼過得是什麼樣的生活？從生命根本目的的探索，進而思索究竟自己是什麼樣的一個人？擅長什麼？有哪些資產可以達到願望？這一連串的問題沒有絕對的答案，但卻是環繞人生的重要課題，也是生涯發展的要義，生涯輔導即是協助個人生涯發展的一種專業助人工作。

本章先針對生涯的基本理念加以釐清，並區別傳統的職業輔導與生涯輔導的不同，從生涯輔導演進的歷史背景，了解生涯輔導的重點，最後則對我國實施生涯輔導的概況略加描述，以掌握目前生涯輔導的方向，進而得以藉由生涯輔導工作的推展，促使全民均能體會生涯的意義，關心自己，並在變動的世界中找到自己的定位。

第一節　生涯與生涯發展

一、社會變遷與生活型態

㈠社會的變遷

二十世紀的人類歷經前所未有的變化，尤其在近數十年所謂後工業化的時代，台灣已逐漸脫離邊陲地帶、邁向國際經濟的主軸，同樣可以感受時代巨輪的震撼力，變化之快更讓人有一日三秋的感覺。楊國樞（1990）曾分析台灣地區未來明顯的變遷趨勢，其中第一項就是變遷速度更快，一、二年內所發生的變化可能超過過去數十年的總和；在這個前題下，社會更資訊化、服務行業更興盛、人口更高齡化、社會更多元化，而近數年更可看到文化更人本化、民間互動更強，以及對教育改革的呼聲日益高亢等現象。

造成變遷的因素錯綜複雜，但最主要的應是科技的進步，以及隨之引發的經濟活動型態的改變。以人類生活重心的工作而言，通訊設備與資訊網路系統的建立無遠弗屆，無論天涯海角，都能藉著此種電子傳輸工具交換資訊，瞬息萬變的金融行情可在地球的另一端伺機炒作，跨國企業更能隨時掌握商機遙控貨品的進出。這種變遷趨勢已明顯挑戰傳統「日出而作，日入而息」的生活型態，二十四小時營業的便利商店只是這種挑戰的小小回應，即使一般朝九晚五的上班族仍須日出而作（上班），但日暮之後還有更大的活動空間，加上週休二日制度付諸實施，這種種的改變不僅影響整個社會的運轉，對個人的生活型態更是一大挑戰。

在國際競爭激烈的時代，企業界乃多方致力於人才的延攬與培育，員工在職訓練、生涯管理成為企業生存的重要措施。整個國家更為因應國際

化的趨勢，積極營造有利於經濟發展的條件，而如何協助學生有效學習、培養專業技能與創造思考能力，如何使其順利由學校轉銜至社會加入生產行列，如何充分運用具挑戰性、應變能力、高生產力的人力資源，就成為教育與人力規劃的首要之務。

對絕大多數以工作為人生意義與生活秩序主要來源的人而言，人生數十年的光陰，不論科技如何發展、社會如何變遷，每天仍要生活、仍要工作，因此如何工作、如何生活，就成為普遍受到關注的焦點，特別是在無所不在的經濟體制籠罩之下，如何發揮個人的原創力，體現生命的價值感，乃成為現代人的重要課題。

㈡職業結構的變動

自古以來，工作就是人類生活的重心，初民時代，漁獵、耕作是生活的全部，隨著時代的進展，累積的經驗知識日益增多，社會結構日趨複雜，於是開始有分工制度，依著居住環境、地理位置、天然氣候，以及自然資源的分布，分別出現農人、漁夫、工匠或商賈等等職業，而各種職業也因經驗與知識的日積月累，逐漸趨於專精化，在現代社會各行各業中，百年老店成為信任的標記，歷史悠久、信譽卓著成為招攬客戶的必要廣告詞。

在人類歷史上，社會分工制度持續上千年，其間固然時有動亂，但大致仍維持近乎靜止的社會型態，家族中人亦世世代代謹守著傳統的衣缽，從事相同的工作，然而產業革命之後，由於社會的變遷與經濟的發展，人與工作不再維持永久固定的關係，至二十世紀更因各項科技的發明與教育的普及而產生重大的變化，龐大的社會流動現象即為普遍存在的具體事實，台灣地區四十年來產業結構的變動是一個非常明顯的例子。

由表 1-1 可明顯發現五十年前台灣地區以農林漁牧業為主的產業結構，五十年之後，其從業人數所占比例已大幅降低，即使 2001 年仍有近七十萬人從事此類工作，但其生活重心已不純粹是傳統的農事，農村因交通便利、工廠林立，使大多數人在農忙之餘，有機會加入其他行業（打零工或從事其他副業），農人、工人不易區隔，形成一種特殊的農村景象。

表 1-1　台灣地區產業結構變動狀況

單位：千人

年度	就業人	農業人數	工業人數	服務業人數（%）
1951 年	2893	1640（56.69）	472（16.32）	781（27.00）
1961 年	3505	1747（49.84）	732（20.88）	1026（29.27）
1971 年	4738	1665（35.14）	1417（29.91）	1656（34.95）
1981 年	6672	1257（18.84）	2814（42.18）	2601（38.98）
1991 年	8437	1092（12.94）	3386（40.12）	3960（46.92）
2001 年	9383	705（7.52）	3378（36.00）	5300（56.48）

資料來源：行政院主計處

工業在 1980 年代台灣經濟突飛猛進之際占勞動人口的大宗，然而至 1990 年代，服務業已成為台灣地區最主要的勞動力市場。事實上，雖然生產製造業其從業人數仍高達三百餘萬人，但因勞工短缺、工資上漲、土地昂貴、環保訴求等因素，使得勞力密集的產業大量外移，而本土性的基礎工作卻又不得不引進外勞；由於人口成長減緩、國民平均壽命延長，青壯人口及高齡人口的比例增加，需要高等教育水準的新興科技產業及專業性服務業，成為未來吸收人力的主要部分。近年來更因企業多元化經營、多角化的發展，進而建立產銷合一的系統，也使得工業與服務業的分際不再壁壘分明，這種結構與本質的改變，不僅使傳統的產業劃分法不再適合新時代的需要，更重要的是伴隨而來的新工作觀對個人生涯所產生的影響。

事實上，產業結構的調整及轉型實是影響台灣快速經濟成長的主要原因之一。其中以 1986 年之後，由於工資、房地產及台幣大幅提高，造成勞力密集產業大幅外移，產業結構更是急遽轉變。工業占國內生產毛額比重由 1986 年高峰期的 47.1%減少為 2001 年的 31.09%，農業由 5.5%降為 1.95%；相反的，服務業由 1986 年的 47.3%大幅提升到 2001 年的 66.96%。未來這種產業結構的變化仍將延續反應 1986 年以來持續進行的產業結構轉

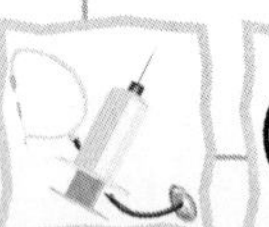

型趨勢。然而過去幾年，台灣正迸發四十年來所未曾經驗的三大運動：政治民主化運動、社會資源重分配運動、產業結構提升運動。換言之，台灣正同時遭逢政治、社會、產業等三大運動，而歷經過去幾年的金錢遊戲後，台灣產業結構的改變，台灣產業結構的調整實已到了「成王敗寇」的關鍵時刻。尤其因勞工成本飛漲，政府保護、補貼與獎勵措施逐漸取消，企業的環保成本開始內部化，更使得台灣的產業競爭環境發生遽變。

總之，台灣企業已經從過去尋求「比較利益」的經營環境，轉變到了現在非尋求「競爭優勢」則不足以生存的新競爭環境了。換言之，過去只要尋求比較低廉的生產因素如勞動力、土地就可生存。現在則非尋求策略行銷功能較競爭者更具績效或生產力，否則就無法存活。

㈢新工作觀

表 1-1 是台灣地區職業結構變動的量化資料，在量的變化背後，更重要的是工作本質與生活型態的轉變。科技的進步使得以往必須靠大量勞工動手操作的工作方式，現在則代之以電腦處理，員工所接觸的可能不再是實質的材料，而是一連串電腦儲存的資料，經設定的程式，指揮機具進行某種操作。工程師的工作範圍可能不再單純只是機器、設計圖等靜態的內涵，而必須走出研究室，直接面對客戶以因應不斷改變的需求。生產製造者與行銷服務者將密切合作，甚至延攬行銷商參與產品的研發，簡化產品設計與生產過程。企業為快速做決策，不得不縮短指揮的層級，扁化行政結構，將決策權交給第一線的員工，打破以往明顯區分的職位層級。

對個人而言，全時工作者在全部勞動人口中所占的比例將減少，部分工時成為未來的趨勢：根據經濟合作發展組織（OECD）的預測，美國部分工時的比例由 1970 年的 29%升至 2000 年的 50%。換言之，有一半的就業人口是部分時間的工作，且其工作地點可以在任何有資訊網路的地方，而不是固定在傳統的辦公室，因此雇主必須學習如何管理散處各地（或家中）看不見的員工。至於朝九晚五的工時制度將逐漸為彈性工時所取代，有時為一項計畫必須不眠不休的工作可使員工更有發揮的空間，但也可能

帶來更多的職業倦怠，因此升遷或頭銜將不是個人追求的唯一目標，工作的附加價值可能更為重要。

在農業時代，個人的身分是與生俱來的，雖然某些境遇可能略為改變其身分地位，但基本上出生就幾乎已經決定一生，而人們的食衣住行都是自給自足，行有餘力才打零工，以滿足額外的需求，勤儉持家的工作價值觀極為普遍。社會分工後，工作成為謀生的工具，經濟報酬成為主要的目的，賺錢以購買生活所需，累積存款以置產、準備子女教育費用或預備老年保障。然而在高度流動的社會裡，每個人的身分與角色都要靠自己慢慢編織出來，面對職場與工作方式的變化，把工作當作責任或必須完成的事看待的觀念將遭到淘汰，代之而起的是新的工作觀：熱愛工作、將自我投入工作，從責任要求轉變為自我實現，從工作中找到自己，這就是工作的附加價值。

在這種新的工作觀影響之下，個人在投入工作之前，先要思考的將是：在這個人生旅程中，我真正想要的是什麼？我祈盼過的是什麼樣的生活？這是生命的根本目的，在這個指南針導引下，再思索我究竟是什麼樣的一個人？我擅長什麼？我有哪些資產可以達到我的願望？這一連串的問題沒有絕對的答案，但卻是環繞人生的重要課題，也是生涯發展的要義。

二、生計與生涯

倉頡造字以表意，依《說文解字》的註解：草木長出土為「生」，也就是成長，因此有「生生不息」之語。「計」從言，謂出聲數之，十為整數單位，會合其數而核算為計。生計兩字相連，所指的是核算每天的生活怎麼過，更長遠的說則是對整個生命怎麼打算。至於「涯」則是水邊，窮盡之意，指事物的邊際或極限，生涯兩字合起來，就代表著生活或生命的邊際。

生計或生涯這兩個詞的使用由來已久，在我國古典詩詞中就曾多次出現，如白居易詩「生計拋來詩是業，家園忘卻酒為鄉」、「料錢隨月用，

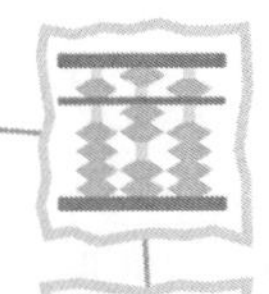

生計逐日營」，劉長卿詩「杜門成白首，湖上寄生涯」、杜甫詩「誰能更拘束，爛醉是生涯」，以及元曲〈漢宮秋〉「正是番家無產業，弓矢是生涯」等等；其狹義的用法是指生活之計、謀生之業，與現代人所稱之工作或職業意義相近，但就廣義而言，則又隱含著個人對生活的安排、生命的追尋與期許，至於莊子的名言：「生也有涯，知也無涯」，則更是從長遠寬廣的角度對人生所做的觀察。

不過目前一般所談生計或生涯的概念，其理論根據則主要源自歐美人文主義心理學的思潮，在英文裡，career 原有「道路」（road, path, way）的意思，引申為人或事物所經過的途徑，或個人一生進展路途，它強調的是長程的、整體的概念，因此就個人的情況而言，生涯所指的就是個人數十年的生命中，如何成長、如何經歷、如何發展的過程。

在輔導專業領域中，許多人曾對生涯的概念加以詮釋，如麥丹紐（McDaniels, 1978）認為生涯不僅是一個人的工作或職業，它是一種生活型態，包含個人一生中所參與的一連串工作與休閒的活動。蓋斯柏與莫爾（Gysbers & Moore, 1975）則主張以終生的生涯發展（life career development）代替生涯一詞，以反應個人一生所經歷的角色、情境與事件對其自我發展的影響。瑞諾與恩汀（Raynor & Entin, 1982）認為生涯的概念有現象學上與行為上雙重的意義，因為它是個人所做所為以及對自我省思的結合體，藉著個人過去的成敗經驗，目前所擁有的能力與屬性，以及對未來的計畫等，在社會環境脈絡中給予自己的一個定位。不過，最常為人所引用的說法則是舒波（Super, 1976）所下的定義：

「它是生活裡各種事件的演進方向與歷程，統合個人一生中各種職業與生活角色，由此表現出個人獨特的自我發展型態；它也是人生自青春期以迄退休之後，一連串有酬或無酬職位的綜合體，除職位外，尚包括任何與工作有關的角色，甚至也包含了副業、家庭、公民的角色。」（p.4）

歸納上述各種說法，可知生涯的概念涵蓋個人一生當中，在家庭、學校、工作與社會各方面的活動與經驗，而其發展則跨越整個人生，成為一個連續不斷的歷程，個人在此發展歷程中，逐漸塑造出個人獨特的生活型態。

三、生涯發展

隨著一個人年齡的增加與經驗的累積，逐漸開展其生涯旅程。這個發展過程可從個人面與社會面兩個層次加以分析。個人的生涯發展正如其他特質的發展一樣，有其發展的過程，而各個階段又因個人的年齡、所處環境以及社會期待等因素，而有不同的需要與任務，同時也顯現其發展的特色。整體而言，生涯發展就是指個人一生當中，關聯到教育、職業，以及其他重要角色的選擇、進入與進展，其最終目標都在實現個人的自我。

許多生涯發展理論都將此一過程視為社會化過程的一部分，並隨年齡的成長逐漸成熟、發展出有效的自我認定與決策能力。社會化過程中的點點滴滴都關係著個人能否達到自我實現的目標，也因此每一個發展階段都有其重要性。但因整個發展過程受心理、生理、社會、教育、經濟，乃至偶然因素交錯的影響，因此不易確實掌握，有些人發展得相當平順，但不少人崎嶇不平，有人積極的投入，有人卻消極的應付，顯示出極大的個別差異，然而亦代表著發展的可能性。

個人的生涯發展離不開社會，尤其在成人之後，其所投入的職業生活圈以及伴隨的人、事、物，往往就是實踐個人生涯理念的關鍵，因此近年許多學者將個人的生涯發展與企業組織的發展貫穿起來，就企業而言，員工的生涯發展成為人力資源管理的重要課題，企業有良好的生涯管理措施，員工生涯常能獲得適當的發展，二者的關係有如脣齒相依，甚至整個社會亦如此。

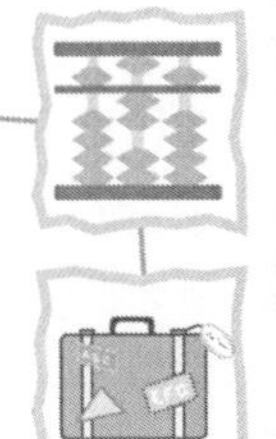

第二節　職業輔導與生涯輔導

一、職業輔導的理念與限制

傳統農業社會步調沉穩而緩慢，許多人的一生都是安安分分地在沒沒無聞的歲月中度過；他（她）的身分在出生時即已註定，「良治之子，必學為裘，良弓之子，必學為箕」。未來的一生就根據既定的軌跡生活著，「日出而做，日入而息」，生產、消費、工作、娛樂都融合在日復一日，周而復始的生活中，因此「克紹箕裘」的觀念普遍受到讚美，自然也不會有所謂職業選擇的問題。

然而隨著工業社會的快速發展，職業結構有了重大的變化，個人的生活方式也呈現多樣化的局面，再加上現代民主、自由的思潮，個人對自己的未來有更大的自主權，對於既有的或生來即賦予的，也不再像過去那樣一成不變的接受。但相對的，由於職業分工愈細，社會愈趨複雜，個人擁有更多的自主，卻也帶來更多的責任，以及更多的不確定性；以選擇職業而言，個人面對職類繁雜、繽紛奪目的工作世界，可能愈形困惑徬徨，人生之路也不免更加巔簸崎嶇。為因應這種時代的變遷，於是有了職業輔導的措施。

職業輔導（vocational guidance）是生涯輔導概念出現以前所普遍採用的名詞與作法，1937 年美國職業輔導學會的定義是：「職業輔導是協助個人選擇職業、準備職業、安置就業及在職業上獲得成功的過程。」由此可知，當時的職業輔導主要目的在協助個人尋找適切的工作，並注意工作的適應問題，所強調的是所謂「人人有事做，事事有人做」、「適才適所」的理念。

傳統的職業輔導有其時代背景，也確實給予求職者許多協助，但近年

來，由於社會變遷急遽，經濟結構已由農業社會演進為工業社會、甚至所謂後工業時代，人力資源的開發與運用、人性管理與發展，成為教育界與企業界共同關心的課題，如何使學生在踏入社會、加入生產行列之前即已獲得適切的準備？如何讓在職的員工一方面能提升其生產力，在工作崗位上發揮所長，另一方面又能從工作中獲得心理上的滿足，實現個人所追求的目標與理想？在個人一生當中，除職業生活外，家庭、休閒、公民角色等漸受重視的生活內涵又應如何安排？至於生活方式的選擇、愛與隸屬感的追尋、理想抱負的實現等現代人極為關切的課題，又應如何才能獲得滿意的結果？這些問題都已不再是狹義的職業輔導所能為力，因此到 1960 年代後期，生涯輔導與諮商（career guidance/counseling）一詞已逐漸取代職業輔導，成為輔導工作中一項重要的助人服務工作。

二、生涯輔導的意義與主題

1951 年舒波曾對生涯輔導的意義加以界說：「協助個人發展並接受統整而適切的自我形象，以及其在工作世界中的角色，並於現實世界中加以考驗，進而將之轉化為實際的事實，以滿足個人與社會。」此一說法並未提及傳統職業輔導所重視的職業資料，也不強調人與事的媒合，卻將重點轉向心理層面，特別強調自我概念在個人生涯發展歷程中的重要性，生涯就是實踐自我的重要成果，因此自我了解和自我接納，就成為教育、職業、生活與個人的發展息息相關的重要關鍵，且在上述定義中，更將人與社會互相連結，視生涯發展為自我與現實調和的歷程，這種觀點在 1970 年代逐漸為輔導界所接受，也因此將生涯輔導帶入另一新的境界。

韓森（Hansen, 1981）曾深入分析當前社會變遷對個人生涯發展的影響，認為生涯輔導在整個方向上，至少有下述六個層面不同於傳統的職業輔導：

1. 由侷限於工作的選擇擴大為對生活型態的重視。
2. 協助當事人覺察自己的生涯社會化（career socialization）歷程。

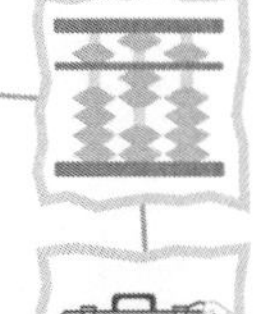

3. 由安置適合當事人目前狀況的職位轉而對未來可能選擇的生活型態做準備。
4. 由僅僅注意職業上的選擇擴大至更廣的生活層面以及個人與職業的連結。
5. 協助個人在急遽變遷的社會中統整自己所扮演的角色。
6. 改變傳統刻板的男女角色印象以擴大選擇的可能性。

由此可知，生涯問題所涉及的時間層面較單純的職業選擇要來得長，它包括就業前的各種學習活動（如學校教育與專業訓練），以及就業後所參與的工作及工作以外的活動（如兼差、副業、休閒乃至退休）；生涯的重心不在個人所從事的是什麼工作而已，整個生涯發展連續與否、各個階段的教育與職業選擇的交互關係，以及工作、職務、職位的關聯性與連續性等，都是生涯所要探討的課題。換言之，生涯輔導工作所注重的不僅止於當時要做什麼教育或職業選擇，更要注意中程與長程的目標，以及即刻的選擇與未來目標間的關聯，因此人的價值觀、自我概念、計畫、探索行為等的澄清與規劃，就成為生涯輔導的重心；此外，生涯輔導不僅注意個人在某些職業上的潛能，也更加重視與此種潛能的選擇、學習、運用有關的態度和知識，因此對學生或成人抉擇技巧、做計畫、解決問題能力的培養自然也成為生涯輔導的重點。

綜合上述觀點，可發現生涯輔導不僅有許多措施與傳統的職業輔導有別，在基本理念上亦如社會科學上所謂的「典範變移」（paradigm shift），而在本質上有頗大的差異。赫爾與克拉瑪（Herr & Cramer, 1996）歸納許多生涯輔導專家的意見，認為這個新的典範有下述六項主題，是生涯輔導工作的重心：

1. **決策能力的培養**：生涯發展是一連串抉擇貫穿起來的結果，面對各種抉擇情境，個人必須運用適切的決策技巧，做最佳的決定，因此生涯輔導十分重視決策能力的培養，學生與成人都必須學習如何界定問題、蒐集資料、分析各種生涯途徑的利弊得失或其優劣，做好最佳的選擇。

2. **自我觀念的發展**：個人的生涯抉擇或計畫都是其自我觀念的產物，

因此必須協助學生或成人在探索職業之前或之中，對自我有深入的認識，舉凡個人的能力、興趣、個性、抱負、理想、價值觀，都是自我了解的內容。有健全的自我認識才可能發展正確的生涯自我觀。

3. **個人價值觀的發展**：教育、休閒與職業相互關聯，影響個人的生活方式，而每一個人的生活方式又與其價值觀念有密切關係，因此在選擇教育或職業之前，必須探討該項職業或教育與個人價值觀的關聯。

4. **自由選擇的機會**：生涯輔導的重點不在於某個工作機會或科系課程的選擇，而是對各種可能的選擇機會以及與選擇有關的個人特質、期望與選擇結果做深入的探究。選擇適當與否，應以個人統整且自我認定的標準來分析其利弊得失，不應以他人事先預設的目標強加於其身。

5. **個別差異的重視**：自由開放的社會最重要的是承認個人的才能有所差別，因此生涯輔導特別注重如何發掘潛能，並給予個人充分發展的機會以展現其才華。

6. **因應變遷的彈性**：社會變遷迅速，工作世界與生活型態也隨之發生變化，生涯輔導應協助個人面對此種變遷，培養個人應變的能力，洞悉變遷的趨勢，思考彈性化的目標以及達成目標的多種途徑。

三、生涯相關名詞

與生涯相關的名詞相當多，其中若干名詞可能產生混淆，譬如一般人常將工作（work）與職業（occupation）相提並論，事實上，職業可以涵蓋工作，但工作並不等於職業，工作是個人所從事的活動（activities/jobs）或任務（tasks），從事此等活動以完成任務，則必須扮演某種角色（role），通常亦隨之賦予某一職位（position）。至於職業則是此職位與角色的統稱，因此一個人可能從事同一職業，但其職位會隨需要而調整，其工作內容亦隨之改變，所表現出來的角色行為自然亦有所不同。

通常職業有其物質上的報酬，而工作可能係出自自願，不一定有何酬勞（如志工的工作），但擔任此一工作者，仍有其職稱（志工）及所須扮

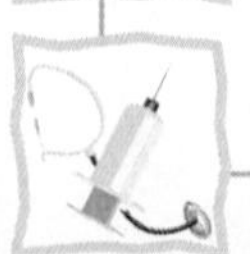

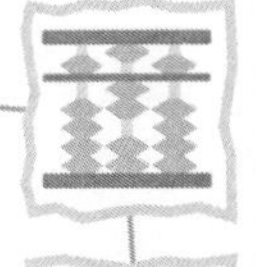

演的角色。職業是客觀存在的事實，通常附屬於某一行業或組織，即使非受雇者（如個人工作室），亦因其多屬有酬的性質，因此所界定的範圍較窄，但生涯則是個人主觀認定並願意追尋的目標，若個人生涯目標與其職業相符，不僅能獲得適當的酬勞，更能獲得實踐個人的自我於工作中的機會，兩者相得益彰。

在某些行業或企業組織中，個人向上升遷或內部轉移的機會有其路徑或階梯，此即所謂生涯路徑（career path）、生涯階梯（career ladder）或生涯方格（career lattice）。在組織中推展生涯管理（career management），常須將此訊息諭知員工，使其了解個人可隨著經驗或知能的增長，轉換工作內涵與職位，而其責任與酬勞亦隨之增加（或改變），此等訊息在個人的生涯規劃上有相當重要的參考價值。

與生涯輔導相關的另一名詞是生涯教育（career education），後者是從教育的立場，強調在普通教育的過程中，將實際生活及職業世界有關的訊息，融入幼稚園至高中、甚至大學的課程中，以增強學生職業選擇的能力，協助其獲得工作技能，透過更有意義、更符合學生志趣的教育方式，增進其學業成就，以為成功的職業生涯作最佳的準備（Hoyt & Hebeler, 1974）。生涯輔導與生涯教育的目標一致，但更著重廣義的生涯發展，而在方法上則更強調輔導技巧的運用。事實上，若能落實推展，二者自然有相輔相成的作用。

至於近年常見的生涯諮商（career counseling）一詞，則屬廣義的生涯輔導工作之一。廣義的生涯輔導工作以協助個人自我了解、掌握工作世界的訊息、發展生涯規劃所需的技巧等與生涯發展和生涯抉擇的服務，其所使用的方法可包括班級教學、探索活動、自我評量、工作經驗、生涯技巧訓練，以及生涯諮商等。生涯諮商實乃將心理諮商專業的基本原理應用於生涯課題上，但由於生涯範圍涉及相關的角色（如家庭、工作、休閒等）選擇與扮演，因此生涯諮商人員介入的層面可能較廣、較深，近乎心理諮商工作（Crites, 1981; Sampson, Vacc, & Loesch, 1998）。

第三節　生涯輔導的演進

生涯輔導從廣義來說，可溯源於1908年美國輔導專家帕森斯（F. Parsons）的倡導，當時美國社會正處於轉型期，職業結構與勞動力供需情形產生變化，青（少）年自學校畢業後，無法在複雜的工作世界中獲得適當的工作機會與良好的適應，有鑑於此，帕森斯乃亟力推動各項職業輔導措施，此後職業輔導逐漸成為學校輔導工作重要的一環。

自1909年職業輔導之父帕森斯身後出版《職業選擇》一書，揭示職業輔導的三大要件之後，迄今已有近百年，由偏狹的職業選擇進而為終生的生涯發展，其間有若干重要事件影響生涯輔導工作的演進。

一、職業教育與職業輔導的結合

十九世紀末至二十世紀初，美國由於社會的轉變與工業化的需要，相繼通過莫瑞爾法案（1876年）、史密斯－休斯法案（1917年），大力推展職業教育，更由於杜威（John Dewey）實用哲學的影響，重視職業知能與社會文化環境的結合，因此青年學子不僅要接受良好的職業教育，培養專精的職業技能，而且能順利進入工作世界，成為社會有用的人才。基於此一背景，職業輔導乃與職業教育密切連結，職業教育人員就成為早期職業輔導工作的主流，透過教師的指導與建議，將教師所熟悉的職業資料傳遞給學生，做為其選擇職業、踏入社會的重要參考，職業輔導即在職業教育的推展中成為廣受社會重視的一項服務工作。

但可能因當時心理學尚未普遍發展，職業學校教師並未具備心理學的背景，因此早期的職業資料多為個人蒐集或累積的訊息，偏重工作性質的描述與工作機會的提供，較缺乏與個人特質或心理有關的分析資料，而在資料的效度上也缺乏客觀的驗證。此種情形至1940年代後，才因心理測驗

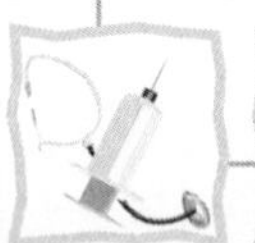

的發展而逐漸獲得改善，而職業資料本身亦在政府機構的重視與相關研究單位及職業輔導專家的推動下，更趨完善有效；1939 年美國第一版職業分類典（Dictionary of Occupational Titles, DOT）正式出版，內容包括上千種職業的名稱與相關資料，成為各個職業輔導機構重要的參考資料。

由於此種轉變，1940 年代的職業輔導已逐漸走向專業化、科學化，而職業教育也逐漸與職業輔導脫離以往密切的關係，職業輔導成為受過專業訓練的人員專業性的工作內涵。

二、心理測驗的發展

二十世紀初心理學開始蓬勃發展，有關個別差異的研究引起許多人的注意，而在個人選擇職業與工作適應上，人格因素的影響也受到廣泛的重視，因此自 1930 年代起，陸續有多種心理評量工具出版，對職業輔導產生重大影響。

最早的心理測驗以能力的評量為主，如法國比奈與西蒙（A. Binet & Simon）編製的比西量表，以個別施測的方式評量學童的智力，做為學校分班的參考。第一次世界大戰期間，美國陸軍為甄選從軍人員依其能力分派適當的工作，乃委託耶克斯（R. M. Yerkes）、奧迪斯（A. S. Otis）等人編製出第一份團體智力測驗（陸軍甲種與乙種測驗，Army Alpha & Army Beta）；二次大戰期間，美國陸軍再度因應實際的需要，編製陸軍普通分類測驗（Army General Classification Test, AGCT）。由於測驗編製技術的進步與統計方法的發展，大幅提高測驗的可靠度與效用，根據這些資料所進行的智力差異研究，成為人員甄選與分類的重要依據。

此外，1940 年代美國因經濟衰退、失業問題嚴重，聯邦政府於 1931 年特別設立「明尼蘇達就業安定研究中心」（Minnesota Employment Stabilization Research Institute），在派特森（D. G. Patterson）的主持下，有計畫地進行一系列有關職業能力、職業選擇與工作適應問題的研究，同時編製許多評量職業能力的工具，包括明尼蘇達文書性向測驗（Minnesota Clerk

Test）、明尼蘇達空間關係測驗（Minnesota Spatial Relation Test）、明尼蘇達紙形板測驗（Minnesota Paper Form Board Test）等。這些測驗在職業輔導上發揮很大的效用，美國聯邦政府勞工部就業服務處（United States Employment Service, USES），即根據這些測驗研究結果，進一步編製綜合性的通用性向測驗（General Aptitude Test Battery, GATB），成為職業輔導中一份非常重要的評量工具。

職業興趣與個人職業的選擇非常有關，此一方面的研究可追溯自 1918 年卡內基理工學院（Carnegie Institute of Technology）J. B. Miner、B. V. Moore 等人所發展的評量研究，史創（E. K. Strong）即參考彼等資料，於 1927 年編製非常有名的「史創職業興趣量表」（Strong Vocational Interest Blank, SVIB），成為職業輔導工作中另一個普遍受重視的評量工具，許多研究即據此工具探討職業選擇及適應與個人興趣及其他變項之間的關係，而為職業輔導提供了重要的理論依據。

三、專業組織與刊物的發展

早期的職業輔導工作多係個人在不同地方或機構自行推展，尚無有系統的組織，1910 年召開第一次全美職業輔導會議，是職業輔導人員首度的結合，至 1913 年第三次全美會議時，正式成立全美職業輔導學會〔National Vocational Guidance Association, 1985 年改名為全美生涯發展學會（National Career Development Association）〕，於是職業輔導乃有一個正式的專業組織，而有關專業方面的發展，可分別說明如下。

㈠宣導通訊刊物與專業雜誌的發行

專業刊物是一個專業工作發展的重要據點，藉此可以交換專業工作的心得、分享專業研究的成果、提升專業的品質。職業輔導自 1911 年起，即有艾倫（F. J. Allen）主編之《職業輔導通訊》（*Vocational Guidance Newsletter*），成為連絡、通訊的重要工具，爾後隨著專業的成長，相繼有《職

業輔導雜誌》（*Vacational Guidance Magazine*）、《職業》（*Occupations*）、《職業輔導季刊》（*Vocational Guidance Quarterly*）的發行，1986 年後，為因應實際狀況，改稱《生涯發展季刊》（*Career Development Quarterly*）。

㈡專業人員培養與訓練

輔導人員的專業角色與能力為此項工作能否成功的重要關鍵，因此全美職業輔導學會（NVGA）、美國人事與輔導學會（APGA）、輔導人員教育與督導學會（ACES）、美國學校輔導人員學會（ASCA）等均曾分別於1973、1974、1976、1985 年提出有關生涯輔導人員所扮演之角色與應具備之能力的宣言（宋湘玲、林幸台、鄭熙彥，1985；林幸台，1987），其重點包括諮商、資料與資源、評量、管理、方案執行與諮詢等，許多專業訓練機構即以之為培養與訓練生涯輔導人員的依據，而生涯輔導人員也如心理學家、學校輔導人員、社工人員般建立起證照制度（林幸台、蕭文，1991）。但由於生涯輔導所涉及的範圍十分廣泛，尤其是工作世界之複雜非任何輔導人員所能完全了解，因此除正規的學院式專業訓練外，常採用企業機構實習、研習會等方法增進準諮商員或現職人員的知能。

四、生涯輔導理論的建立

二次大戰以前，職業輔導所根據的主要是帕森斯在 1908 年所提示的三項基本原則，後來由於測驗的發展與職業資料的編纂，使職業輔導工作有了更多可用的工具，據此而創立的特質論成為當時唯一的理論依據，其創始人威廉森（H. Williamson）所提出的輔導原則，即成為日後所謂「指導學派」的代表。此外，為因應社會變遷的需要，政府及立法機構都扮演相當重要的角色，無論是相關法律的修訂、輔導機構的設立，都直接或間接的促進職業輔導的發展，然而職業輔導始終缺少更強而有力的理論支持，這種狀況一直到 1960 年代後才逐漸獲得改善。

二次大戰前後，哲學、心理學有突破性的發展，人文主義、存在主義、

現象學派等思潮，對職業輔導工作造成相當大的衝擊，許多職業輔導人員不再滿意特質論過度倚重個人靜態特質的分析（評量）與人事的媒合，祈盼在新的思潮中，找尋更有人性、更加深入、更注意人與環境互動的方向，因此 1960、1970 年代乃出現百花齊放的局面，心理學家、社會學家、經濟學家紛紛從不同角度進行多樣的研究，也提出許多可供輔導人員使用的工具與方法。數十年來，有關生涯輔導理論相當多，依據舒波（Super, 1981）的觀點，主要的生涯輔導理論大略可分為下述三類：

1. 媒合理論（matching theories）：以人與事的媒合為其重點，包括(1)差異取向：著重特質的差異（individual differences）之了解與生涯發展的關聯；(2)情境取向：著重社會經濟結構、社經地位、社會化過程對個人生涯發展的關聯；(3)現象取向：著重自我概念、諧和性與生涯的關聯。

2. 發展理論（developmental theories）：以發展階段為重心，強調家庭的影響（認同、需求滿足），個人在不同階段對自我及職業自我的知覺、扮演的角色，以及其生活空間等與生涯發展有密切關聯的課題。

3. 決策理論（decision-making theories）：探討在媒合或發展過程中，所經歷的每一次生涯決策過程與決策型態，亦強調認知的重要性。

由於各家分類方法不一（Brown & Brooks, 1990; Osipow, 1983），因此上述分類僅提供一概略性參考，事實上，由於相關研究資料的累積，許多理論已做若干幅度的修改，而有趨於相似的傾向，惟各派理論仍保有其特色（Osipow, 1990; Savickas & Lent, 1994）。關於生涯輔導之主要理論，詳見第二章。

然而上述理論之建立甚多係依據白人、男性、中產階級、在校學生之研究結果，因此是否適用於其他族群（如女性、少數種族、身心障礙者等）仍有相當爭議（Bowman, 1993; Cook, Heppner, O'Brien, 2002; Fitzgerald & Betz, 1994; Fouad, 1993; Hershenson & Szymanski, 1992; Thomas & Parker, 1992），因此近年另有針對此一課題而發展的相關論點，尤其在多元文化方面更值得注意。

五、新世代生涯輔導

時序進入二十一世紀，職業結構的變動與工作本質及生活型態的轉變，已明顯影響每一個人，生涯輔導工作自然必需因應這種變遷。沙維卡斯（Savickas, 1994）認為應該將以往著重於協助個人尋找生涯出路的作法，轉為增進（empowering）個人對自我的肯定，將自己投入所處的環境中，學習在取與捨之間澄清自己所重視的價值觀，用以決定自己的一生。也因為社會變遷所帶來的紛擾與不確定性，使得生涯輔導這個助人專業工作更為重要，而生涯輔導工作者面對多元文化的衝擊，更能敏覺個別的差異、尊重個人不同的世界觀，以當事人為中心提供必要的服務。

此外，電腦網路已成為各行各業必備的工具與利器，生涯輔導工作亦因此而有嶄新的面貌。事實上，二十世紀 90 年代即有許多生涯輔導電腦輔助系統（Computer-assisted Career Guidance system, CACG）廣泛使用中（Gati, 1996; Harris-Bowlsbey, 1992; Sampson, 1999），目前不僅可在電腦上施測、計分、列印結果，且可透過網路連結相關的資料庫，提供使用者進一步資訊或其他意見，甚至以多媒體主行線上教學，並記錄個人檔案以追蹤其進步情形。未來電腦輔助系統亦可能因著電腦科技的發達，而發展出線上諮商的功能，然而所涉及的諮商倫理問題亦隨之受到注意（Harris-Bowlsby, Riley-Dikel, & Sampson, 1998）。

第四節　我國生涯輔導實施概況

一、職業輔導階段

二十世紀初年，帕森斯倡導職業輔導乃時代的需要，我國職業輔導的

緣起也有同樣背景。1950 年代台灣即有許多民間的職業介紹所，但素質參差不齊，求職者往往受騙而得不償失，政府基於社會安定的考量，乃於 1956 年在台北市設置第一個職業輔導所，提供免費的就業輔導，隨後於全省逐步設置七個就業輔導機構，三十八個就業服務站，構成一個就業輔導網。1982 年更於內政部下設置職業訓練局（後改隸勞委會）統籌全國職業訓練與就業輔導事宜。連同在此之前所設之青年輔導委員會，其工作重點即為就業輔導，包括職業介紹、職業交換、就業諮詢、雇主關係之建立等。

五十餘年來，職業輔導模式依然存在，然而主事者亦注意到前往各就業服務單位求助之人數並未明顯增加，絕大多數求職者仍以親友介紹、看報紙廣告應徵等傳統方法求職，而無論採取何種求職方法，就業後的適應問題層出不窮，造成頻繁的流動與勞資間的糾紛等等現象，使得就業輔導單位考慮改弦更張，開始重視生涯理念的推廣。

在學校系統方面，為因應經濟發展的需要，1968 年創設國民中學時，即在課程綱要中特別設置指導活動時間，其中職業輔導為國中三年級的主要活動項目，其目的即在協助未升學之國中畢業生有適合的就業機會。1971 年更特別設置「國中畢業生升學與就業輔導委員會」，以掌握國中畢業生加入人力市場的供需調節。當時所採用的方式主要仍為傳統的職業輔導模式：國三實施升學就業意願調查，對不擬升學的學生則由學校輔導人員與工廠聯繫，安排學生參觀工廠，畢業即就業，為當時勞力密集的工業（如電子廠、紡織廠等）注入生力軍。然而數項研究均發現國中職業輔導的效果不彰，就業安置成效雖佳，但安置後的流動率卻高達四成以上（方芷絮，1987），普遍為廠商所詬病，顯示國中畢業就業者對職業的選擇仍停留在長期不斷摸索試探階段。

1980 年代學校輔導工作中主要仍以職業輔導為主，在升學意願增強、社會變遷價值觀轉變的情勢下，傳統的職業輔導逐漸失去戰場，只有對少數不願升學者，透過學校與職訓中心合作，於國三下學期進行建教合作，其基本型態仍為職業輔導的運作模式。至於高中方面，更因升學主義的觀念作祟，認為高中為高等教育的預備，不需要職業輔導，而高職雖以就業

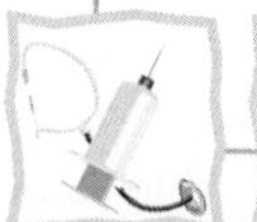

輔導為主，但又因諸多困難（包括組織不健全、人員不足、缺乏專業訓練、無固定經費、無實施辦法等），以致效果並不彰顯。大專方面亦有同樣問題，在在顯示學校若僅以就業輔導為足，在事前並未對自我有適切的認識，亦無相關之探索活動，即憑短暫的職業介紹而欲求永久的生涯定位，無疑是緣木求魚。

二、學校生涯輔導的推動

隨著生涯的理念逐漸在國內受到重視，學校亦開始注意生涯觀念的宣導與實施，譬如在國民中學輔導活動時間內，已將職業輔導改為生涯輔導，配合圖文並茂、內容頗為完整的學生手冊，逐漸將生涯的理念引入正規教育中（金樹人，1991a）。對無升學意願者，亦配合技藝教育方案，自國二起進行輔導。

高中職校雖未設置特別的輔導活動時間，但亦不再以就業輔導為唯一工作內容，而能逐漸推動生涯輔導的措施（林幸台，1993a），對擬升學者所進行的升學輔導，亦不再單憑聯考分數排比志願，而能配合性向、興趣測驗之實施，輔導學生進行選組、選系等事宜。且自實施多元入學方案以來，由於大學林立、科系繁多，相關資料頗為混雜，選填志願不能僅靠分數落點來決定，因此大部分學校已更重視生涯輔導工作，評量、選組輔導、生涯規劃座談、工作坊、參觀大學活動等，幾已成為學校輔導的例行事務。

大專生涯輔導工作亦在考量學生畢業後發展的前提下，配合通識課程的設置，普遍開設生涯規劃相關課程，並結合實習輔導處或輔導中心辦理求職技巧訓練、與廠商共同安排生涯週、校園求才等活動，宣導生涯規劃的理念頗見功效。

1991 年教育部開始推動的輔導工作六年計畫中，初期有璞玉計畫，以未升學未就業學生為對象，實施追蹤輔導，以協助其順利就業，至後期則合併朝陽與璞玉方案，普遍實施生涯輔導措施，將之列為積極性之輔導措施，並編纂生涯輔導手冊，擴大辦理以生涯為主題之工作坊等系列活動，

對生涯輔導之推動有相當大的助益。第二期學校輔導工作，則擴大學生輔導工作內涵，並以「青少年輔導計畫」為名持續推展，其中第七項工作重點即在推動學校生涯輔導及生活教育工作，包括規劃辦理「生涯規劃」工作坊、提供生涯發展諮詢服務並實施個別生涯輔導、成立省市、縣市「生涯輔導」示範學校、辦理生涯輔導週及示範觀摩活動等。

總之，自1990年代以來，學校系統已逐漸了解生涯輔導對學生發展的重要，透過各種管道提供學生探索生涯的機會，十餘年來，已可見其初步成效，唯能否落實於個人生涯舞台，仍受經濟因素與職場的變化而有待觀察。

三、成人與企業員工輔導的發展

生涯輔導的主旨在提供每個人在其一生的發展歷程中必要的協助，以往由於對人力需求的重視，加上學者的研究主要以在學學生為對象，因此輔導工作的重點較偏於職業選擇、就業方面的問題，但隨著社會的變遷、生活素質的提升、在職人員工作適應的問題、老年人口的增加等因素，已開始重視就業後、職業生活之外所扮演的角色，包括家庭角色、休閒活動、以致個人生活的安排等課題，均普遍受關注，而企業界亦加強「生涯管理」，對員工實施「生涯規劃」，甚至設置「生涯發展中心」，以發展公司的人力資源。換言之，生涯輔導的範圍不再限於學生或求職者，婦女、中年工作者、離職或轉業者、退休人員、弱勢族群等，均成為生涯輔導所關注的對象；目前更因社會對殘障福利的重視，對於身心障礙者的生涯輔導亦成為一專業工作的新興課題。

此一發展趨勢在政府機構亦不例外，最具體的示例為人事行政局繼1999年為公務人員編撰健康手冊後，又於2002年編成圖文並茂的《健康快樂有活力的公務人員——公務生涯諮商與輔導手冊》，以淺顯易懂的方式，專門介紹「生涯規劃與探索」與「心理諮商與輔導」，讓所有的公務人員認識心理健康與公務生涯發展的密切關係，並以適當的方式解決日常

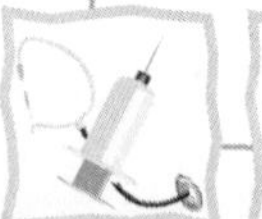

生活中可能面臨的心理和精神問題，成就健康、快樂、有活力的公務人員。

總之，生涯課題受到重視，顯示這個社會愈來愈開放，人們對自己的現在和未來愈來愈關心，開放的社會、關心自己的發展，代表著每個人不願意被動消極的活在世上，希望掌握自己的方向，在有限的人生中，創造出一番令自己滿意的成績。生涯輔導強調每一個人終身的發展，無論其年齡、性別、種族、宗教或其他身分，每個人均能覺察其過去所扮演的角色，所經歷的生活情境與事件對其所造成的影響，進而了解現在所擔負的責任對自己的意義，同時在過去與現在的基礎上，規劃未來可能發展的方向、並努力予以實踐。這個課題關乎個人生活的意義與生存的價值，也是整個社會運作與進展的關鍵，而生涯輔導工作從個人整體的生活與生命的層面出發，目標就在促使全民均能體會生涯的意義，切實關心自己，在變動的世界中找到自己的定位。

關鍵詞彙

生涯
職業
活動
任務
角色
職位
工作
職業輔導
生涯輔導
生涯路徑
生涯發展
生涯管理

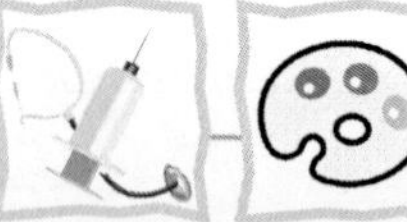

1. 試述生涯與生涯發展的基本概念。
2. 試比較工作、職業、活動、任務、角色、職位與生涯之異同。
3. 試比較職業輔導與生涯輔導之異同。
4. 簡述生涯輔導的演進過程。
5. 簡述我國實施生涯輔導的現況。

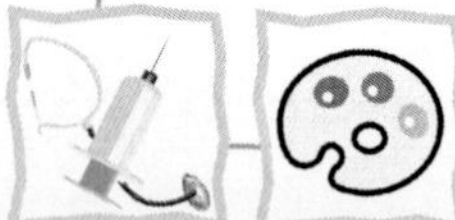

第二章

生涯輔導理論

學習目標

詳讀本章後，學習者應當能達到下列目標：

1. 了解生涯輔導理論、實務及研究之間的關係。
2. 了解生涯輔導之重要理論取向及相關學派。
3. 能比較各理論取向之異同，並綜合各理論取向之優缺點。
4. 能依據理論形成之條件評論各主要生涯輔導理論。
5. 能由自我觀念、人境相合及認知因素等重要概念說明各理論相通之處。

- 生涯輔導理論
  - 特質與類型取向之理論
    - 特質因素論
    - 羅安的生涯選擇人格論
    - 何倫的類型論
    - 明尼蘇達工作適應理論
  - 發展取向之生涯輔導理論
    - 金茲伯等人的生涯發展階段論
    - 舒波的生涯發展階段論
    - 鐵德曼及歐哈瑞的發展觀點
    - 葛佛森的設限及妥協觀念
  - 社會學習與社會認知取向之生涯決定理論
    - 克朗伯茲的社會學習理論
    - 社會認知生涯理論
    - 葛雷特的職業決策模式
  - 新興的生涯理論取向
    - 布朗的價值基礎生活角色選擇論
    - 生涯建構論
    - 敘事取向生涯諮商
  - 各理論取向之綜合比較
    - 由理論形成之條件比較各理論
    - 由重要概念討論各理論之異同

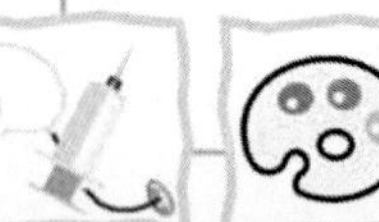

摘要

理論、實務及研究在諮商與輔導領域裡是非常重要的三角關係，輔導研究應當建基於適當的理論基礎，並且對輔導實務工作有所貢獻；輔導實務工作中的各類實施計畫應當有其理論背景，同時也應當能夠由實徵研究中驗證其輔導效果；輔導理論的建立更不是在短時間內就能憑空建立起來，理論中所包含的各種概念應當是經過長期研究而逐漸建立起來的，而輔導理論的建立應當能符合輔導實務的需求。這三者間的關係應當是互相支持的，生涯輔導方面亦不例外。本章擬就生涯輔導理論部分做一介紹，包括特質與類型取向、發展取向、社會學習及社會認知取向，以及近年來後現代主義興起之後，新興的生涯理論取向等四大類理論基礎，最後並對各理論模式作一綜合比較。

第一節　特質與類型取向之生涯輔導理論

特質與類型取向的生涯輔導理論包括特質因素論、羅安（Roe）的生涯選擇人格論、何倫（Holland）的類型論、以及明尼蘇達工作適應理論。以下分別說明之。

一、特質因素論

㈠源起

特質因素論的發展主要源自帕森斯（Parsons）對職業輔導方面所建立的一些基本原則。他認為一項聰明的職業選擇應該包括三個步驟，認識自己、認識工作世界，以及對自己以及工作世界之間做適當的推理。這些基本原則對職業輔導方面的影響相當大，包括差異心理學方面的研究、心理測量技術的發展，以及職業資料系統的建立等。而這些研究及實務工作方面的發展逐漸擴充了特質因素論的內涵，使得特質因素論成為生涯輔導理論中最基本的理論，同時也對後來發展出的理論深具影響力。

特質因素論初期的重心在於派特森（Patterson）主持的「明尼蘇達就業安定研究中心」，二次大戰後則以瓊斯（Jones）以及威廉森（Williamson）為主要代表人物，瓊斯提出特質因素論的五項基本假定，威廉森則提出在職業諮商方面具體的六個步驟，這些主張將在基本觀點部分加以說明。

㈡基本觀點

帕森斯提出職業選擇行為的三項主要步驟：⑴認識自己，包括自己的興趣、性向、能力、價值觀念、人格特質，以及各方面的限制；⑵認識工作世界，包括各類職業所要求的工作條件；⑶對自己以及工作世界兩方面

的所得資料作適當的推理，找出這兩者之間的關係，並做一個適當的配合。

瓊斯則提出與職業選擇行為相關的五項基本假定（Jones & Krumboltz, 1970）：

1. 職業發展主要為一個認知的歷程，在這個認知歷程中，個人藉由推理的方式而做成適當的決定。
2. 職業選擇本身是一個單一的事件。
3. 每個人都有一個正確的目標引導他做適當的職業決定。
4. 某一種類型的人適合在某一種類型的工作環境中工作。
5. 每個人都有選擇適當工作的機會。

以上五個基本假定，從狹隘的觀點來看，在現代社會也許並不完全受到支持，然而由廣義的角度來看，確實可提醒我們盡可能以正確推理的方式去追尋適合自己的工作。

除此之外，克蘭和維納（Klein & Weiner, 1977）對特質因素論的基本假定提出了四項結論，他們認為：

1. 個人有其獨特之特質，並可以有效地以測驗工具加以測量。
2. 每種工作都有其特殊要求，具備這些要求的人方能成功地完成該項工作任務。
3. 職業選擇是一項相當直接了當的工作，而個人與職業之間的配合亦不無可能。
4. 個人特質與職業要求之間的配合愈接近，成功的機率也愈高。

㈢輔導策略

在輔導策略方面，威廉森（Willimson）提出生涯諮商的六個主要步驟，包括：分析、綜合、診斷、預後、諮商，以及追蹤。分析是指由各方面蒐集當事人的相關資料，包括學校紀錄、心理測驗、個別晤談及個人傳記等。綜合是要對所蒐集之資料加以組織，並摘要出個案的優缺點。

診斷必須由所得資料作適當推論，用以解釋當事人以及當事人所面臨的問題。這個步驟的重點就在於找出問題以及問題形成的原因。威廉森把

一般人在職業選擇方面經常遇到的問題分成四大類：並沒有想做任何決定、不知道如何決定、做了不明智的決定，以及興趣及性向各方面的不一致。至於形成這四大類問題的原因，前兩者較為類似，包括教育訓練的缺乏、對自己的認識不夠、對工作世界缺乏認識、害怕失敗、對自己沒有信心、決定技巧不夠、或是對工作本身興趣缺缺。

在形成不智決定的原因方面，威廉森舉出以下可能原因：性向、興趣或能力與目標不合；人格特質使自己在工作適應方面遇到困難；自己所喜歡的領域工作機會太少；因為來自父母親或親戚朋友方面的壓力而做成決定；過於重視工作聲望；缺乏足夠的職業訊息；以及對生涯本身有不正確的觀念。

而興趣與性向各方面不一致的現象，則可能是測量結果與個人想像之間的差異，也可能是個人在興趣及性向或價值觀念方面本就有衝突存在。

診斷過後，接下來的步驟是預後，預後是指嘗試對當事人日後成功的情形作一個預測。此一預測是根據整個過程中所蒐集的資料以及診斷的結果。如果成功的情形並不明顯，則諮商就成為下一個有必要的步驟。

在諮商這個步驟裡，諮商員所使用的技巧包括協助當事人探索自我、提供當事人有關各類職業方面的訊息、心理測驗的使用、決定技巧的學習，以及讓當事人有機會嘗試他有興趣或有能力的職業。追蹤是生涯諮商的最後一個步驟，在追蹤的過程裡，諮商員必須定期了解當事人的適應情形。必要時均有可能回到上述的各個步驟。

㈣評價

特質因素論對生涯輔導領域的發展主要有兩項貢獻：一是強調個別差異的現象，一是強調認識工作世界的重要性。前者影響各類心理測驗及評量工具的發展，後者則推動了有關職業資料的分類與建立。

然而特質因素論者的觀點亦有其限制，第一個主要是他們認為個人的生涯目標是單一的，一個人一輩子只有一個適合於他的正確目標。事實上一個人可以有很多適合他們的目標。此外，他們主張職業選擇建基於心理

測量的結果。然而事實上影響個人職業選擇的因素除了個人各方面特質的了解外，環境中的其他影響因素亦相當多，而這些因素都是特質因素論者沒有考慮到的。在心理測驗的使用方面，克愛提斯（Crites）甚至以「三次晤談，一團霧水」來形容心理測驗不當使用的結果。雖然如此，特質因素論者對心理測驗的發展和對職業資料分析兩方面的刺激還是受到肯定的。

二、羅安的生涯選擇人格論

㈠源起

羅安（Roe）的職業選擇理論主要源自馬斯洛（Maslow）的需要論。她強調個人早期經驗與日後職業選擇行為之間的關係，認為早期心理需求得到滿足的情況與其日後的職業選擇行為有關，而個人的早期經驗又以父母管教態度對個人人格特質所產生的影響為主。父母親態度傾向於嚴厲的，容易形成子女防衛性的人格特質，進而選擇非人際傾向的職業。父母親態度傾向於溫和的，則容易形成子女非防衛性的人格特質，進而選擇人際傾向方面的職業。

㈡基本觀點

1. 職業分類系統

羅安認為現有的職業分類系統很少以心理因素為分類基礎，她首先以各種職業的主要活動內容為標準，將職業世界分為八大類。並以各類職業在人際關係傾向上的程度，探討此八大類職業之間的關係，發現此八大類職業在二度空間中可排列為一個圓形，如圖 2-1 所示。除此之外，羅安認為在同一職業領域中，不同職業有不同的難度，所需負的責任程度也不同，因此她又以困難程度及責任水準兩個向度將各領域的職業細分為六個層次，相同層次的工作者，彼此心理需求亦相似，高層次工作者其心理距離相去較遠，而低層次工作者，如廚師與木匠，其心理距離較為相近，此一關係

可繪製成一個如圖 2-2 之倒圓柱體。由此八大類及六個層級的架構，羅安提出一 8 × 6 的職業分類系統，如表 2-1 所示。

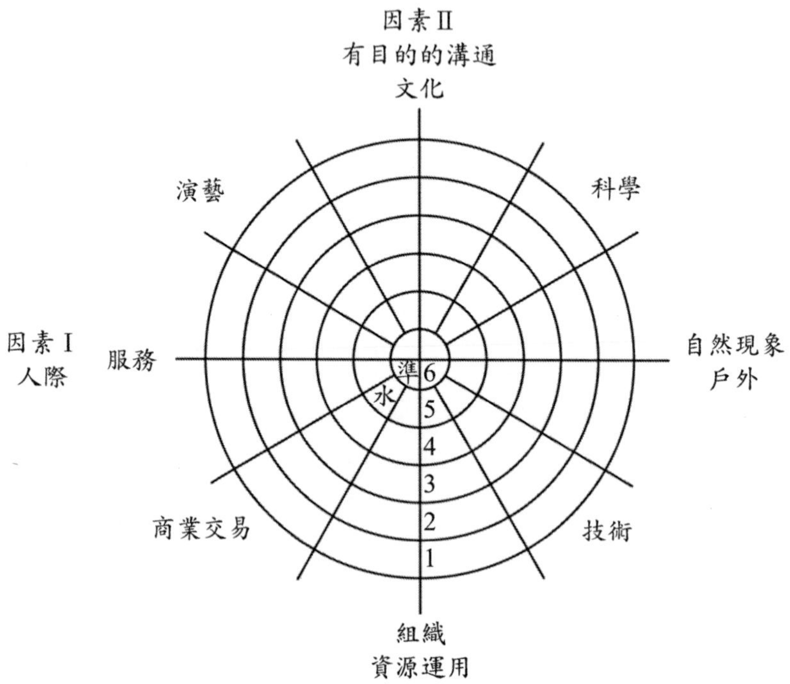

圖 2-1 羅安的職業世界分類平面圖

資料來源：摘自林幸台（1987：80）

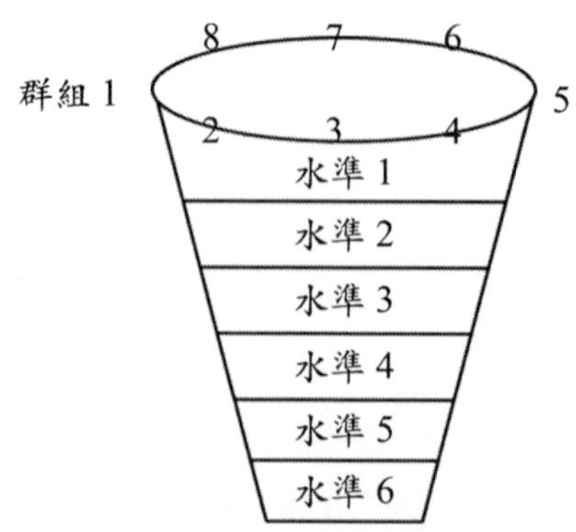

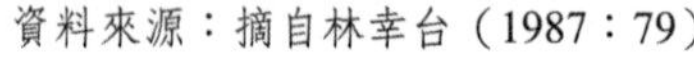
圖 2-2 羅安職業世界分類系統中的六個層次

資料來源：摘自林幸台（1987：79）

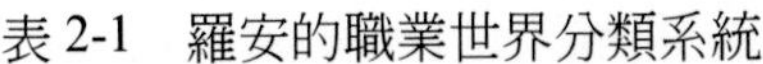
表 2-1　羅安的職業世界分類系統

組群／層次	I 服務	II 商業交易	III 商業組織	IV 技術	V 戶外	VI 科學	VII 文化	VIII 演藝
1. 專業及管理（高級）	社會科學家 心理治療師 社會工作督導	公司業務主管	董事長 商會 企業家	發明家 工程研究員	礦產研究員	牙醫 醫師 自然科學家	法官 教授	指揮家 藝術教授
2. 專業及管理（一般）	社會行政人員 典獄長 社工人員	人事經理 營業部經理	銀行家 證券家 會計師	飛行員 工程師 廠長	動、植物專家 地理學家 石油工程師	藥劑師 獸醫	書記 新聞編輯 教師	建築師 藝術評論家
3. 半專業及管理	社會福利人員 護士 巡官	推銷員 批發商 經銷商	會計員 郵務人員 祕書	營造商 飛機師	農場主人 森林巡視員	醫事技術師 氣象員 物理治療師	圖書館員 記者 廣播員	廣告藝術工作員 室內裝潢家 攝影師
4. 技術	士官長 廚師 領班 警察	拍賣員 巡迴推銷員	資料編纂員 電報員 速記員	鎖匠 木匠 水電工	礦工 油井鑽探工	技術助理	職員	演藝人員 櫥窗裝潢員
5. 半技術	司機 廚師 消防員	小販 售票員	出納 郵差 打字員	木匠（學徒） 起重機駕駛 卡車司機	園丁 佃農 礦工助手		圖書館管理員	模特兒 廣告描製員
6. 非技術	清潔工人 守衛 侍者	送報生	小弟 工友	助手 雜工	伐木工人 農場工人	非技術性助手	送稿件工友	舞台管理員

資料來源：摘自林幸台（1987：78）

她所提出的八個職業領域主要為服務業、接觸性商業、組織性工商業、製造性工業、戶外業、科學、文化、藝術娛樂業。而六個程度由難至簡分別為專業管理一、專業管理二、半專業或小型商業、技術業、半技術業、以及非技術性職業。

2. 家庭關係與職業選擇行為之間的關係

羅安認為父母親的態度基本上可分為冷漠及溫暖兩大類，而其對待子女的行為則大致上有三大類：關心子女、接納子女、拒絕子女。三種不同對待子女的方式，形成個人在兒時需求滿足情形的不同，這些不同的兒時經驗使個人發展出不同的人格特質，羅安將他們區分為人際傾向及非人際傾向兩大類。具人際傾向人格特質的人傾向於選擇與人接觸較多的職業，而個性屬於非人際傾向的人，較傾向於選擇非人際傾向的職業。這樣的關係可以由圖 2-3 觀察出來。

由於研究需要，羅安並與其同事編製了一套親子關係問卷，以愛／拒絕、有條件給與／無條件要求，以及過度注意三個向度來說明父母親對子女的態度，並發現僅前兩者對子女的人格形成較具影響力。

㈢輔導策略

在輔導策略方面，主要可由評量工具、諮商技術與決定技巧三方面加以說明。在美國，以羅安理論為基礎的職業興趣評量工具包括加州職業偏好量表（California Occupational Preference Inventory）以及職業興趣量表（Vocational Interest Inventory）兩種。此外，也有以職業清單及大學課程清單為主的調查表，藉由學生的勾選而了解其職業興趣。

在諮商技術方面，米勒（Miller）建立了一套職業諮商的四個步驟：蒐集有關自我方面的資料、整理並對這些資料加以排序、蒐集職業訊息、最後則為作決定。他並以羅安的理論為基礎編製一套職業卡片，讓個案藉由對職業卡片的比較過濾而找出自己的職業興趣方向。除此之外，米勒及鐵德曼（Tiedeman）並以羅安的理論為基礎，編製一套評量工具，測量當事

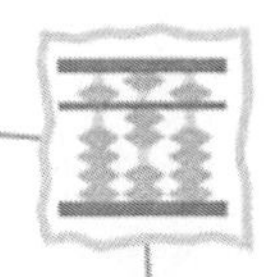

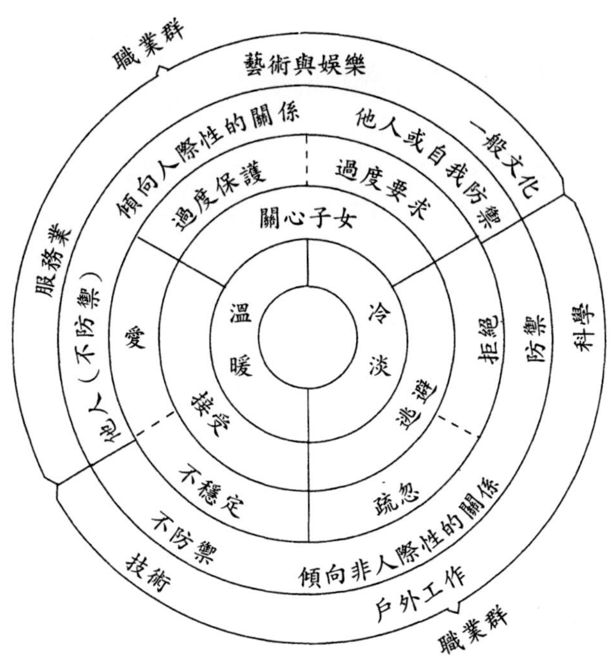

圖 2-3　家庭環境與職業選擇的關係

資料來源：摘自林幸台（1987：76）

人在興趣、過去經驗、喜歡的職業、技術、能力及價值觀念等六方面的情形。這一套評量工具主要係以高中學生為對象。

㈣評價

羅安的主要貢獻在其所建立的人格理論及職業分類系統。在人格理論方面，父母管教態度與個人需求的滿足情形影響其日後的職業選擇類型。在職業分類系統方面，他將職業世界分為八個領域，這八個領域又可依困難程度及責任水準分為六個程度。羅安理論受到批評的地方主要是親子關係與職業選擇之間的關係，有不少研究顯示其間並沒有直接的關聯。此外，有時父親與母親的管教態度並不一致，這種情況更難說明需求滿足程度與個人職業興趣之間的關係。

三、何倫（Holland）的類型論

㈠源起

何倫（Holland）的類型論在生涯輔導理論中是相當重要的理論，以這個理論為基礎的研究也相當地多。基本上何倫的觀點源自人格心理學的概念，他認為職業選擇行為是個人人格特質的延伸，由職業選擇的過程可反應出個人的人格特質。而個人人格特質與其所選擇職業之間的適配程度，則影響個人對工作的滿意、成就、適應，以及穩定程度。

㈡基本觀點

人格特質是何倫理論中的一個重要變項，他認為個人係透過職業的選擇而展現出他的人格特質。然而事實上興趣即為人格，我們一般所使用的興趣量表同樣可測量出一個人的人格特質。他對自己所持的類型論提出四項基本假設，並由此四項基本假設衍生出其他幾個重要的輔助假設。以下分別說明之。

1. 基本假設

⑴在我們所處的文化裡，大多數的人均可被歸類為六類中的一類，這六大類的人格特質為實用型（Realistic）、研究型（Investigative）、藝術型（Artistic）、社會型（Social）、企業型（Enterprising），以及事務型（Conventional）。

⑵在我們所處的職業環境裡，同樣可區分為上述六大類型。

⑶人們傾向於尋求足以發揮其能力與技術、展現其態度與價值觀念，以及足以解決問題並適當扮演其角色的職業環境。

⑷個人的行為是人格特質與環境交互作用的結果。

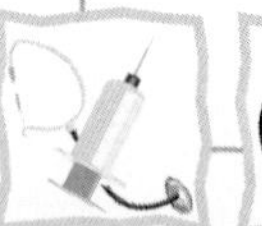

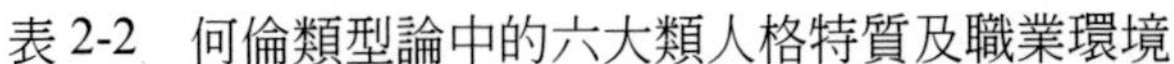

表 2-2　何倫類型論中的六大類人格特質及職業環境

人格特質	類型	職業環境
順從、坦率、喜歡具體的工作任務、缺乏社交技巧	實用型	技術性職業，如水電工人、技師、建築工人等職業
聰明、抽象、喜歡分析、個性獨立	研究型	天文、物理、數學、化學、電腦等科學家
想像、美感、喜歡藉由藝術作品表達自己	藝術型	美術設計、音樂、戲劇、文學作家、編輯等
關心社會問題、喜歡與他人互動、對教育活動有興趣	社會型	教師、教育行政人員、社會工作人員、諮商員、護士
外向、進取、冒險、具領導能力、能說服他人	企業型	人事經理、買賣推銷、律師等
實際、保守、順從、喜歡具結構性的活動	事務型	辦公室業務員、銀行收銀員、祕書、電話接線生

表 2-2 說明六大類型人格特質及職業環境的意義。至於這六個類型之間的關係，則如圖 2-4 所示。他認為實用、研究、藝術、社會、企業，以及事務這六個類型之間的關係在二度空間的平面圖上，可以依據它們之間的相似程度排列成一個六角形。在六角形中距離愈近的兩個類型其相似程度愈高，相反的，距離愈遠的兩個類型其相似程度愈低。

2. 輔助假設

輔助假設的目的在進一步應用何倫的基本概念於個人人格特質及職業環境的解釋。主要有以下五個重要觀念：

⑴一致性（Consistency）：係指各種人格類型或各種職業環境之間的相似程度。在何倫所提出的六類人格特質或六種職業環境中，某兩類型之間的相似程度也許較其他兩類型特質或職業環境之間的相似程度要高。例如實用型與研究型之間的相關要比實用型與社會型之間的相關要高。

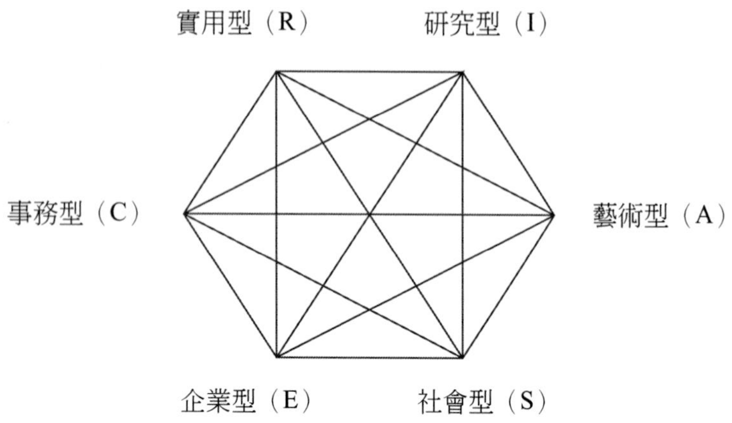

圖 2-4　何倫的職業興趣六角形模式

資料來源：摘自林幸台（1987）

⑵分化性（Differentiation）：係指個人人格特質發展或其所偏好之職業環境的清晰程度。某些人的人格特質較接近某一類型而與其他類型較不相似，這種情況表示分化性良好。有些人的人格特質發展或某些職業環境的定義並不十分明確，與六個類型中的很多類型都很接近，這種情況表示分化性較低。

⑶適配性（Congruence）：係指個人人格特質與其所處職業環境之間的配合情形。屬於某一類型人格特質的人需要在適合他的職業環境中工作，例如研究型的人好奇心強，喜歡以思考方式解決問題，他就適合在研究型的職業環境中工作，如此他的工作滿意度較高，成就感也高，同時也能持續在同一領域中工作長久。

⑷統整性（Identity）：在人格類型部分，主要是指個人在目標、興趣，以及能力各方面的清楚及穩定程度。在職業環境部分，則指某一類型環境是否有清楚穩定的目標、任務或報酬。

⑸計算法則（Calculus）：根據六個類型在二度空間上的關係，我們可區分出人格特質或職業環境的一致性程度，有高、中、低三個程度；同時也可以計算出個人人格特質與職業環境之間的適配性程度，至少有四種程

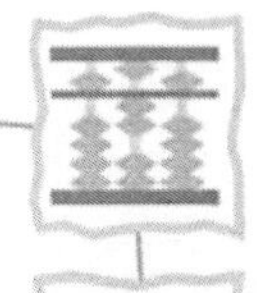

度。這些計算方法在實務方面提供諮商員及受輔者具體的資料，可說是更增加了何倫理論的實用性。

㈢輔導策略

1. 評量工具的發展與應用

評量工具的發展與職業世界的分類系統是何倫理論在輔導策略方面的兩大貢獻。在評量工具的發展方面，美國境內有很多使用頻繁的測驗工具是依據六角形模式編製而成，除了何倫本身發展出來的職業偏好量表（Vocational Preference Inventory, VPI）及自我指導評量工具（Self-Directed Search, SDS）之外，常用的史創興趣量表（Strong Interest Inventory）、生涯評估量表（Career Assessment Inventory），以及美國大學測驗中心（American College Testing, ACT）所發展出來的大學入學性向測驗（Uni-ACT）均是以何倫的理論為基礎。這些測驗的共同特性是測驗結果可得一所謂的何倫碼（Holland Code），根據此一何倫碼，當事人可以對照何倫所編的職業索引（Occupations Finder）找出他可能適合的工作領域。對於已經在工作的當事人而言可以進一步找出他工作領域所屬的何倫碼，並比較出他的特質與他所屬工作領域的適配情形。對於面臨選擇大學科系的學生而言，由大學科系指引（Majors Finder）中可以找出測驗結果所得何倫碼之下的相關科系，如此之輔導策略的確可以提供當事人非常具體的參考方向，但必須強調的是測驗結果仍舊是僅供參考，絕對不能單憑測驗結果而驟下決定。

何倫理論在台灣的適用情形頗能得到一些實徵研究的支持（Jin, 1986; Tien, 1993），負責大學聯考試務的大學入學考試中心，除了學科測驗之外，亦強調學生對學習領域及職業興趣的探索，他們所編製的興趣量表也是建基於何倫的六角形模式。此外，一般大學生及成人均適用的生涯興趣量表以及國中生涯興趣量表亦是以何倫的六角形模式為理論架構。

2. 職業興趣與職業世界的分類系統

何倫對職業世界的分類系統主要是依據各種不同職業類型之間的相似性，它不同於其他職業分類系統的地方在於何倫將個人的人格特質也區分為同樣的六個類型，而個人與職業世界之間的關係也因此而能緊密地連結。翰姆斯（Helms, 1973）曾提出何倫職業分類系統的三個主要功能，其一為組織個人所得職業世界之資料，其二為分析個人的工作歷史，其三為發展個人的職業探索計畫。

在組織個人所得職業世界資料方面，何倫的分類系統協助個人對所得資料加以處理，在處理或分類的過程中，個人對職業世界的認識即更具架構性。在分析個人的工作歷史方面，當事人可以更清楚自己各種不同工作經驗之間的關係，例如過去所從事的工作是屬於哪些類型，這些不同工作之間有些什麼共同的地方，而自己所偏好的又是些什麼特性等等。在發展個人職業探索計畫方面，個人可依據自己在大學科系興趣量表或生涯興趣量表等工具上，所得的何倫碼來了解自己所感興趣的職業世界，並藉由職業資料的蒐集及認識，更清楚自己的職業發展方向。基本上何倫六角形模式在輔導實務方面的應用情形相當普遍，而且很容易為當事人所接受。對於廣大職業世界的分類及認識，何倫的分類系統也提供了一個非常具有實用價值的參考架構。

㈣評價

何倫理論的優點是清晰易懂，很容易為一般人所接受，而且所發展出來的評量工具亦相當具有實用價值，當事人能根據測量結果得知一些可以參考的職業方向。然而簡單易懂也是這個理論經常受到批評的地方，有些人認為何倫所介紹的只是一些概念，這些概念可以應用在實務工作之中，但概念之間的組合並不足以成為一套理論。雖然如此，何倫的六角形模式的確有其獨特之處，不論是在人格特質及職業環境的分類系統方面，或是衍生出的一些概念，如一致性、分化性及適配性等等，均引發出不少的實

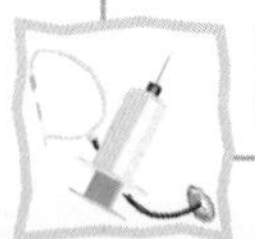

徵研究，甚至在跨文化的研究方面，也顯示出六角形模式在不同文化環境中的適用性。

四、明尼蘇達工作適應理論

㈠源起

工作適應論者的代表人物為戴維斯、英格蘭，以及拉奎司特（Dawis, England, & Lofquist, 1964），他們認為我們花了太多的時間在個人狀況的了解，而忽略了工作分析的重要性。事實上工作分析是個人做職業決定時相當重要的一個步驟，因此他們完成一本有關工作適應理論的著作，並由特質取向的角度來看工作適應的問題。

㈡基本觀點

戴維斯及拉奎司特認為每個人都會努力尋求個人與工作環境之間的符合性（correspondence）。當工作環境能讓個人滿足他的需求，而他又能順利完成工作上的要求，符合程度即隨之提高。而重要的是，此一符合程度的產生並不是個人及工作環境之間的配合得當即可達成，它是一種過程，個人的需求會有改變，而工作對個人的要求也不是一成不變，隨著時間的變化，個人與工作之間一直能維持適當的符合程度，則此一關係即能一直維持。圖 2-5 可說明工作適應理論的主要概念。

工作人格及工作環境為此一理論的兩個重要觀念，前者是指個人的能力，以及需求，後者則是指工作對個人能力的要求以及能滿足個人需求的情形，以下分別說明之。

1. 工作人格

戴維斯及拉奎司特由個人的能力及價值觀念來說明一個人的工作人格（work personality），能力與個人所具備的技巧有關，價值觀念的形成則

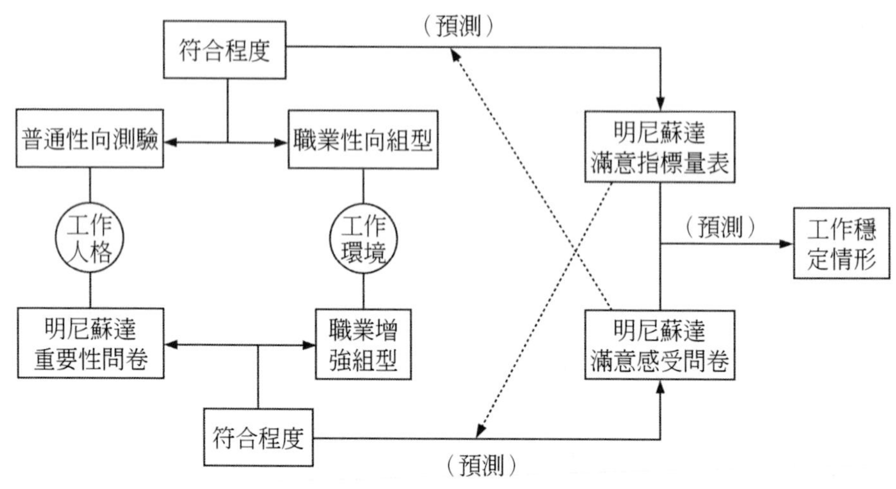

圖 2-5　明尼蘇達工作適應理論模式

資料來源：摘自 Dawis & Lofquist（1984: 75）

與個人的心理需求有關。能力可以由一般的性向測驗得到了解；需求部分則主要係藉由他們所編製的明尼蘇達重要性問卷（Minnesota Importance Questionnaire）而得到了解。明尼蘇達重要性問卷包括個人在以下六方面的需求：安全、舒適、進展、利他、成就，以及自主性。

⑴安全：是指個人對公司在政策實施方面的安全感，例如工作保障方面的感受、與督導或上司之間的關係、督導或公司的訓練制度等。

⑵舒適：是指個人對工作分量多少的感受、工作內容變化的情形、工作的環境品質、是否有獨立的工作空間，以及工作單位所提供的設施及福利制度等。

⑶進展：包括升遷的機會、工作地位、來自社會的認可，以及社會聲望等等。

⑷利他：包括對同事的關心、道德方面的價值觀念，以及社會服務的心態等等。

⑸成就：包括個人能力的發揮，以及成就的獲得等感受。

⑹自主性：是指在工作中的自主權，以及創意的發揮等。

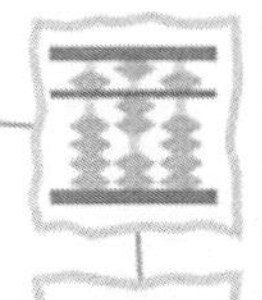

由個人在明尼蘇達重要性問卷所得側面圖，可看出個人的工作價值及其希望由工作滿足個人需求的情形；由個人所具備技巧，可看出他是否能滿足工作對其要求的情形。明尼蘇達工作適應理論對個人方面所強調的就是由個人價值、需求、能力、技巧所組成的「工作人格」，其中除個人需求的滿足之外，亦強調工作所要求於個人的能力。

2. 工作環境

工作世界瞬息萬變，工作與工作之間的關係也日益複雜，理論上個人若能找到與其工作人格相適配的工作，則勞方能滿足其個人需求，同時也滿足資方對其能力上的要求。然而如何能讓個人找到適當的工作，同時也促進社會的進步，對工作環境的分析亦為明尼蘇達工作適應理論所關心的重點。所謂的「工作環境」是指工作情境中的各種刺激，具體而言是指工作中所應完成的任務。由生產的觀點來看，任務的完成是勞方所期望的，由工作適應的觀點來看，任務的完成即與個人的工作人格有關，個人是否有足夠的能力來完成工作所要求的任務。

在工作環境方面，有兩項工具可以具體說明工作環境的性質，一個是職業性向組型量表（Occupational Aptitude Patterns），一個是職業增強組型量表（Occupational Reinforcer Patterns），前者用來了解個人能力與工作所要求能力之間的關係，後者用以比較個人需求與工作是否能滿足其需求之間的關係。圖 2-5 進一步說明這些變項與個人在某一工作上能持續多久的關係，他們認為工作人格與工作環境之間的符合程度愈高，則個人工作滿意度愈高，同時也能在這個工作領域裡待得較久。

3. 工作適應

工作人格與工作環境之間的適配程度與個人的工作適應情形有關。明尼蘇達工作適應理論所強調的工作適應，除個人所感受到的工作滿意度之外，也強調個人能力能滿足工作要求的情形。事實上戴維斯及拉奎司特認為個人與工作之間是一個互動的關係，個人以其能力滿足工作上的要求，同時也由工作中得到個人需求的滿足，適配或一致的情形良好，則個人的

工作適應情形也隨之良好。個人對自我做一調適，使自己具備完成工作任務的條件，即為個人工作適應的過程。

由此可看出，明尼蘇達工作適應理論所討論的工作滿意情形主要有兩個來源：其一為來自個人內在的滿意感受（satisfaction），是指工作環境能滿足個人價值需求的情形；其二為來自外在的滿意指標（satisfactoriness），主要是指個人能滿足工作要求的客觀表現。

㈢輔導策略

在輔導實務工作方面，工作適應理論所提供的概念，對各類就業問題及不同的輔導對象，均有其應用價值。以對象而言，已就業者、未就業者、考慮轉業者、退休人員、殘障者、復健者等等，均可以前述評量工具，包括明尼蘇達重要性問卷、職業性向組型量表、明尼蘇達滿意感受問卷、明尼蘇達滿意指標量表及職業增強組型量表等，視當事人情況選擇適合的工具，以增進當事人對自我及環境的探索。除工作適應方面的問題之外，戴維斯及拉奎司特（Dawis & Lofquist, 1984）認為「適配」的觀念也可應用在個人問題的諮商，同時在企業界對員工的訓練及諮商也有其應用價值。

㈣評價

戴維斯及拉奎司特的工作適應理論為工作滿意度的研究領域提供一完整的架構，提醒我們工作滿意的來源，除個人內心的需求滿足之外，亦包括個人是否滿足工作對我們的要求。此外，在適配的觀念上，也提供一不同於帕森斯及何倫所提出的指標。而在輔導實務工作的應用方面，如何協助當事人克服工作適應問題，除了有具體的評量工具之外，也為諮商過程提供了具體的討論架構，例如個人需求的滿足以及能力的增進等等。

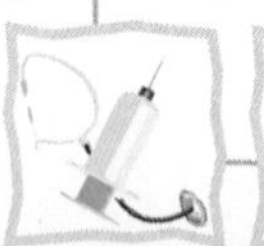

第二節　發展取向之生涯輔導理論

發展取向的生涯輔導理論，主要以人生各不同發展階段之發展特徵及發展任務來描述生涯發展情形，主要的理論包括金茲伯（Ginzberg）等人的生涯發展階段論、舒波（Super）的階段論、後現代主義盛行後頗受歡迎的生涯建構論、鐵德曼（Tiedeman）及歐哈瑞（O'Hara）的生涯決定發展觀點，以及葛佛森（Gottfredson）的設限及妥協觀念，以下將分別介紹之。

一、金茲伯、金斯伯、雅瑟雷及赫馬等人（Ginzberg, Ginsberg, Axelrad, & Herma）的生涯發展階段論

㈠源起

以金茲伯為主的研究小組首先由發展觀點來談生涯問題，這個小組中包括心理學家、社會學家、經濟學家及心理治療師等，他們所建立的階段假設，源自一項有關工作世界的研究計畫，在取樣方面是以有選擇自由空間的男性為主，年齡介於小學六年級到研究所之間，因而所討論的發展階段是從 10 歲左右的兒童到 20 餘歲的成年人。

㈡基本觀點

金茲伯等人（Ginzberg et al, 1951）根據實徵研究的結果，將個人的生涯發展階段大致分為幻想、試驗以及實現三個階段，各階段的特性如表 2-3 所示。他們認為職業發展的歷程，大約始自 11 歲時，而在 17 歲或成年早期後才結束。這個過程大約歷時六年至十餘年不等。第一個階段，幻想階段，是從 6 歲到 11 歲，在這個時候，快樂及幻想是決定兒童未來職業偏好的主要因素，他們根本不會意識到從事自己喜歡的職業需要具備些什麼能

表 2-3　「生涯發展階段論」各發展階段及其特性

階段	年齡	特性
幻想階段	兒童時期（11 歲前）	初期為純粹的遊戲，進而由遊戲中逐漸發展出工作的觀念
試驗階段	青少年前期（11 至 17 歲）	逐漸了解工作對個人的要求，也漸漸發展出對個人興趣、能力及價值觀念等等的認識
實現階段	青少年後期（17 歲至成人）	能力及興趣的統整，並進一步發展個人價值觀念，職業選擇方面亦逐漸有特定的方向

力，也從來沒想過追求一份工作會遇到什麼阻礙。一般而言，我們可以從遊戲中觀察出他們的興趣。

第二個階段，試驗階段，大致上是從 11 歲到 17 歲時，這個階段又可分為三個次階段，分別為 11 歲至 12 歲的興趣期、12 歲到 13 歲的能力期，以及 14 歲到 16、17 歲時價值能力及興趣的統整期。這個階段的青少年已經開始意識到自己日後也要跟大人一樣，找一份工作，已經逐漸體會到成人應負的責任。興趣、能力及價值觀念這些決定職業方向的主要因素，在此時均可藉由個人從事的活動中逐漸發現。

第三個階段是實現階段。這個階段大約始自 17、18 歲，主要的特徵是探索，包括個人興趣、能力以及價值觀念的繼續發展。這個階段通常也包括個人對某些特定領域的具體發展，有時也會花較多時間在自己喜歡的領域，並嘗試對生涯發展訂立一個目標。

㈢輔導策略

金茲伯等人所提出的生涯發展階段在輔導策略方面並無具體之貢獻，然而其觀念得自對研究樣本的觀察，而幻想、試驗，以及實現三個階段與個人的生涯發展狀況亦頗為符合，因而在輔導實務工作方面，小學階段宜提供兒童足夠的想像空間，中學階段宜提供學生自我探索的機會，並由工讀經驗中發掘自己，大學階段更應有見習嘗試的機會，以逐漸實現自己的

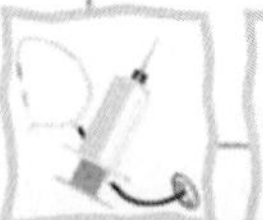

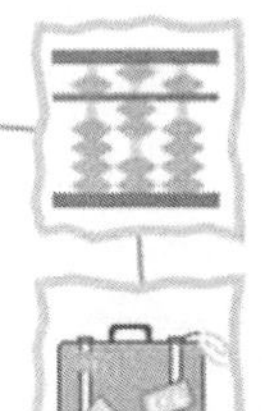

選擇。

㈣評價

大致上來說，金茲伯等人提出個人生涯發展過程中不同發展階段的不同影響因素，但是對於各階段的演變情形並無詳細描述。他們所提出的影響因素，也停留在特質因素論等既有理論所討論的因素。事實上他們的研究樣本在取樣方式上較為特殊，因而在結果推論方面亦較受限制（Osipow, 1983）。

二、舒波的生涯發展階段論及生涯組型研究

㈠源起

舒波（Super）的生涯發展理論融合了差異、發展、社會，以及現象各心理學的重要觀點。在差異心理學方面，他與特質因素論者同樣強調個人在興趣、能力、價值觀念及人格特質各方面的不同。由發展心理學的觀點而言，他採用哈維斯特（Havighurst, 1953）的發展任務觀點，將個人的生涯發展分成了成長、探索、建立、維持以及衰退五個階段，並提出各階段所應完成的發展任務。就社會心理學觀點而言，他強調社會環境對職業選擇及適應的影響。就現象心理學觀點而言，他強調個人在職業活動中的自我實現。

㈡基本觀點

1. 自我觀念

「自我觀念」在舒波的理論裡是個非常重要的概念。他所謂的自我觀念包括個人對自己在興趣、能力、價值觀念，以及人格特徵各方面的認識。工作愈能讓個人實現自我，也就是說個人的工作愈能配合自己的興趣、能

力、價值及人格特徵，則個人的工作滿意度也愈高。他對自我觀念的重視，使得一些學者以生涯發展的自我觀念理論來形容他的學說，然而他自己卻較偏好以上述「差異、發展、社會，以及現象」的心理學來形容自己所提出的觀點。然而他所提出的理論的確也相當廣泛，通常我們以「生活廣度與生活空間」這個形容詞來說明之。

2. 生涯彩虹圖

所謂的「生活廣度」是指人生的發展歷程，舒波將這個歷程分為成長、探索、建立、維持、衰退五個階段。而所謂的「生活空間」則是指個人在同一時期所扮演的不同角色，包括兒童、學生、休閒者、公民、配偶、家長、父母、工作者、退休者等九個角色。舒波同時提出扮演這些不同角色的四個人生劇場，分別為家庭、學校、社會、工作場所。「生涯彩虹圖」（如圖 2-6 所示）是用來說明這個生活廣度及生活空間之生涯發展觀念的最佳形容詞。

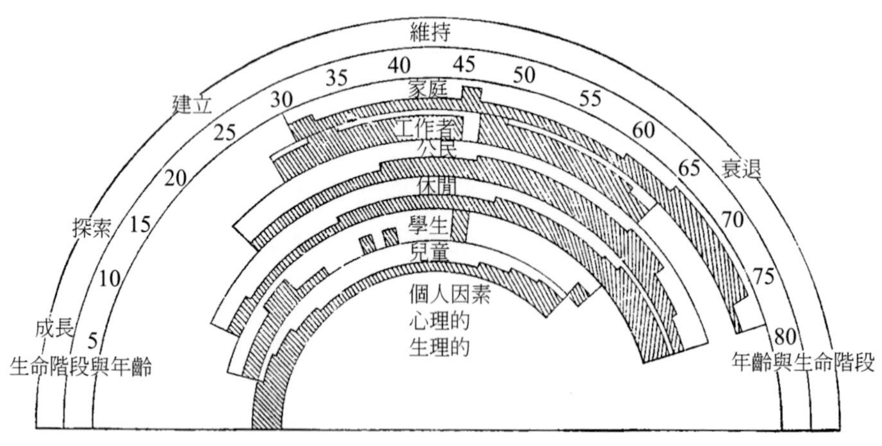

圖 2-6 舒波的生涯彩虹圖

資料來源：摘自林幸台（1987：89）；Super（1990: 200）

3. 發展階段及發展任務

舒波將個人的生涯發展分為成長、探索、建立、維持、衰退五個階段。成長階段大約是由出生一直到 14 歲左右，主要的特徵是個人能力、態度、興趣、需求的發展。第二個階段探索階段，大約是從 15 歲一直到 24 歲，在這個階段裡，個人嘗試其有興趣的職業活動，而其職業偏好也逐漸趨向於特定的某些領域，但這些特定的領域不見得是個人最終的決定領域。第三個階段是建立階段，大約是從 25 歲一直到 44 歲，在這個階段裡，個人由於工作經驗的增加以及不斷的努力嘗試，在自己的領域裡逐漸能穩定下來。維持階段是從 45 歲一直到 64 歲退休之前，在這個階段裡，個人在工作職位上不斷地調適、進步，並逐漸能在自己的領域裡占有一席之地。最後一個階段是褪離階段，在這個階段裡，個人可能欣賞自己在工作上的成果，職業角色分量漸漸減少，同時也思考退休之後的一些問題。舒波同時指出在不同發展階段裡，有不同的發展任務，各發展階段的次階段及發展任務如表 2-4 所示。

4. 生涯重要性

生涯重要性（或稱生涯凸顯）、生涯成熟及生涯組型是生涯彩虹圖中的其他重要觀念。舒波（Super, 1970）以各角色之相對重要性來解釋生涯凸顯的觀念，每個人在所扮演的多種角色中，對各個角色所投注的時間不同，而扮演不同角色時，所感受到的情緒也不同。Greenhause（1973）則進一步以三方面來觀察一個人對生涯的重視程度，分別為對事業的一般態度、對事業所做計畫的周密程度，以及與其他家庭、宗教、或休閒等活動相較之下事業的重要性。

表 2-4　舒波生涯發展論的發展階段及發展任務

成長	探索	建立	維持	衰退
經由與重要他人的認同結果發展自我概念；需要與幻想為此一時期最主要的特質：隨年齡增長，社會參與及現實考驗逐漸增加，興趣與能力亦逐漸重要。 ⑴幻想期（4 至 10 歲）需要為主；幻想中的角色扮演甚為重要。 ⑵興趣期（11 至 12 歲）喜好為其抱負與活動的主要決定因素。 ⑶能力期（13 至 14 歲）能力逐漸具有重要性，並能考慮工作條件（包括訓練）。 任務：發展自我形象，發展對工作世界的正確態度，並了解工作的意義。	在學校、休閒活動及各種工作經驗中，進行自我檢討，角色試探及職業探索。 ⑴試探期（15 至 17 歲）考慮需要、興趣、能力及機會，並在幻想、討論、課業及工作中加以嘗試。 任務：職業偏好逐漸具體化。 ⑵過渡期（18 至 21 歲）進入就業市場或專業訓練，更重視現實的考慮，並企圖實現自我觀念：一般性的選擇轉為特定的選擇。 任務：職業偏好特殊化。 ⑶試驗並稍作承諾期（22 至 24 歲）職業初定並試驗其成為長期職業生活的可能性，若不適切則可能再經歷上述各時期以確定方向。 任務：實現職業偏好。	尋獲適當的職業領域，逐步建立穩固的地位：職位、工作可能變遷，但職業不會改變。 ⑴試驗—承諾穩定期（25 至 30 歲）尋求安定，可能因生活或工作上若干變動而尚未感滿意。 ⑵建立期（31 至 44 歲）致力於工作上的穩固：大部分人處於最具創意時期，資深、表現優良。 任務：統整、穩固並求上進。	（45 至 64 歲）逐漸取得相當地位，重點置於如何維持地位，甚少新意：面對新進人員挑戰。 任務：維持既有成見與地位。	（65 歲以後）身心狀況衰退，工作停止，發展新的角色，尋求不同方式以滿足需要。 任務：減速、解脫、退休。

資料來源：摘自林幸台（1987）；Herr & Cramer（1984: 125）

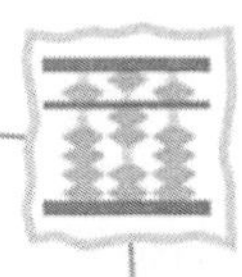

5. 生涯成熟

生涯成熟是指個人面對及完成發展任務的準備程度，而這種準備程度包括認知及情意兩方面的準備。在認知方面，又包括個人對職業本身的認知態度、對工作世界的認識、對自己所偏好工作領域的認識，以及在職業決定技巧方面的認知和應用情形。在情意方面，則包括個人在生涯探索及生涯計畫兩方面所持的態度（Super, 1990）。

6. 生涯組型

在生涯組型方面，舒波（Super, 1957）在經過一連串的研究之後，認為男性與女性的生涯發展情形不同，並提出一般男性生涯發展的四個主要類型。而女性的生涯發展情形，他則認為大致上有七個類型，以下分別介紹之。

男性的生涯發展組型有以下四種：⑴穩定生涯型：這類型的人並無經過嘗試階段而直接進入某一個職業，並且在該職業領域中持續工作很長一段時間；⑵傳統生涯型：這類型的人經過一段時間的嘗試之後才在某一項工作領域中穩定下來；⑶不穩定的生涯發展型：這類型的人，其生涯發展情形並無固定順序，可能經過嘗試之後穩定下來，但又因為某些因素而嘗試其他工作，形成不穩定的情形，也可能因為這樣的因素而使得其生涯發展情形較為遲緩，很晚才進入建立階段；⑷多重嘗試型：這類型的人因為不斷嘗試多種工作而很難進入生涯發展的建立階段，大部分這類型的工作者為不需經過專業訓練的半專業技術人員或家庭工業。

女性生涯發展的路徑則可以分為以下七個類型：⑴穩定家庭主婦型：此類型女性自學校畢業後很快就結婚，婚後即以家庭為生活重心，在其生涯發展過程中並無重要之工作經驗，或者亦有可能完全沒有工作經驗；⑵傳統女性生涯發展型：此類女性離開校園後從事某些行業，但是結婚之後即放棄工作而以家庭為重心；⑶穩定性職業婦女型：此類型女性在其一生發展過程中都不斷地有工作，對這類型女性而言，事業是其生涯發展過程中的重點。結婚前後均以事業發展為重心，而家庭角色僅居其次；⑷雙軌

生涯型：此類型婦女在其一生發展過程中不斷地結合工作及家庭角色，並兼重兩項角色；⑸間斷生涯型：此類型女性多半是在婚前有工作經驗，但婚後即辭職料理家務，待子女成長入學後，才再度進入就業市場，並以工作為生活重心；⑹不穩定生涯型：家庭及事業對此類型婦女性而言，在不同時期有不同的分量。他們可能是全職的家庭主婦，但因家庭經濟的緣故而必須不定期地外出工作以貼補家用，因此在其生涯發展過程中有時對家庭的投入較多，有時又以對工作的投入較多；⑺多軌生涯型：此類女性擁有多種不同類型的工作，而且這些工作之間也並非彼此相關，或許其中某類型的工作是她的理想，也或許這些職業只是她們謀生的方式而已。

㈢輔導策略

在輔導策略方面，可由評量工具的使用以及諮商過程中概念的討論兩方面來加以說明。前者主要為舒波所發展出的評量模式，包括使用評量工具之前對當事人的了解、決定適當的測驗種類、對測驗結果的解釋及諮商，以及行動計畫的討論等步驟。其中可供參考的測驗包括工作重要性量表、生涯發展量表及工作價值觀問卷等。而諮商過程中概念的討論部分，除測驗資料之外，舒波亦強調個人情緒的涉入，所使用的技巧包括反映、澄清、摘要、解釋及面質等。此外，除客觀的評量工具之外，自傳、日記及彩虹圖的繪製及討論均為可使用的輔導策略。

㈣評價

舒波的生涯發展論在眾多生涯理論中是相當完備的一套理論，他所討論的概念也相當廣泛，能解釋人類現象的情形也頗為充分，所引發出的研究也相當的多，然而它還是有不足的地方。史萊格曼（Seligman, 1994）曾指出在受虐家庭或藥物濫用家庭裡生長的孩子，其自我觀念也許有所偏頗，對這些人而言，職業選擇是否也能反映出他們的自我觀念，而他們的工作滿意度是否與自我觀念的實現有關，這些問題還有待研究。

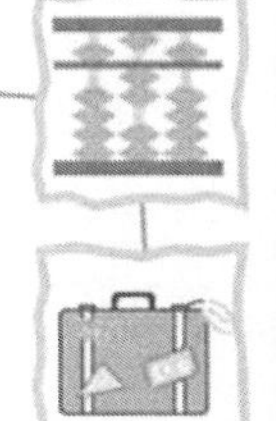

三、鐵德曼及歐哈瑞的發展觀點

㈠源起

鐵德曼及歐哈瑞（Tiedeman & O'Hara）以艾利克森（Erikson）的心理社會理論及舒波的生涯發展論為基礎，發展出一套自己的生涯發展觀點。他們的觀點強調自我的發展，同時也不忽略個人所處的環境因素，整個決定模式中強調自我覺察此一認知因素，以下介紹其基本觀念。

㈡基本觀點

鐵德曼及歐哈瑞的生涯決定發展模式包括兩個階段及七個次階段。第一個階段為預期階段，又可分為探索、具體化、選擇、澄清四個次階段。第二個階段為實踐或調適階段，又可分為入門、重整、統整三個次階段，如圖 2-7 所示。

在探索階段，個人逐漸意識到自己有興趣的一些職業方向；在具體化階段，這些方向更為明確，且範圍已逐漸窄化；在選擇階段時，個人能夠在這些已經窄化的範圍中作成決定；在澄清階段時，個人更確信自己的決定，且能夠為自己的選擇完成一套計畫，接下來即進入實踐及調適階段。

實踐及調適階段的主要任務是完成預期階段所訂定的計畫。所謂的入門階段是指進入個人所決定的工作領域；而進入該工作領域之後，個人對自己所定的目標及所處環境必須做一些修正，這時即進入重整階段；在最後的統整階段裡，個人應當能夠在工作崗位上有所貢獻，並建立起自己的工作地位。

㈢輔導策略

鐵德曼及歐哈瑞的階段論在實徵研究方面並無發展出具體的評量工具，但他們在哈佛大學發展出一套電腦職業輔導系統 ISVD（Information System

for Vocational Decisions），可謂為電腦輔助生涯輔導系統的先驅之一（金樹人，1988）。

時間

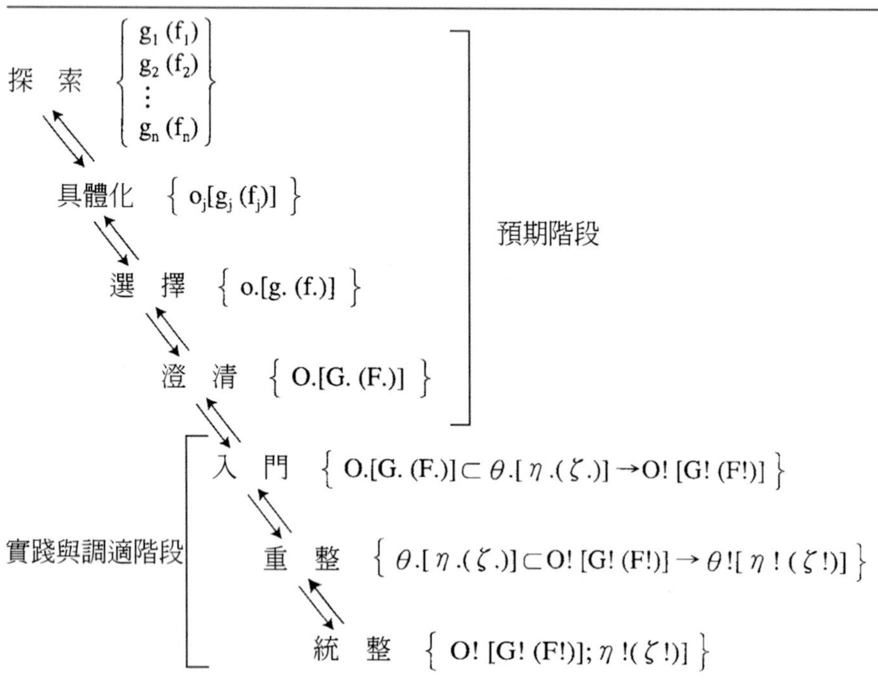

圖例

g_j, G_j	代表目標，由構想到具體（j=1,2,...n）
f_j,F_j	代表心理範疇，由模糊至清晰（j=1,2,...,n）
η	（g的類推）指團體的目標
ζ	（f的類推）指團體的心理範疇
o_j,O_j	代表組織，由模糊至澄清
θ_j	指團體中O_j的類推，團體成員O_j的累積影響

圖 2-7　鐵德曼及歐哈瑞的職業決定發展過程模式

資料來源：摘自金樹人（1988）；Tiedeman & O'Hara（1963: 40）

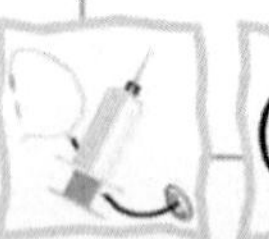

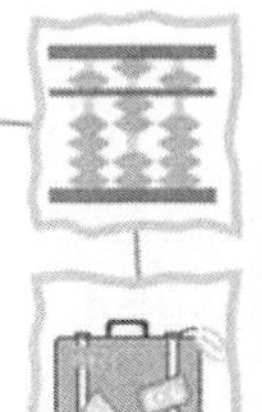

㈣評價

鐵德曼及歐哈瑞強調個人需求與工作要求之間的平衡，在預期階段，個人能了解自己的興趣、需求和價值觀念，並做出職業決定。在實踐及調適階段，則必須配合現實情境調整個人的目標，以達成個人需求與工作要求之間的平衡。鐵德曼及歐哈瑞在後來修正原有的看法，並提出終身生涯的理論，認為生活本就是一個學習的歷程，每個人都可以為自己建構出一套生活的現實觀及生命的意義（Savickas, 1989）。他們的理論同時也促使一套問題解決系統的發展，包含認知能力的培養、自我與家庭的分化，以及心理社會發展理論中所提及之危機處理方式等。總而言之，鐵德曼及歐哈瑞的職業決定發展模式看似簡要，但仍有其貢獻。

四、葛佛森的設限及妥協觀念

㈠源起

葛佛森（Gottfredson）同意舒波對自我觀念的看法，認為自我觀念在個人的職業發展過程中占有重要地位，個人所追求的職業與其對自己的印象（self-image）有關，然而自我觀念在職業輔導理論中仍須進一步的闡釋，因而發展出他的設限及妥協概念。

㈡基本觀點

她以設限（circumscription）及妥協（compromise）的觀念來說明個人職業目標的選定（Gottfredson, 1981）。設限的意思是指個人根據自我觀念的發展而將職業興趣逐漸窄化；妥協的意思則是指個人做決定時周旋於各個考慮因素之間，得想清楚必須堅持哪些因素或可以放棄哪些因素。

有關自我觀念的發展方面，葛佛森認為個人除了清楚自己是什麼樣的人，想成為什麼樣的人之外，也應該清楚自己不要的是什麼。除了個人對

自己的認識之外，她認為個人對工作世界的認識也有個主觀的認知圖，出現在這個認知圖上的職業，才是個人知道可以接觸的職業，沒有出現在這個圖上的職業，個人根本無從接觸。根據自我認識與個人的工作世界認知圖，個人可以衡量哪些工作適合自己，並考慮可以做多少努力，以進入自己期望進入的職業。至於個人對自己及工作世界的認識，大致上有以下四個發展階段，各階段的特性如表 2-5 所示。

第一個發展階段為權力傾向期，介於 3 歲到 5 歲之間的小孩子，對成人的概念是大人擁有不少的權力，大小及權力對這群小孩而言是他們認知過程裡很重要的兩個觀念，而這些認知通常又與成人所扮演的職業角色有關。

第二個階段是性別角色傾向期，6、7 歲的兒童是屬於這個階段，通常在這個階段裡，小孩的性別角色概念已發展成形，他們知道自己性別所屬的角色，並且會努力去扮演好他們所屬性別的角色。

第三個階段是社會價值傾向期，介於 9 歲到 13 歲的兒童已經能處理一些抽象的概念，他們逐漸意識到社會階層及經濟因素所帶來的差異，並且也逐漸清楚自己的能力及情緒。

表 2-5　葛佛森的職業發展階段及各階段特性

階段	年齡	特性
權力傾向期	3 至 5 歲	思考過程相當具體、並發現大人有相當的權力
性別角色傾向期	6 至 8 歲	自我觀念的發展顯然地受到性別的影響
社會價值傾向期	9 至 13 歲	體會出自己是生活在社會情境之中，對工作的偏好亦容易受社會價值的影響
自我傾向期	14 歲以後	能發展出較多對自己的認識，並根據自我觀念、性別角色及職業聲望發展出對職業選擇的期望

第四個階段是自我傾向期，從14歲一直延續到青年後期。在這個階段裡，個人開始對一些職業作篩選，而篩選過程的主要因素包括前三個階段所發展出來的自我觀念，例如一些性別角色或職業聲望不符合自己期望的職業，他們都有可能會將它們從主觀的職業認知圖中刪除掉。而剩下的職業，則會從個人人格特質、興趣、價值觀念，以及能力各個角度來衡量自己是否能夠進入該領域，此時個人可接觸的職業範圍即已大致成形。

葛佛森認為個人選定了某個職業領域之後，妥協的步驟仍不可避免地進行著，在妥協的過程裡，個人放棄某些比較不重要的目標而保留自己認為較為重要的。而根據她的研究結果，在興趣、職業聲望，以及性別角色刻板印象幾個因素裡，興趣是最早被犧牲的因素，職業聲望其次，而性別角色刻板印象是最後被放棄的因素，顯示一般人仍舊希望從事符合自己性別角色的職業。桑克（Zunker, 1990）認為也許是在這些因素裡，性別角色刻板印象比興趣及職業聲望更能代表個人的自我觀念，同時也較能讓個人符合社會的期許。葛佛森的觀點在生涯理論中屬較新的看法，他所提出的設限及妥協模式仍須進一步的驗證。

㈢輔導策略

葛佛森的設限及妥協觀念在輔導應用方面較偏重與個案的晤談過程，由晤談中了解當事人對職業印象的形成過程、對職業機會結構的認識情形，以及其在剔除職業選項過程中所考慮的因素。這些討論有助於當事人了解自己的職業選擇歷程，雖然並無具體評量工具的發展，但設限及妥協的觀念提供了諮商員與當事人在討論生涯發展問題時一個很好的架構。

㈣評價

葛佛森的發展觀點與金茲伯的發展觀點同樣重視兒童至成年前的發展階段，然而金茲伯的討論較偏重個人的心理發展情形，幻想、試驗，以及實現三個階段均從個人的角度來看生涯發展的情形；而葛佛森則較偏重社會方面的因素，權力傾向、性別角色傾向，以及社會價值傾向三個發展階

段均重視個人在社會環境中的發展情形，一直到15歲以後，生涯發展的情形才逐漸以自我觀念為主導，而其自我觀念所涵蓋的意義也比舒波所討論的自我觀念更重視來自於社會方面的因素。

第三節　社會學習與社會認知取向之生涯決定理論

基本上社會認知取向的理論在解釋個人做決定的歷程，而做決定的基本前提就是人們可以由很多的選擇項目中決定他們要走的方向。而導致個人最後的決定，包括了以下七個步驟：⑴定義問題；⑵找出所有可能的選擇；⑶蒐集資料；⑷處理資料；⑸訂定計畫；⑹選定目標；⑺完成計畫（Herr & Cramer, 1996）。社會認知取向的生涯輔導理論包括克朗伯茲（Krumboltz）的社會學習理論以及其他生涯決定模式。顧名思義他們所強調的是生涯決定歷程中影響個人做決定的因素，本節除討論克朗伯茲對社會學習理論的應用之外，擬討論近年來逐漸成形的社會認知生涯理論以及生涯決定模式中的葛雷特（Gelatt）模式。

一、克朗伯茲的社會學習理論與生涯選擇行爲

社會學習理論由行為學派大師班都拉（Bandura）所創，他的主要重點在強調個人學習經驗對人格與行為發展的影響，而克朗伯茲（Krumboltz）將此一理論應用在生涯輔導的領域裡，進而討論影響個人做決定的一些因素，更設計出一些輔導方案，以增進個人的決策能力。

克朗伯茲認為個人的生涯發展歷程相當複雜，他的理論主要目的是在說明影響一個人決定進入某一個職業領域的因素，他將這些因素區分為四大類，分別為遺傳及特殊能力、環境及重要事件、學習經驗、任務取向的技能等（Mitchell & Krumboltz, 1990）。

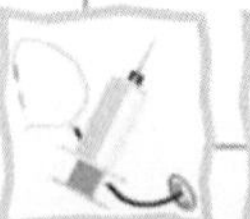

㈠遺傳及特殊能力

包括種族、外貌、性別、智力、肌肉協調、特殊才能等，這些因素對職業的選擇除了有正面的影響之外，也可能限制個人的職業選擇範圍，例如性別上的限制、身高的限制，或某一方面的先天缺陷等。

㈡環境情境及重要事件

通常是指個人無法掌握的一些特殊情境，如政府的政策、天然災害造成的影響、就學與訓練機會、家庭及社區背景，以及社會經濟的變化情形等，這些因素均有可能對個人的學習及決定造成重大影響。

㈢學習經驗

包括工具性的學習經驗及聯結性的學習經驗，前者是指經由自己對某些事件的反應、他人的反應，以及一些可以直接觀察而得的學習經驗，像個人生涯計畫能力及決定技巧均能透過此種學習經驗而獲得；聯結性的學習經驗則是指原先為中性不具任何意義的事物，經由與其他刺激聯結而賦予該中性刺激一新的意義，例如，護士原本是個中性的刺激，小朋友因為害怕打針而將護士與害怕的情緒聯結在一起，個人的職業偏好、態度及情緒多半是經由這種學習經驗而習得。

㈣任務取向的技能

事實上任務取向的技能是上述各種因素交互作用的結果，包括問題解決技術、工作習慣、價值觀念、個人對工作表現標準的設定、認知的過程、心理特質，以及情緒上的反應等等。這些技能仍然不斷的變化，不斷的修正，並進而影響個人的職業決定。

上述四個因素之間的交互作用是相當複雜的，我們很難判斷哪些交互作用會形成個人的哪些信念，但是可以肯定的是，個人經由這些信念而建構出一套自己的現實觀。克朗伯茲認為這些信念影響個人對自己以及對工

作世界的看法，進而影響一個人的學習經驗、期望和行動。有關前述四類因素交互作用的結果，以下將說明之。

1. 自我觀察推論

自我觀察推論是指個人對自己的看法及評估。個人經由對自己的觀察以及他人的態度，而了解自己的表現情形，這些了解也是學習經驗的結果，像個人對自己興趣、偏好和價值觀念的了解均屬於自我觀察的推論。

2. 世界觀之推論

世界觀之推論也是學習經驗的結果，他是指個人對所處環境之觀察，以及對未來可能進入之職業世界的預測。世界觀之推論與自我觀察推論同樣是相當主觀的，至於這些推論是否正確，則與個人經驗的多寡以及這些經驗的代表性有關。

3. 任務取向技能與生涯決定

任務取向技能是指個人所學的認知及表現能力，這些能力與個人的生涯決定歷程有關。包括工作習慣、情緒反應、思考歷程，以及問題解決能力等。克朗伯茲認為這些技能可以協助個人適應環境，解釋自我觀察推論與世界觀推論之間的關係，並協助個人有效地預測自己的未來。

在以上諸多影響個人做決定的因素當中，克朗伯茲、密雪兒和瓊斯三人（Krumboltz, Mitchell, & Jones, 1976）並發展出一套影響個人職業選擇的通用模式（如圖 2-8），在通用模式中，使用不同的形狀或符號來說明以上所討論的影響因素，圖 2-9 為此一模式的舉例說明。

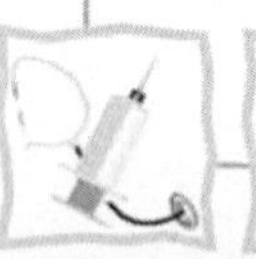

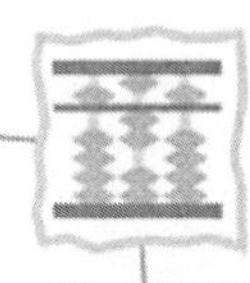

時　　間

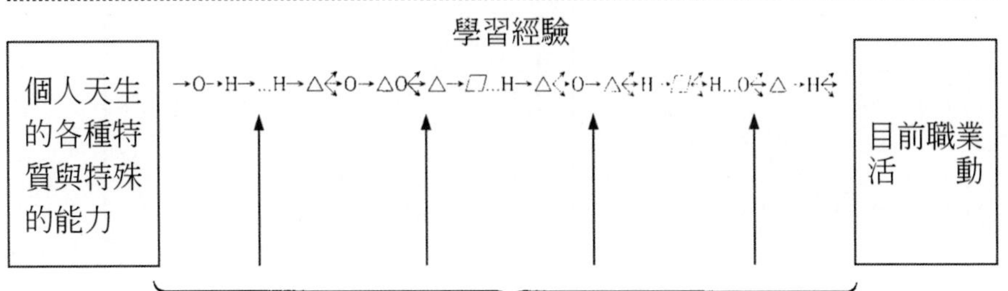

遺傳因素

環境、經濟、社會與文化的事件和情況

（圖例）
O＝聯結學習經驗
H＝工具學習經驗
△＝自我觀察推論
▱＝工作取向技能
→＝前進
⇔＝不同方向的選擇
…＝省略

圖 2-8　影響職業選擇的通用模式

資料來源：摘自金樹人（1988：68）；Krumboltz, Mitchell, & Jones（1976: 112）

二、社會認知生涯理論

社會認知生涯理論在最近透過一系列的研究而逐漸建立起來，其中較重要的幾個變項，包括自我效能與結果預期。在經過一系列的研究與整合之後，社會認知生涯理論逐漸成形（Lent & Brown, 1996 b; Lent & Hackett, 1994; Lent, Brown, & Hackett, 1994）。其理論內涵由三個分段模式組成，其一為興趣發展模式、其二為職業的選擇模式、其三則為表現及成果模式（如圖 2-10）。

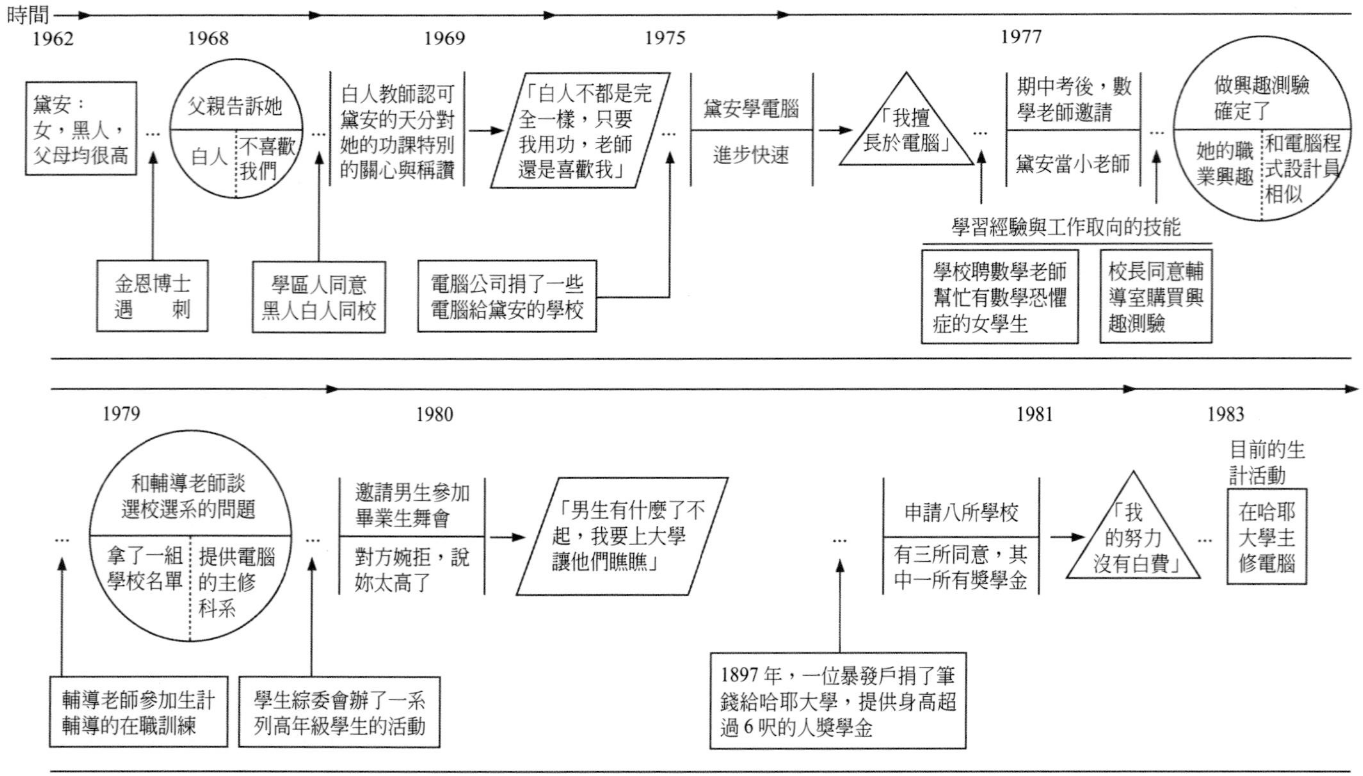

圖 2-9　影響生涯選擇的各種因素：案例分析

資料來源：摘自金樹人（1988：69）；Mitchell & Krumboltz（1990: 252）

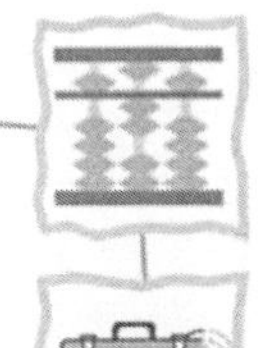

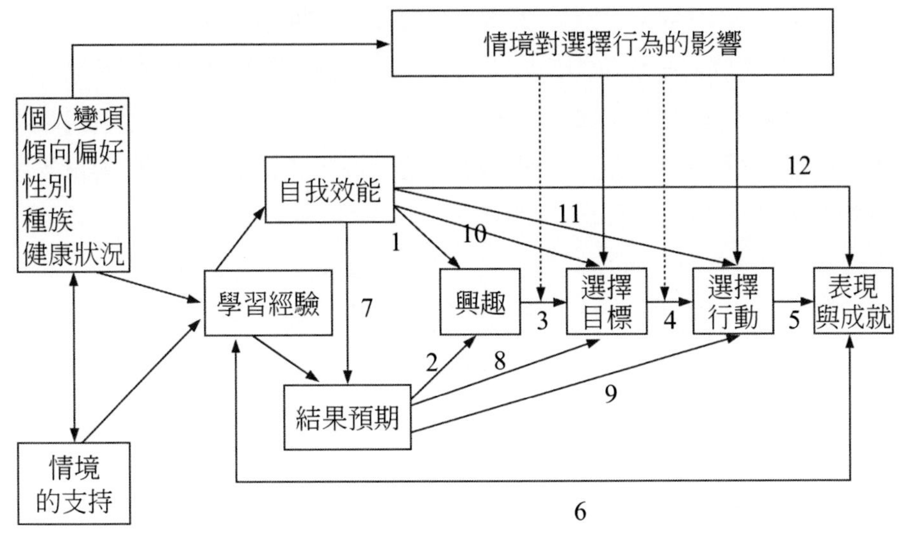

圖 2-10　社會認知生涯理論模式圖

資料來源：摘譯自 Lent, Brown, & Hackett（2002: 269）

顧名思義，興趣是此一模式中的重點概念。在興趣的形成方面，Lent、布朗（Brown）與 Hackett（1996）認為自我效能及結果預期是兩個重要因素；而興趣則直接影響一個人的職業目標，進而與其所參與的活動及成就表現有關，興趣是個人選擇職業的重要決定因素。何倫（Holland, 1973, 1985）、Gati（1981, 1984）、Rounds 與 Tracy（1992, 1996）等一群人對職業興趣的研究偏重靜態的興趣結構，而社會認知生涯理論中有關興趣的探討，則偏重其形成過程中的認知及經驗因素。這些個人的經驗及認知結構為個人自我效能及結果預期的主要來源，當然也與個人的過去成就表現有關。

在興趣發展模式中，自我效能除影響個人的興趣之外，也直接影響個人的結果預期、職業目標選擇範圍、活動行為，以及表現成就；而成就表現又繼而形成其自我效能的來源之一（如圖中箭頭方向所示）。有關自我效能與職業選擇範圍之間的關係，由針對女性的研究結果更能得到明瞭。女性在生涯發展及事業追求的過程中，一直被認為沒有完全發揮其天賦潛能。尤其是在傳統以男性為主的領域裡，女性無法發揮其潛能的現象更為

明顯。Betz及Hackett（1981）認為低自我效能預期（low self-efficicy expectations）是造成此一現象的部分原因。他們認為低落的自我效能預期，限制了女性對生涯發展領域的選擇範圍。在台灣，許多高中女生因為對數理方面的能力不是很有信心，亦即數理方面自我效能偏低，因而職業選擇也在無形中縮小了原本可以考慮的範圍。

至於社會認知取向生涯理論模式中的主要概念，包括三個部分，其一為自我效能（self-efficacy），其二為結果預期（outcome expectations），其三則為目標的選擇（goals）。自我效能是指個人對自己是否有能力成功地完成一項任務的信念，較偏重的是能力問題。結果預期是指個人表現某一特定行為後，認為可能會有什麼結果的個人看法，較著重個人的心像，正面的結果預期可促進個人在某方面的行動，這方面與個人的價值觀念有關，目標的選擇則引導個人更多的日後活動。

班都拉（Bandura, 1997）在其《社會學習理論》（*Social Learning Theory*）一書中提出解釋自我效能預期的三個向度：難度、強度和推論性。難度係指個人對一項任務所感受到的困難程度，有些人較傾向於將一件事想得很難完成，有些人則比較不會把一件事想得很難完成；強度係指個人對自己能完成一項任務所具備的信心多寡，有些人對自己較具信心，能肯定自己的辦事能力，有些人則比較擔心自己是否能完成他人所交付的任務；推論性則是指個人預期成功的信念是否能由某一情境或某一任務推論至別的情境或其他任務。

Betz及Hackett（1981）認為自我效能也是一種個人的認知態度，這種態度促使個人盡可能地發揮其天賦潛能，並追求其較感自信之職業。這種自己對自己的信心，也就是一種認知態度，是促使個人有所行動的最佳力量。此外，自我效能也是一種個人克服生涯阻礙的行為。一般而言，實徵研究的結果發現自我效能預期與個人的職業行為有高相關存在（Betz & Hackeet, 1981），例如個人在大學時代的職業探索行為、學業成就，以及對所選擇科系的滿意程度等等。在某些領域裡，自我效能預期高的學生對自己較具信心，學業成績也較優秀，對自己主修領域的滿意程度也較高。

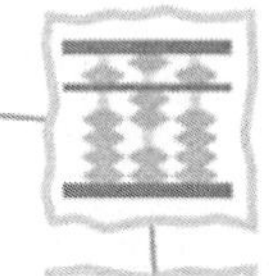

長久以來，有些研究結果顯示自我效能預期有其性別方面的差異。一般而言，女性在數理及科學方面的自我效能預期程度較男性來得低，此一現象對我國國中及高中階段學生而言特別明顯。女性在這一方面的低自我效能預期，無形中便縮小了她們職業選擇的考慮範圍。Layton（1984）研究一般女性對不同類型職業的看法，發現女性對從事傳統以女性為主的職業，其成功的預期較高；對從事傳統以男性為主的職業，則成功的把握較低。由此一發現我們更能理解自我效能預期對女性職業發展的影響。男生在傳統以男生為主的工作裡，自我效能較高；對女性而言，她們認為在傳統以女性為主的工作裡，自我效能較高。而在傳統以男性為主的職業裡，女生的自我效能較男生為低。此一因素被認為是女性較少從事理工或醫學領域職業的原因之一。事實上也因為女性對這些領域的自我效能較低，因而在理工方面的潛能或性向未能完全發揮出來。

由於認知因素在心理學領域中逐漸受到重視，社會學習理論也逐漸修改，並重視認知因素對個人發展的影響，社會認知理論於是也應用在生涯領域。而認知因素中的自我效能的確是在諮商過程中，用以檢視個人效能對興趣與選擇行為的影響，也是個值得思考的角度，雖然此一理論對文化因素的影響並無深入討論。

三、葛雷特的職業決策模式

葛雷特（Gelatt, 1962）的職業決定模式如圖 2-11 所示，它的內容包括五個重要步驟。在第一個步驟裡，當事人必須經驗到做決定的必要性，同時也為自己建立起一個目標，例如一個面臨選擇大學科系的學生經驗到做決定的必要性，他所建立起的目標就是找出自己希望進入的大學科系，並按照自己所考慮的因素排出順序。第二個步驟是蒐集資料，以了解各個選擇的可能後果，例如前面所提有關大學科系的排序問題，在這個步驟裡，當事人必須由各種可行的管道蒐集各系相關資料，像各個科系的師資、課程內容、學費問題、畢業以後的出路，以及相關職業領域的未來發展趨勢等。

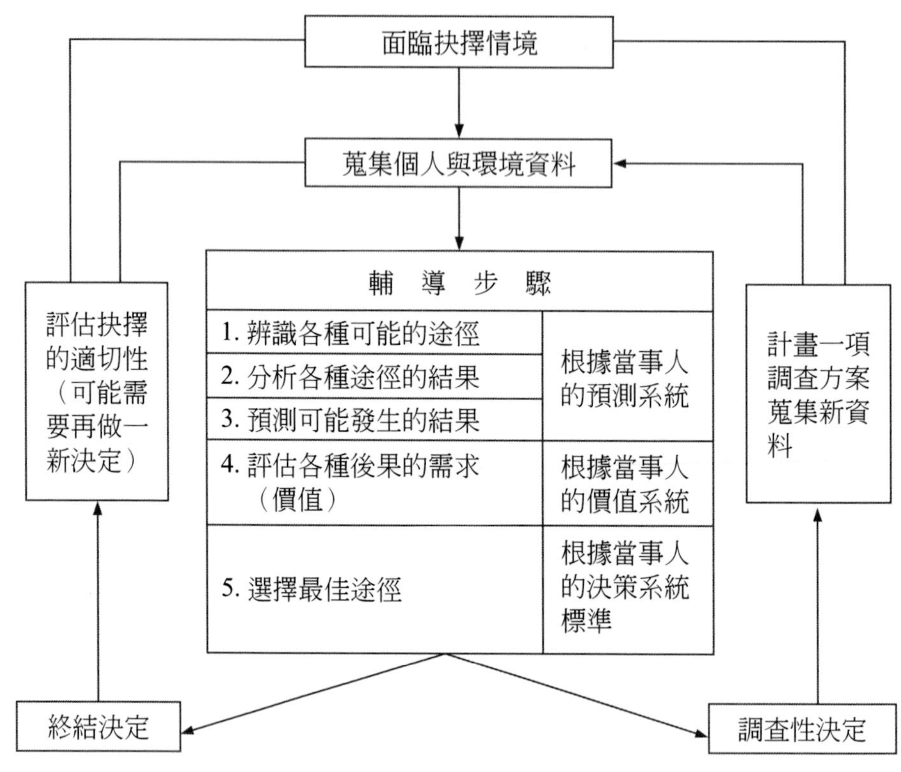

圖 2-11　葛雷特的生涯選擇模式

資料來源：摘自林幸台（1987）；Gelatt（1962）

葛雷特模式裡的第三個步驟是分析所蒐集的資料，並預測各個選擇性的可能後果，在前例裡，當事人必須衡量自己的興趣及能力，並預估自己是否能順利完成不同課程的要求。前述第二個步驟所得資料的正確性會影響此一步驟裡預測結果的精確性。

第四個步驟強調價值系統在決定歷程中的重要性。在這個步驟裡，當事人對前述的預測結果做一判斷，看看哪些結果是自己比較希望得到的。例如前述這個選擇大學科系的學生，必須根據自己的價值觀念來判斷哪些結果比較是自己所希望得到的，如此才能讓當事人順利的進到下一步驟，也就是最後一個步驟，做成決定。價值澄清活動在這個步驟裡對當事人而

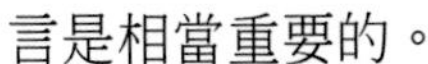

言是相當重要的。

葛雷特模式的最後一個步驟是評量並作成決定，這個決定可能是最終的決定，也可能是一種調查性的決定。如果是調查性的決定，諮商員與當事人應當循著一些調查方法回到第二步驟，蒐集資料，並繼續接下來的各個步驟。如果所做的決定是最終的決定，並不一定就此結束。最終的決定達成之後，過一段時間必須觀察結果，如果原訂的目標已經達成，則可以依據達成的情形訂定下一個目標。如果觀察結果與原本的預期有一段距離，則必須回到第二步驟，蒐集更多的資料，並繼續接下來的其他步驟。

葛雷特的職業決定模式點出了職業決定歷程的循環性，即使已經達成決定，仍舊可以回到第一步驟，開始下一個決定。這一點也說明了生涯決定是一連串決定而非單一決定的性質。葛雷特的模式同時也提供諮商實務工作者一個可供參考的輔導架構，在這個架構裡，預測系統與價值系統在這個架構中是個相當重要的部分，顯示有關個人興趣、能力，以及價值觀念的探索及澄清活動在生涯決定歷程中仍是相當重要的工作。

在輔導工作中使用葛雷特模式時，諮商師應當注意以下幾個重點。第一個是當事人是否已意識到做決定之必要性的問題，唯有當事人意識到做決定的必要性，方能順利進入這個模式。第二個重點是諮商師應當顧及當事人對職業世界的認知情形，能從多種管道蒐集多方面的資料，以了解未來準備進入之職業領域的種種情形，當事人愈能作成正確的決定。第三個重點是當事人本身對自己必須有清楚的認識，如此在預測系統與價值系統兩個步驟方能順利進行。除此之外，當事人也應當了解做決定的過程及技巧，例如平衡單的技巧及自己的決策類型等等。

第四節　新興的生涯理論取向

一、布朗的價值基礎生活角色選擇論

布朗（Brown）認為我們可以從認知、情緒及行為幾個不同角度來看一個人的價值觀念，而人們在衡量自己或他人行動表現時，所依據的，多半就是自己所持的價值觀念。因此，價值觀念經常影響我們對特定目標的選擇。至於價值觀念的形成，布朗認為同時與天生遺傳及後天環境因素有關。針對以價值為基礎的職業選擇模式，布朗提出了七項基本假設（Brown & Crace, 1996）：

1. 在一個人具有兩項以上的選擇能滿足他的需求時，價值觀的排序最能影響他的決定。
2. 價值系統中的各項價值來自於社會，而一個人所發展的價值數量也是有限的。
3. 文化、價值，以及社會經濟地位會影響一個人的機會與社會互動，因此在一個國家裡的次文化團體，其價值信念有一定程度的變異性。
4. 個人滿意度的基本要素，是所做的選擇能符合其價值觀念。
5. 生活滿意度是各不同角色間互動的結果，而不是婚姻、工作、休閒及其他生活角色的總和。
6. 高功能的人，價值發展得較為完好，而且能對價值排序。
7. 任何角色的成功，有賴於表現該項角色功能應具備的能力及性向。

根據這七項假設，布朗也進行一些研究，結果也能得到支持。至於在生涯實務工作的應用方面，布朗將求助的個案分為兩大類，一類是選擇計畫性的決定，另一類則是不做計畫的決定。但不論如何，對這兩大類個案而言，有些諮商技巧是必要的，例如建立適當的同盟關係、對價值觀念衡

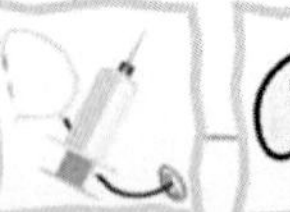

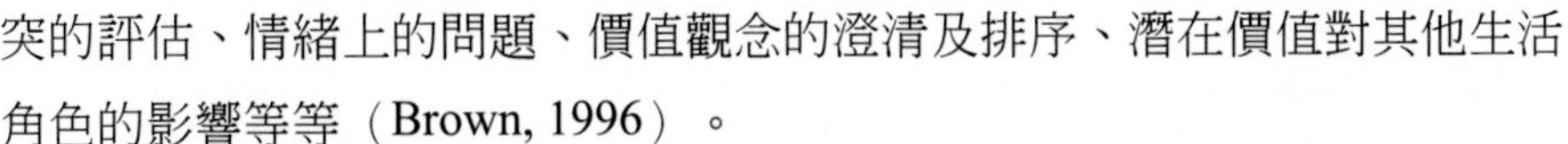

突的評估、情緒上的問題、價值觀念的澄清及排序、潛在價值對其他生活角色的影響等等（Brown, 1996）。

對有所規劃、決定做生涯轉變的個案而言，諮商員所要做的，主要是透過角色或角色間的衝突來探索生涯不滿意的原因。其次，工作上需要具備的資格、訓練機會，以及離家遠近的情形是否符合個案的需求，或是在個案能接受的範圍內，也是個案所關心的問題。

對於非計畫性的生涯轉變者，首先可以了解他情緒上的問題，經濟上的問題，再來看看是否有一些現有的機會是能夠滿足個案的，或者，個案需要做哪些改變，以增加工作上的滿意度，或是從其他生活角色來提高快樂的來源，這些都是可以和這類個案討論的問題。

至於價值觀的評量，可以透過質化及量化的方式。質化方式包括卡片分類、項目檢核，以及幻遊活動等等。量化方式則可透過各種不同的價值觀念量表。價值觀念在生涯諮商中一直都是自我探索的重要變項，然而針對價值觀念對所接觸的工作環境做評估，在諮商過程中討論的較少。以價值為基礎的生涯諮商取向是值得受到重視的，而社會文化對個人價值觀念的影響，則是未來可以加入討論的變項。

二、生涯建構論

㈠源起

生涯建構理論的發展，源自人格心理學家凱立（Kelly, 1955）的個人建構論。在後現代主義盛行之後，建構論的概念被應用在生涯諮商中，他們認為個人所建構的世界並沒有絕對的真理，此一想法與理性主義背道而馳。建構論所強調的，是藉由建構的萃取，帶領個人進入其內心世界，以增進個人對自我的了解與洞察。

(二)基本觀念

所謂的建構，是指個人了解自我以及了解外在世界的方式，而個人在建構自我及外在世界時所使用的形容詞，正符合凱立提出的建構兩極性質，是相對的兩個端點。例如對個人特質的形容，溫柔相對於粗獷、乖巧相對於不守規矩、善良相對於邪惡等等。應用在個人對工作世界的認識，則包括薪水的高低、工作場所的室內戶外、工作性質的變化多寡、穩定與不穩定等等概念。

在各個不同的建構之間，又有次序或階層的關係，因此有所謂統轄建構、從屬建構、邊緣建構與核心建構的差別。應用在個人對工作世界的解釋，工作內容接觸人或接觸事物，是屬於範圍較大的統轄建構。接觸人的工作中，變化性的大小則可以算是人／事物之下的從屬建構。邊緣建構與核心建構的差別，則在於對個人特質了解的深淺，溫和／粗獷是屬於較為邊緣性的建構，是表層的，個人本身及周遭人可以觀察得到的。核心建構則是屬於個人內心較深層的特質，他人不易觀察，甚至個人本身也不一定有所覺察。透過階梯（laddering）技術，可以協助個人深入內在的核心建構，而這核心建構，也可能是個人長久以來所珍視的價值信念，甚至也蘊涵個人對自我存在的意義。

至於建構的發展與演變，凱立（Kelly, 1955）認為包括了審慎思考（circumspection）、取得先機（preemption），以及掌握選擇（control and choice）三者不斷循環的歷程。國內吳芝儀（1997）以「慎思、明辨、篤行」來形容此三項發展階段。當個人面臨選擇的十字路口時，需針對不同選項，從各個不同角度來思考各方面因素。取得先機階段，則是針對某一可能性最高的特定選項做更周延的思考，甚至是以特定時間或特定方式來處理特定的情境，是做成最後決定之前必須有的準備。控制及選擇，則是對特定情境或選項做成決定，並能夠掌握該項情境選擇。

至於在發展過程中，凱立針對各不同建構之間的關係進一步提出分化、統整，以及衝突等等概念。建構系統的分化性，是指該系統允許個人從多

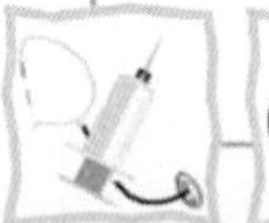

元的角度來認知不同的選擇情境或項目。統整性，則是指不同建構之間可以統合為一完整系統的程度。高分化與高統整是我們所期待的理想決定型態，也是個人建構發展的最後階段，可將之命名為精慮性的決定型態（elaborately decided）。

生涯建構系統中的各項建構彼此之間也有相衝突的情形，就如同個人價值觀當中，各不同價值信念也有彼此衝突的時候。最明顯的例子是時下一些年輕人所流行的一句話：「錢多、事少、離家近」。這三者之間是可能會有衝突的。對於建構彼此間的衝突情形，透過建構方格及階梯技術，可以在輔導過程中思索個人心中的衝突及矛盾情形。

㈢輔導策略

個人建構取向的生涯諮商技術，以生涯方格的運用為主。此一技術協助個案對不同職業的比較而萃取建構，並根據建構的重要程度對不同職業進行評比，評比結果，讓個案清楚自己的理想與實際之間的一致情形，所重視的是過程，而非根據結果做成決定。然而，過程中個人對自我的深入探索，也有助於個人做成好的決定。

階梯技術，是建構方格評定之後可以繼續深入的一項技巧，當個案提出一項重要的建構之後，我們不妨繼續追問，「這為什麼是重要的？」如此繼續追問，可以一層層進入內心深層的想法（所謂的核心建構），不斷地問自己：「這對我而言是重要的，為什麼？」「如果真能這樣，我會覺得如何？」「真是這樣的話，又可以如何呢？」過去研究發現一些大學生所呈現的生涯核心建構，雖然不乏停留在熱門的「高薪」想法，但有更多的想法，是生活快樂、家庭美滿、用心付出、肯定自己、人際和諧、享受生命、認真生活、成就滿足、擴展視野、國際宏觀、生活充實、提升心靈境界、甚至是世界大同、死而無憾等等。

㈣評價

個人建構在生涯諮商中的應用，是最近的趨勢。所強調的是透過對個

人建構的了解以及對外在世界的建構形容，以覺察個人所欲營造的生涯世界。對於協助個案了解個人與工作環境之間的關係，頗有其應用價值。而透過對個人核心建構的領悟，個人更能夠從生涯發展的歷程中省思自我，並進而思索對未來生涯的規劃，甚至思索所欲建立的生命意義。

三、敘事取向生涯諮商

近年來沙維卡斯（Savickas）逐漸結合後現代主義的理念，發展出敘事取向的生涯諮商觀念與技術，所強調的是個人的主觀生涯。而個人的生涯發展，在理念上也逐漸有所轉變，後現代主義認為生涯的發展應當以如何建構個人認為有意義的生涯為主，而非如過去所主張的，以修正自己以符合並適應工作世界的要求為主。類似於此，敘事取向強調生涯發展歷程中個人的主觀力量，所以在最近能成為趨勢。

敘事取向的生涯諮商，諮商的內容或素材範圍是相當廣泛的，包括個人的傳記、故事、幻遊的內容，以及訪問或諮商的文本等等（Cochran, 1997）。較狹窄的定義，則多半以說故事為主。透過對個人故事的敘說，個案更清楚對自己有意義的生活經驗，如果更進一步請個案說出不一樣的故事，也就是所謂的替代性故事，也許從中能頓悟出新的意義，進而對未來的生涯規劃更有動力。

克倫（Cochran, 1997）提出幾個方式，以協助個案從故事敘說的素材當中，找出過去生活經驗的意義。其一是藉由過去、現在與未來的暫時性架構，讓個案能統整整個生命經驗。對過去的頓悟以及對未來的積極期待，讓個案能由敘事的經驗中發展出完成現階段目標的動力。第二個方式是透過綜合性的結構，讓個案能由故事中的某一兩個重點擴展出更廣的重點，進而豐富這些經驗的意義，最後再將這些經驗整合為一。至於在具體的策略方面，包括闡述個人的生涯問題、撰寫個人生涯傳記、發展未來的生涯故事、建構符合現實的生涯計畫、改變個人生活結構、建立或凸顯某項生活角色，以及生涯決定的具體化。

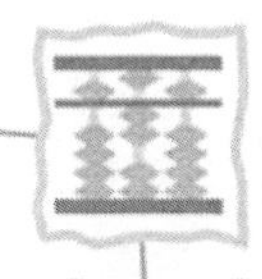

在諮商過程方面，沙維卡斯（Savickas, 1995）提出五個具體的諮商步驟，分別為：⑴聽取當事人的故事，並用心聽出其中的生命主題；⑵將此一生命主題反映給當事人，讓當事人思索此一生命主題；⑶回到當事人所呈現的生涯困境，並探索生涯困境與此一生命主題間的關聯；⑷嘗試將生命主題延伸至未來；最後再⑸發展並練習做決定所必須具備的技巧。在這個步驟的使用，最好能配合在不同階段而使用不同技巧，例如搭配 Hill 與 O'Brien（1999）的三階段助人模式。首先使用探索階段技巧，同理並反映當事人的生涯故事及生命主題；其次以洞察階段技巧提供當事人對故事經驗及不確定性的洞察；最後並發展行動計畫，讓當事人有機會練習決定策略。

第五節　各理論取向之綜合比較

一、由理論形成之條件比較各理論學派

歐斯伯（Osipow, 1983）曾經提及理論形成的標準，例如一個理論在解釋某一實際行為的適切性、在實徵研究中得到支持的情形如何、理論中所涵蓋的概念推論性如何、是否精簡扼要、是否有具體的評量方式用以解釋所談的概念、在邏輯上是否沒有衝突等等。以下分別就這些標準討論各重要學派所談概念，表 2-6 為各理論的比較摘要。

㈠在解釋方面的適切性

通常理論成立的目的在解釋客觀的現實狀況，而各理論學派在解釋性方面，歐斯伯（Osipow, 1983）認為多半學派在說明或描述職業行為的成分重於對職業行為成因的解釋。包括特質因素論、何倫的類型論、一直到舒波的生涯發展論，均以描述職業行為為重點，唯有克朗伯茲的社會學習取向及羅安的需求論，在解釋職業行為成因方面的成分較重。

表 2-6　生涯輔導各重要理論學派之摘要及比較

理論學派	理論目的	重要變項	評量方式	實徵研究	推論性	複雜性
特質因素論（Parsons）	提出職業輔導的三大主要步驟	人格特質性向、需求	刺激心理測驗的發展且持續其影響力	相關研究多但結果並不一致	觀念上較具影響力、但輔導策略不夠具體	簡單易懂
工作適應論（MTWA）	說明工作適應過程並解釋工作滿意的前因變項	工作人格 工作環境 工作滿意 工作適應	很多針對理論架構而提出的評量工具	多半研究支持理論假設	非常具實用價值	複雜但解釋頗為清晰
羅安（Roe）	解釋個人早期經驗與職業選擇行為之間的關係	父母管教態度、職業分類系統	父母管教態度、職業興趣測驗	多半研究並不支持其理論假設	較能解釋高層次職業情形	較多複雜的概念
何倫類型論（Holland）	描述個人興趣與職業選擇行為之間的關係	職業興趣 一致性 分化性 適配性	自我探索量表及其他相關資料，且非常具實用價值	多半研究支持理論假設	應用相當廣泛	概念相當簡單清晰
金茲伯等人發展論（Ginzberg）	說明個人生涯發展階段，較重視成年前的發展	發展階段及相關社會變項	無具體之評量工具	實徵研究不多、大致能支持其基本觀點	應用不普遍	並不複雜
舒波發展論（Super）	說明生涯發展各不同階段及相關概念	自我觀念 生涯成熟 發展階段 發展任務 （職業偏好具體化、特定化）	生涯發展量表、凸顯量表等，實用價值高	多半研究支持理論假設	應用相當廣泛	複雜程度居中
葛佛森發展論（Gottfredson）	說明職業發展過程中的設限與妥協歷程	權力大小 性別角色 職業聲望 自我概念	有相關之評量工具	研究結果有文化上的差異	應用並不普遍	觀念簡單易懂
克朗伯茲社會學習論（Krumboltz）	說明影響個人職業決定的相關因素	學習經驗 自我觀察概化 世界觀察概化 生涯信念	有相關之評量工具 生涯信念量表	實徵研究尚能支持理論假設	非常具實用價值	觀念解釋清晰
社會認知生涯理論（SCCT）	說明個人職業興趣、選擇與成就之相關影響因素	自我效能 結果預期	生涯自我效能量表	研究結果有文化上的差異	應用並不普遍	複雜程度居中

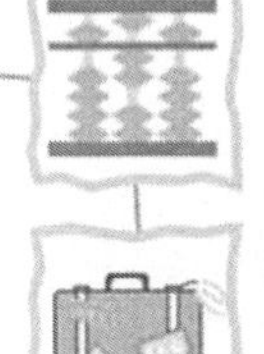

㈡在實徵研究方面得到支持的情形

理論、實務、研究，是諮商心理學家所強調的三個重點，在各理論學派中，以何倫類型論及舒波發展論所引發出的研究最多，而多半的實徵研究結果亦支持理論中所提出的假設。此外，社會學習理論在生涯決定行為的應用方面，已逐漸帶出學者們對認知因素的重視，包括克朗伯茲對生涯信念的解釋以及 Lent 及 Hackett 等人對自我效能預期的重視，這些概念也刺激了更多學者們在社會認知取向生涯行為方面的實徵研究，甚至已形成另一新的理論學派（Lent & Brown, 1996）。

㈢在理論概念的推論性方面

在理論的推論應用方面，以何倫及舒波的應用範圍較廣，舒波的彩虹圖觀念更是提醒實務工作者重視各年齡層次的生涯輔導工作。羅安的需求論來自他臨床方面的經驗，對層級較高的職業類別較能解釋，對層級較低的職業，則其職業選擇行為與幼時的心理需求情形較難以需求論的觀點來說明。在應用方面非常具實用價值者包括明尼蘇達工作適應理論及克朗伯茲的社會學習理論等，但兩者的實用價值較偏向以成人的情形為主。特質因素論所提出的觀念對後來人境相合取向的理論發展有很大的影響，但在應用方面並無具體策略。而其他發展取向中金茲伯及鐵德曼等人的理論，因所討論內容在年齡層方面較有限制，所以應用情形亦不普遍。

㈣在理論陳述的精簡扼要方面

在眾多理論學派中，有些概念雖然複雜，但仍可以用精簡的方式說明的相當清楚，有些概念則不容易為一般人所接受。前者如社會學習理論及明尼蘇達理論中所提的觀念，後者如心理動力取向中來自精神分析的一些觀念。類型論所討論的概念則是原本就相當簡單，很容易為一般人所接受。其他像舒波的發展論等，一些概念的複雜性居中而學者也都能解釋得相當清晰。

㈤在各理論概念的操作性定義方面

所謂的操作性定義是指各概念的具體評量方式，例如個人的生涯成熟情形，在概念性定義方面是指個人對生涯發展任務的完成情形，而具體的操作性定義則可藉由「生涯成熟量表」得到了解。在各理論學派中，大部分學者均有根據其所主張的概念編製相關的評量工具，如「自我探索量表」（Self-Directed Search）可以讓個人得知自己較偏好的興趣類型、「凸顯量表」（Salience Inventory）可以讓個人得知自己對生涯的重視程度、「生涯信念量表」可以讓個人了解自己對工作所持看法等等。在諸多學派中，唯金茲伯等人的發展理論較難以操作性定義方式解釋其所主張之概念，心理動力取向在近年有「防衛機轉量表」的應用，或許可協助此一學派在生涯輔導方面的應用發展。

㈥在邏輯方面的一致性

在邏輯一致性方面，幾個重要學派的內部一致性程度頗高，所提理論並無衝突之處，唯羅安的需求論較常受到批評，羅安所強調的是父母親管教態度與其子女職業選擇行為（人際取向或非人際取向）之間的關係，然而他並無顧慮到父母親管教態度不一致的情形，而實際生活中有些父母親對不同子女採相同的管教態度，但子女所選擇的職業取向卻有不同的情形發生，也是與需求論矛盾之處。

二、由重要之概念討論各理論學派的異同及其整合

在生涯輔導過程中，諮商員與當事人經常討論的問題及一般研究者所關心的變項，包括個人的自我概念（self-concept）、個人的職業選擇與人格特質是否相合（person-environment fit）、個人決定行為（decision-making）的前因，以及決定後工作適應（work adjustment）的情形等等。近年來由認知觀點來討論個人生涯選擇行為的情形亦頗受重視，相關的變項則

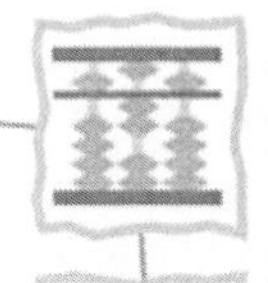

包括自我效能預期（self-efficacy）、生涯信念（career beliefs），以及個人對自己能力的評估（self-estimate abilities）等，以下針對這些重要概念來討論各理論學派的相似之處及其整合的可能情形。

㈠自我觀念

自我觀念可以說是舒波發展論中的主要重點，舒波曾強調個人職業的選擇可以說是個人自我觀念的實現，而就何倫的類型論觀點而言，個人的自我統整（identity）則與舒波所談的自我觀念有同樣的意義。然而究竟自我觀念的內容是什麼，事實上就是指個人對自己的看法，也就是克朗伯茲所提的「自我觀察推論」（self-observed generalization）。

㈡人境相合（person-environment fit）

人境相合這個觀念在生涯輔導工作裡一直都是個經常討論的課題，遠從輔導工作的起步時期，帕森斯（Parsons, 1909）所提出的職業輔導第三個步驟「真實的推論」（true reasoning），就強調個人與工作世界的配合情形。明尼蘇達的工作適應理論則認為個人「工作人格」與「工作環境」之間符合（correspondence）的程度與其工作滿意情形有關。何倫類型論的適配（congruence）觀念更是引發出人境相合與工作滿意、工作穩定、與工作成就之間的關係。

㈢社會認知要素（sociocognitive mechanisms）

社會認知取向是近來在生涯輔導理論中較受重視的觀點，主要的變項包括自我效能預期及生涯信念等。自我效能預期是指個人對自己是否能成功地達成任務的看法，此一觀念由認知角度觀察一個人對自己生涯發展的期許，與克朗伯茲所提及的「學習經驗」有關，也可能是舒波所討論「自我觀念」的一部分，而明尼蘇達學派所提及要完成工作任務所需具備的「技能」，而何倫在其自我探索量表中的「自我能力評估」一部分也與自我效能預期的觀念相通（Lent & Hackett, 1994）。

㈣生涯決定

從生涯決定（career decision-making）觀點而言，不同理論學派共同的觀點認為，生涯決定應當是個理性的過程。多半的人在做決定時都會想像決定的後果，以及自己是否喜歡或是否能接受這樣的結果，然而個人在決定之前的影響因素，也是學者們討論的重點。例如克朗伯茲就將這些因素區分為遺傳、環境、學習經驗、自我觀察概化、世界觀察概化，以及任務取向的技能等等；葛雷特的決策模式則比較重視決定過程中個人所持價值觀念這個因素。此外也有些學者質疑生涯決定是否一定為理性的歷程（Phillips, 1994），Harren（1979）將決定型態區分為理性、直覺及依賴三個類型，Etzioni（1988）則強調情意因素在決定歷程中所占的地位，赫爾及克拉瑪（Herr & Cramer, 1996）更將個人未能達成決定的情形區分為「探索性未決定」（indecision）及「焦慮性未決定」（indecisiveness）兩種情形，綜觀社會認知取向理論的整合，決定的前因、做決定的歷程及對決定後果的預期仍舊為研究的重點。

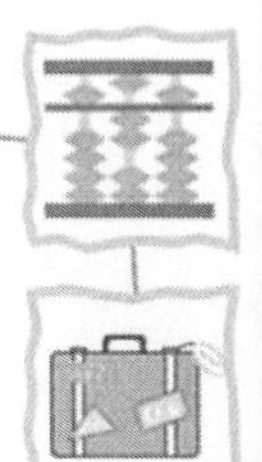

關鍵詞彙

特質因素論
類型論
興趣類型
一致性
分化性
適配性
統整性
計算法則職業分類系統
生涯發展
自我觀念
生涯彩虹圖
生涯發展任務
生涯重要性
生涯成熟
生涯組型
預期與調適
設限及妥協
生涯決定
學習經驗
自我觀察推論
世界觀推論
任務取向技能
自我效能
結果預期
故事敘說
生涯建構
工作人格
工作環境
工作適應
工作滿意感受
工作滿意指標
人境相合

自我評量題目

1. 生涯輔導理論大致可區分為哪幾個重要取向？各取向中包括哪些重要學派？
2. 試說明以下各理論學派的重要基本概念：
   ⑴特質因素論
   ⑵類型論
   ⑶舒波的生涯發展階段論
   ⑷生涯選擇人格論
   ⑸設限與妥協
   ⑹生涯建構論
   ⑺敘事取向生涯概念
   ⑻社會學習理論
   ⑼社會認知生涯理論
   ⑽明尼蘇達工作適應理論
3. 試選擇兩個不同取向的生涯理論學派，並比較其基本觀點及其在輔導工作應用上的差異情形。
4. 試由不同理論學派之觀點說明以下概念：
   ⑴自我觀念
   ⑵人境相合
   ⑶職業決定
   ⑷社會認知
5. 試由理論形成之條件對各重要生涯輔導理論作一評論。

第三章

生涯輔導的策略與技巧

學習目標

詳讀本章後，學習者應能達到下列目標：

1. 了解生涯輔導的策略及方法。
2. 學習生涯輔導的個別諮商技巧。
3. 學習生涯團體諮商技巧。
4. 了解電腦資訊在生涯輔導的發展與應用。

- 生涯輔導的策略與技巧
  - 生涯輔導的策略與方法
    - 生涯輔導策略
    - 生涯輔導方法
  - 生涯個別諮商方法
    - 生涯個別諮商的特徵
    - 生涯個別諮商的目標
    - 生涯個別諮商模式
    - 生涯個別諮商技巧
  - 生涯團體諮商
    - 生涯團體諮商的基本特徵
    - 生涯團體諮商的原則
    - 生涯團體諮商的模式
    - 生涯團體諮商的技巧
  - 電腦資訊在生涯輔導的應用
    - 生涯資訊在生涯輔導的重要性
    - 生涯資訊在生涯輔導的功能
    - 生涯資訊的種類
    - 電腦資訊在生涯輔導的發展與應用

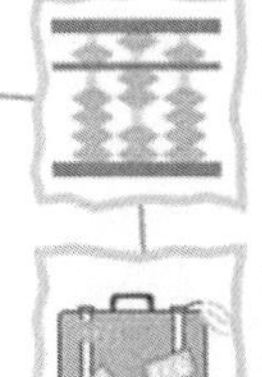

摘要

生涯輔導策略對於生涯輔導工作是十分重要的，了解各項生涯輔導策略，可於生涯輔導時，提供有效參考架構，引導當事人探索對其最有效之生涯策略，以便與當事人共同發展適宜的生涯決定及生涯計畫，達成生涯輔導目標。

第一節探索的生涯輔導策略包括，生涯選擇時機的探索，由當事人及諮商師的投入深淺程度分級的生涯輔導策略。在生涯輔導方法，則介紹了生涯教育、生涯調適、生涯輔導有關測驗、生涯資訊的獲得，以及生涯諮商的實施。

第二節生涯個別諮商方面，分別說明生涯諮商的特徵、生涯諮商的原則，介紹克愛提斯（Crites, 1981）、金樹人（1991b）及林蔚芳（1995）等幾種較周延的生涯諮商的模式，說明生涯個別諮商技巧，諮商師於生涯諮商的參考架構，並分析影響生涯抉擇的自我及環境因素，提供生涯諮商時諮商師必須覺知的事宜，介紹一般性生涯個別諮商技巧、幻遊法及職業組合卡法在生涯諮商的運用。

第三節的生涯團體諮商，則分別就生涯團體諮商的特徵、生涯團體諮商的原則、生涯團體諮商的實施、生涯團體諮商的技巧，並運用焦點解決法於生涯團體的實例加以說明。

最後一節則針對電腦資訊於生涯輔導之應用，分別介紹生涯資訊於生涯輔導的重要、生涯資訊於生涯輔導的功能、生涯資訊的種類及電腦資訊於生涯輔導的運用。

本章共分四節，分別於第一節探討生涯輔導的策略及方法，第二節說明生涯輔導的個別技巧，第三節介紹生涯輔導的團體輔導技巧，第四節回顧及介紹電腦資訊於生涯輔導的發展與應用。

第一節　生涯輔導的策略與方法

本節重點在探索生涯輔導相關的策略與方法，綜合各生涯輔導學者的觀點，將生涯輔導策略與生涯輔導方法分別說明。其中生涯輔導相關策略涵蓋：生涯選擇之「時機」考量、由當事人及諮商師的投入深淺程度分級的生涯輔導策略；生涯輔導方法則包括生涯教育、生涯輔導有關測驗的實施、生涯資訊的探索與提供，發展適切的生涯決定、生涯諮商等各種生涯輔導策略，提供讀者於探討生涯輔導技巧前，能培養生涯輔導周延觀點。

一、生涯輔導策略

大體而言，生涯輔導策略有兩大類，一為以生涯選擇的「時機」為考量的生涯輔導策略，另一為以「當事人及諮商師投入程度」考量的生涯輔導策略，分述如下。

㈠以生涯選擇的「時機」為考量

一為即時協助的生涯輔導，另一為長期發展的生涯輔導，前者為協助當事人即時解決其所面臨的職業選擇、工作適應及其他生涯有關問題；後者則以當事人的生涯發展為考量，提供當事人生涯發展適當的刺激或協助（林幸台，1995）。

進一步擴展後，以工作之有關或無關，時間之突發性或長期性，分為五類，如圖 3-1。

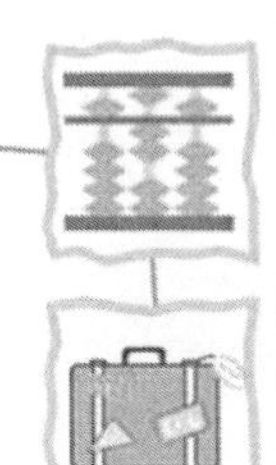

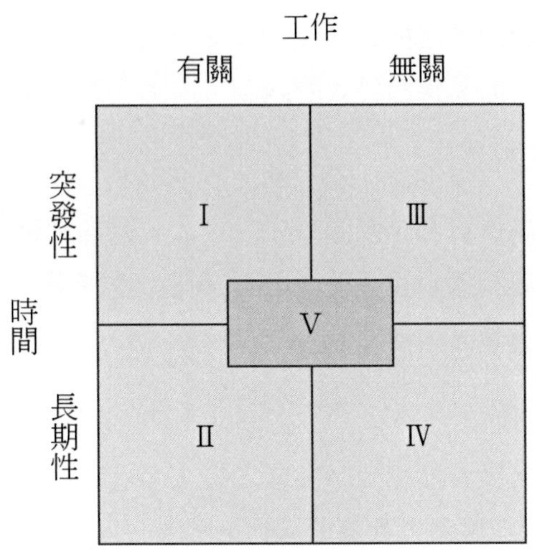

圖 3-1　生涯輔導策略時機分類圖

其中第 I 類為與工作有關，時間突發性的生涯輔導策略，如對於臨時失業又因經濟因素，急於就業之當事人的生涯輔導策略。

第 II 類為與工作有關，時間為長期性的生涯輔導策略，如對於工作中長期覺得學非所用，與主管或同事相處不好，想要轉業；工作生涯規劃有長期目標之當事人的生涯輔導策略。

第 III 類為與工作無關，時間突發性的生涯輔導策略，如對於最近因病或某種刺激（家庭變故），而對其生涯目標想要調整的當事人的生涯輔導策略。

第 IV 類為與工作無關，時間長期性的生涯輔導策略，如當事人的婚姻生涯之調適。

第 V 類為難以歸為上述四類或跨類的生涯輔導策略，如當事人於生涯轉換時，常同時具有工作與非工作之家庭因素、婚姻適應同時具有突發及長期發展式的生涯輔導。

㈡由當事人及諮商師之投入深淺程度分級的生涯輔導策略

史保刊立（Spokane, 1991）將當事人在生涯轉換或工作適應的生涯調

適，依當事人及諮商師之投入深淺的程度分為五級，包括初級、次級、三級、四級及五級，而其每級投入的內涵，由圖 3-2 中可以詳知。

1. 初級：資訊之探索

當事人最小之投資而諮商師最少之投入，諮商師輔導當事人生涯資訊之探索，提供生涯調適資訊手冊，職業選擇過程指南、生涯調適錄影帶及教導職業資訊圖書室之運用。

2. 次級：自我導向

當事人次級之投資而諮商師次級之投入，諮商師輔導當事人參加生涯規劃工作坊，內容有生涯自我導向活動、增進自我了解及發展自我之生涯藍

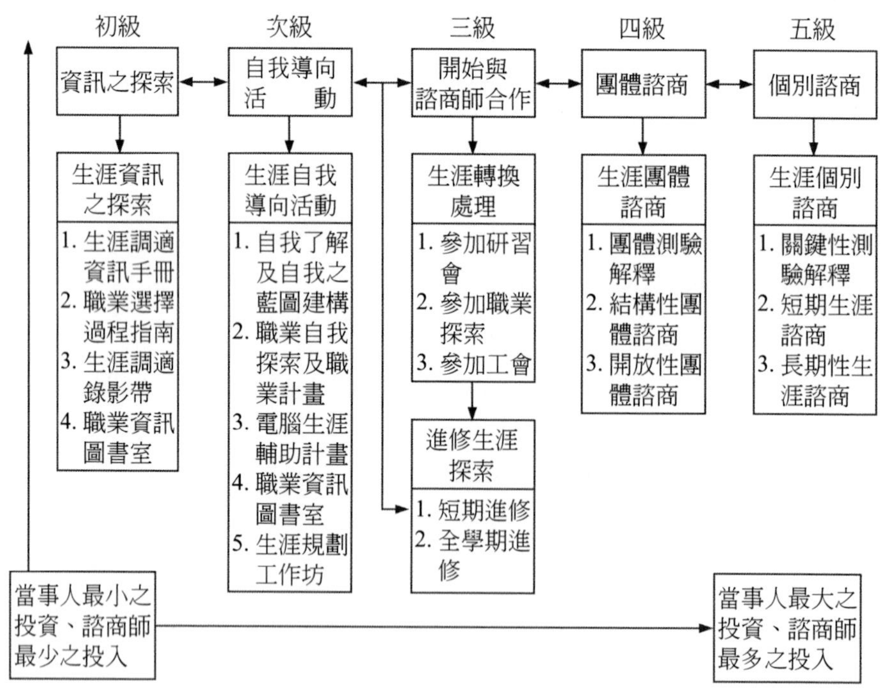

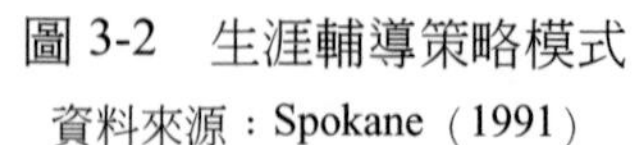
圖 3-2　生涯輔導策略模式

資料來源：Spokane（1991）

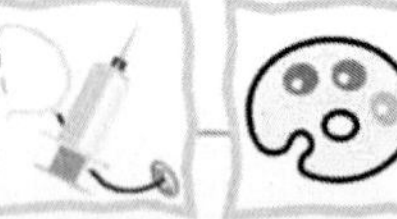

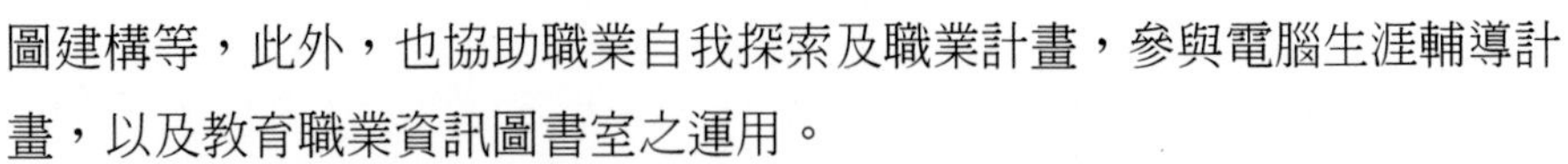

圖建構等，此外，也協助職業自我探索及職業計畫，參與電腦生涯輔導計畫，以及教育職業資訊圖書室之運用。

3. 三級：本級起諮商師開始參與

⑴生涯轉換處理：包括參加生涯轉換規劃研習會、職業探索，輔導參加工會。

⑵進修生涯發展專長課程：包括全學期及短期進修生涯發展專長課程。

4. 四級：團體諮商

生涯團體諮商包括團體測驗解釋、結構性團體諮商及開放性團體諮商。

5. 五級：個別諮商

包括生涯個別諮商：關鍵性測驗解釋、短期生涯諮商、長期性生涯諮商。

㈢發展適切的生涯決定

生涯決定為生涯輔導重要目的，如何協助來談者做適當的生涯決定，是生涯輔導重要策略之一，由史旺（Swain, 1984）生涯發展的黃金三角形（如圖 3-3）可以了解生涯發展考量的三個向度，包括自我、環境及資訊，其中自我與生涯決定最密切的是個人的興趣、性向與價值觀；在環境方面與生涯決定有關的，如家庭、學校及社會環境中的利弊因素，像社會經濟的景氣及工作機會；而資訊方面，則與生涯有關的生涯貴人，各項資訊包括平面媒體的報章雜誌及電子媒體的網路資訊（Swain, 1984；金樹人，1991a）。

本文參考金樹人（1991a）、赫爾及克拉瑪（Herr & Cramer, 1984）有關生涯決定的策略的分類，並加上瓦許（Walsh, 1987）綜合各學者之觀點，歸納為四點分述如下。

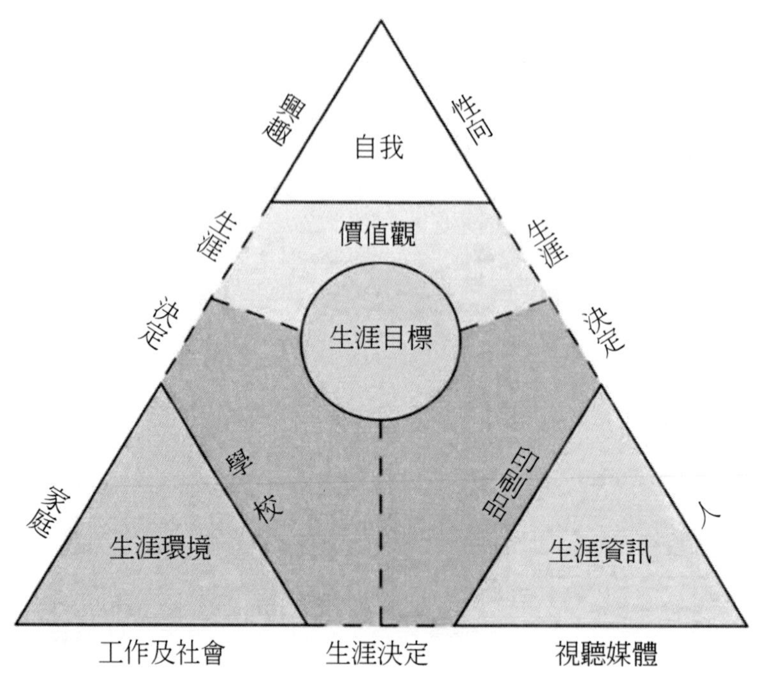

圖 3-3　生涯計畫模式

資料來源：引自 Swain（1984）；金樹人（1991a）

1.以對象觀點

分為機構決策及個人決定，前者重視組織目標及組織成員權益的考量，例如組織的生涯管理；後者則重視個人的選擇及個別差異性，例如個人的生涯規劃。另外亦有以團體決定或個人決定的歸類，前者可能較適合於組織生涯目標的決定，而生涯個別諮商則較重視個人的決定。

2. 以邏輯的合理性及個人主觀喜好觀點

可分為重邏輯性的數理模式，客觀蒐集生涯決定有關資料，考量其合理性；或重視個人主觀的心理感受，如個人之喜好。前者較重視邏輯合理性；後者則較重心理性的主觀決定。但於生涯諮商時，常不易完全蒐集其客觀資料，二者間之抉擇可能需視來談者的人格特質或加以適當的折衷。

3. 以機率的觀點

可分為對生涯決定後果的預期達百分之百的「精確性」決定，及必須冒某種程度風險的「冒險性」決定。基本上生涯諮商的生計決定無法絕對「精確性」，必須協助於當事人的各種生涯因素的綜合考量後，加強增加其成功的機率，客觀了解其風險，做出最合適的生涯決定。

4. 以生涯決定因素的觀點

瓦許（Walsh, 1987）綜合各學者對於生涯決定必須考量的因素，歸納為下列六類：

⑴內在／或外向導向：即於生涯決定的資源是求諸於自己或他人。

⑵認知／或情感導向：即於生涯決定過程中偏向認知或情感的取向。

⑶系統化／或隨意導向：即於生涯決定每一個過程中，決定方式的取向。

⑷嚴謹化／或散漫導向：即於生涯決定過程中，是否專注於計畫、過程的重視。

⑸時間投入的多寡：於完成其生涯諮商或決定，所需時間的多寡。

⑹資料的數量：即於生涯決定過程中，所需有關資料的多寡。

金樹人（1991a）另歸納各學者的生涯決定模式，以對生涯決定了解程度之高、低，及以改變時間之近程、遠程等，分為四大類，本文依照數學之向度分類習慣，加以調整如圖 3-4。

二、生涯輔導方法

基於上述的策略來探討生涯輔導方法，包括生涯教育、生涯輔導相關測驗的實施、生涯資訊的探索與提供，以及生涯諮商，分述如下。

㈠生涯教育

生涯教育（career education）主要是幫助個人於人生中由幼至老各個生

Ⅰ有長遠影響，而且需要相當可靠資料作研判的決定。
Ⅱ有短程影響，而且需要相當可靠資料作研判的決定。
Ⅲ有短程影響，只需有限資料的決定。
Ⅳ有長遠影響，只需有限資料的決定。

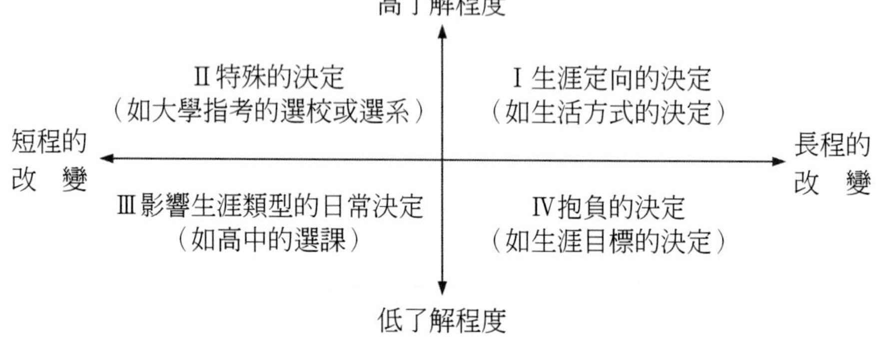

圖 3-4　生涯決定模式

資料來源：修改自金樹人（1991a：121、137）

涯階段中，能獲得進步，而準備的有組織、綜合的教育。換句話說，生涯教育為：幫助個體學習探索自我、了解自我、接受自我，培養生涯規劃能力，建立其生活型態（life style）及職業，學習扮演好其抉擇的生涯角色（career role），為了有計畫的整體生活體驗及實現，其內涵如下。

1. 增進生涯職業知識

利用圖表、簡介、廣告單張、錄影帶、電腦輔助生涯輔導系統作為資訊媒介的工具；以職業卡片分類引導當事人對職業異同的探索；有些則以當事人的親友工作經驗與知識，用說故事、演戲方式進行介紹；另外有學者運用面質或類似「產婆術」的發問法，挑戰當事人的思考方式，協助當事人思考周延，發展對其更有利的生涯策略。

2. 增進自我，探索知識、機會、體驗

匹得生等人（Peterson, Reardon, & Sampson, 1991）提出具體的生涯探索方法，探討當事人的職業興趣、能力的發展，重要轉捩點自傳描述，個

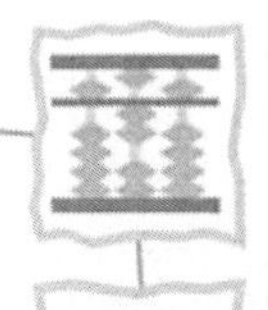

人的重要就業經驗，重要個人屬性的探索。亦有以抽象的探索，如以第三人稱寫下自我的描述；確定生命中的主題關鍵事件；接受有關的心理測驗；列出喜歡與不喜歡的事，並評定強度等級；記錄一個月的經驗日誌，分析喜歡與不喜歡的事，並加以評定強度等級，考量質上及量上的改變。

3. 增進生涯環境的探索

使用平衡或生涯決定分析法，協助當事人認識自我決定的需求，釐清問題、建立目標、蒐集資料，研討有關對策，列出各項對策之優缺點，針對助力及阻力加以重要性之評估，計算價值的加權得分，激勵個人做最有利的生涯抉擇（林瑞欽，1995）。

4. 增進生涯發展任務的覺知

協助當事人對於其生涯發展任務多加了解，進而覺察目前已達成的生涯任務項目及程度，以協助當事人生涯規劃目標的調整。

5. 增進重要生涯角色的扮演

如同舒波（Super, 1981）於生涯發展的四大劇場，九種生涯角色，協助當事人覺察其生涯劇場的角色，學習扮演好其生涯的重要角色。

6. 發展增進生涯規劃能力，統合認知的技巧

此外參考黃德祥（1988）對於生涯教育的要項及內容，參見表 3-1。

㈡生涯輔導相關測驗的實施

心理評量為生涯輔導過程中不可缺少的一環，在應用上的複雜程度與生涯輔導發展的成長歷史並行，金樹人（1991a）述及：心理測驗從過去側重「分析」、「診斷」、「諮商員中心」到今日重視「發展」、「當事人中心」的趨向。測驗在生涯輔導的應用，有別於一般生活或學業輔導著重於協助當事人客觀的評量參考，進而協助生涯的抉擇，如圖 3-2 史保刊立（Spokane, 1991）將測驗於生涯輔導的應用具體建構。此外金樹人（1997）介紹美國生涯發展學會（National Career Development Association, NCDA）

表 3-1　生涯教育之要項與內容

生涯教育要項	內容
1. 正式要項	由生涯教育學習中所得之生涯資訊。
2. 非正式要項	由生活及工作經驗中，而非正式之生涯教育獲得之生涯經驗。
3. 得到工作世界之資訊	了解工作世界的組織結構，以及職業與心理適應之能力。
4. 發展技巧	獲得解決問題、溝通、社會環境與心理適應之能力。
5. 發展自我觀念與自我導向能力	培養興趣、了解自我之需求、價值、能力與人格特質，及自我導向能力。
6. 培養生涯決定與策略之能力	探索喜好，形成假設，評估選擇，應用生涯決定之策略。
7. 澄清生涯抉擇	信守生涯承諾，承擔責任，接受現實考驗。
8. 面對現實生涯	將生涯因應的知識及技巧，運用並類化於生活中。

資料來源：張德聰（1999）；修改自黃德祥（1988：392）

所發行的《生涯評量工具指引》（Kapes, Mastie, & Whitfield, 1994）書中十個部分：包括⑴多元性向測驗；⑵興趣量表；⑶工作價值與滿意評量；⑷生涯發展與成熟評量；⑸人格評量；⑹特殊對象評量；⑺職業組合卡；⑻生涯檔案；⑼電腦輔助生涯輔導系統；⑽其他等部分。有關生涯測驗評量可進一步參考本書第四章。

㈢生涯資訊的探索與提供

傳統之生涯資訊來自親友、師長、同學或報章雜誌廣告，近年來，生涯輔導中的職業資料的日趨多元化、豐富化，例如我國勞委會職訓局編撰各種職業介紹單張、錄影帶及手冊，內政部彙編之《中華民國職業分類

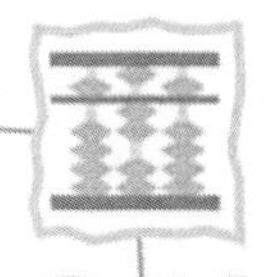

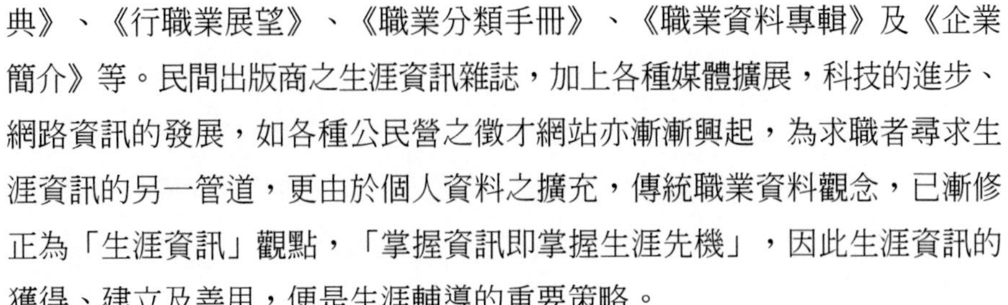

典》、《行職業展望》、《職業分類手冊》、《職業資料專輯》及《企業簡介》等。民間出版商之生涯資訊雜誌，加上各種媒體擴展，科技的進步、網路資訊的發展，如各種公民營之徵才網站亦漸漸興起，為求職者尋求生涯資訊的另一管道，更由於個人資料之擴充，傳統職業資料觀念，已漸修正為「生涯資訊」觀點，「掌握資訊即掌握生涯先機」，因此生涯資訊的獲得、建立及善用，便是生涯輔導的重要策略。

(四)生涯諮商

生涯諮商已被認定為諮商專業分工領域之一，而且是諮商師必須具備的專業教育訓練之一。生涯諮商師必須受過生涯相關之訓練，包括生涯發展理論、生涯諮商理論及技巧、職業資源生涯評鑑、生涯計畫管理、不同服務對象之相關訓練、專業倫理議題訓練、生涯服務輸送體系，尤其面對變遷急遽的社會，生涯諮商師更需具有敏銳之觀察，因應及前瞻社會的能力，如當前社會面臨全球化不景氣，跨國工作，失業率及離婚率日增，電腦資訊科技之運用，生涯不確定感日增。生涯諮商所考慮的內容，不侷限於過去傳統生涯諮商的工作媒合，更關心非工作生涯的個人生命的發展，因此克愛提斯（Crites, 1981）更曾提出生涯諮商亦具有心理治療性質：生涯諮商將跟隨心理治療進行，甚至認為生涯諮商比心理治療更具效果；生涯諮商較之一般心理治療更加困難。

美國全國生涯發展學會（National Career Development Association, 1991）將生涯諮商定義修正如下：對個人或團體給予有關職業、生涯、生活、生涯角色與責任、生涯決定、生涯規劃、休閒規劃、生涯進路，與其他生涯有關活動（如履歷表準備，應徵面談與尋求工作技巧），與個人面對生涯問題之諮商。

克朗伯茲等人（Krumboltz et al., 1979）所歸納的生涯諮商內容包括：(1)改善下決定之技巧；(2)增進生涯成熟；(3)改變選擇的性質與素質；(4)改善謀職技巧；(5)改善工作表現與滿足。近年來更促進生涯更有意義，如豐富或追尋生命之意義、健康之生涯（身心健康之維護）、理財之生涯規劃、

人際生涯規劃。

又斯特及可密喜里（Yost & Corbishley, 1987）提出九項步驟，系統化生涯諮商之模式修訂如下：⑴初始評價；⑵自我探索、自我資料之蒐集及澄清；⑶自我了解；⑷擬定生涯對策；⑸蒐集職業有關資訊；⑹生涯決定；⑺生涯規劃計畫；⑻執行計畫；⑼計畫之評估與修正，達成生涯目標或再循環至⑴。

而生涯諮商又概分為生涯個別諮商及生涯團體諮商，皆是生涯輔導中重要的方法，謹分述於以下二節。

第二節　生涯個別諮商方法

本節嘗試分別由生涯個別諮商的特徵、生涯個別諮商的原則、生涯個別諮商模式，及生涯個別諮商技巧分別加以介紹。

一、生涯個別諮商的特徵

林蔚芳（1995）曾分析生涯個別諮商的特徵有下列幾點：

㈠生涯個別諮商是以「生涯發展」為重心的深度自我探索歷程

林氏引述克愛提斯（Crites, 1981）的觀點，認為生涯諮商是把來談者的角色放入其工作世界的背景中做考慮，認為工作為生活中最重要的領域，因此生涯諮商以「工作」為進行的核心，所以個別諮商是以「工作」為重心的深度自我探索歷程。

由生涯規劃的探索中，個體的生涯問題，「工作」或「事業」雖然是重要的生涯主題，但其「家庭」、「生命」及不同人生階段的「生涯目標」，甚至生涯的困境亦皆與生涯發展有關，因此宜擴展生涯個別諮商到「生涯發展」為重心的深度自我探索歷程。

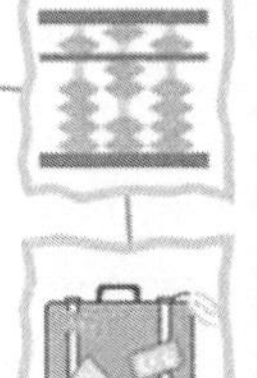

㈡生涯個別諮商重視「生活角色」的動態平衡

如同舒波（Super, 1983）、布朗（Brown, 1996）、林幸台（1990）及林蔚芳（1995），皆曾探討「全人生涯諮商」的觀點，強調生涯的角色，絕非只重視工作的角色，而必須視其生涯發展的劇場，重要的生活角色中，其「顯著角色」或「角色凸顯」，如 15 至 20 歲的顯著角色為「學生」，20 至 30 歲的顯著角色為工作者或配偶，對此顯著角色的扮演、學習或調適，以及其不同角色間的「動力性的平衡」。

㈢生涯個別諮商普遍使用評量工具來增進當事人的自我覺察

如同歐斯伯（Osipow, 1983）認為生涯諮商應用測驗工具是生涯諮商的重要特色，使得生涯諮商較之一般心理諮商更結構化且可以預測。但測驗只是提供生涯諮商的一種工具，必須慎選及慎用，用以協助當事人的自我覺察。

㈣生涯個別諮商重視生涯問題解決及生涯發展的兼顧

不同的生涯諮商理論對於生涯諮商之目標有其不同的見解，如赫爾及克拉瑪（Herr & Cramer, 1988）的分析認為，所有的生涯問題皆環繞在「生涯決定」上，因此認為生涯輔導應著重在協助當事人做適宜有效之生涯決定。但舒波（Super, 1983）認為生涯諮商不僅於生涯決定或問題解決，更需兼顧「生涯發展」。

㈤生涯個別諮商較結構化且重認知取向

瓦許（Walsh, 1990）探討各種不同生涯諮商理論的諮商過程，發現生涯諮商過程需要大量溝通，而此溝通的內涵主要為認知性之討論。如金樹人（1988）分析生涯決定步驟，大致包含探索不同的生涯策略或方案，比較各項方案的得失，根據後果評估做選擇，接受現實考驗，評估實施結果做決定，上述步驟基本上較重視認知，生涯諮商有關的研究，如工作價值

觀、生涯信念、生涯承諾亦較偏向認知，因此於諮商過程較具結構化且重認知取向。

㈥生涯個別諮商需考慮（生涯環境）現實層面的問題

奧利佛和史保刊立（Oliver & Spokane, 1988）提及社會環境普遍影響個體之生涯選擇及成就，赫爾及克拉瑪（Herr & Cramer, 1996）更指出影響生涯決定的因素主要為個人特質因素、價值結構因素、機會因素及文化因素，其中後二者與（生涯環境）現實層面之問題密切相關，如經濟景氣與否、市場供需，而且不只考量時間點之（生涯環境）現實層面，並兼慮及中、長程目標。

二、生涯個別諮商的目標

㈠生涯個別諮商目標的意義

生涯諮商目標包括引導當事人，在生涯諮商中探索並覺察自我的興趣、性向及價值觀，探索及了解社會環境機會，蒐集各種生涯相關資訊，了解自我的生涯發展任務，並發展出具體之近、中、遠程生涯目標，擬定可行計畫，並逐漸加以實現。

㈡生涯個別諮商目標之特性

歸納生涯目標之特性有下列五點：

1. 獨特性：每個人生涯目標有其個別差異及獨特性。
2. 發展性：生涯目標是逐漸探索、發展、實驗、修正而成，並配合其生涯發展任務。
3. 具體性：生涯目標必須具體。
4. 可行性：生涯目標是當事人可達成的。
5. 多元性：生涯目標不僅涵蓋工作，更包括婚姻、家庭、健康、經濟、

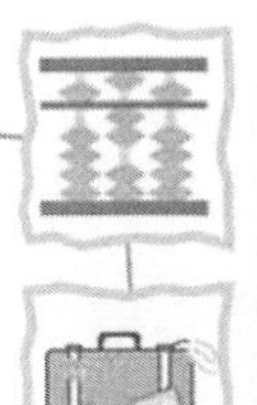

人際。

三、影響生涯諮商的正向相關因素

㈠生涯諮商師方面

1. 能提供當事人充分生涯資訊及認知結構。
2. 生涯諮商師是否有信心建立良好的諮商關係。
3. 提供當事人足夠且適切的生涯資訊。
4. 諮商師能顧及生涯因素，如當事人之生命故事。
5. 能引發當事人對諮商過程之參與及具有責任及承諾。
6. 能引發當事人對其過去成功經驗的正向類化或遷移。
7. 能與當事人建立諮商工作聯盟。

（Spokane, 1991; 張德聰，1993）

㈡當事人方面

1. 當事人有意願生涯諮商。
2. 當事人對其生涯期待有適切之認知調適。
3. 足夠的社會支持。
4. 當事人能自我探索。
5. 當事人能積極參與生涯諮商。
6. 當事人與諮商師建立良好的諮商關係。

（張德聰，1993）

四、問題解決諮商的生涯個別諮商模式

林蔚芳（1995）曾探討各學者對於生涯諮商個別模式的研究，發現並無一定的模式，而學者之諮商模式，與問題解決取向諮商模式頗為相像

（Crites, 1981; Yost & Corbishley, 1987; Spokane, 1991; Peterson et al., 1991）。瓦許（Walsh, 1990）比較各派生涯諮商理論之諮商過程，亦發現生涯諮商過程主要亦為問題解決取向。僅參考有關學者（Crites, 1981; Gysber et al., 2003; Peterson et al., 1991; Spokane, 1991; Yost & Corbishley, 1987）對問題解決諮商模式的觀點，將其不同階段之目的及步驟修訂如下。

㈠問題定向階段

目的：引發當事人解決動機，建構諮商之專業關係的權利義務，即問題及目標之澄清、結構化。

步驟：1. 諮商關係之建立。

2. 目標之澄清：判斷當事人是否真正需要諮商，目標之評量標準如下：

⑴來談者對於自我及環境有合理及正確的認知。

⑵有動機做生涯決定。

⑶有支持系統支持來談者做生涯改變。

⑷問題主要來源是與諮商有關的主題。

若非生涯輔導有關之主題，轉介相關諮商專業分工之諮商師。

3. 建構諮商架構：即以結構化方式，明確引導來談者澄清生涯輔導目標，功能及實施方式，雙方的權利義務以及諮商時間、次數、諮商員之專業背景、限制及收費標準，以及於諮商過程中可能的冒險性等。

㈡問題的界定

目的：引發當事人探討其生涯困境，以具體化方式澄清當事人的問題，並排列出其優先順序，及具體的生涯輔導目標。就是問題、目標之澄清、結構化。

步驟：1. 個案資料蒐集：協助當事人自我探索、自我了解，由諮商師蒐集有關當事人的資料，如來談者的主觀自我認知、特質、

對自己未來之觀點、健康及生理狀態、家庭概況（如家庭樹、支持系統、壓力源）、生活型態、教育背景、經濟狀況、工作經驗、重要他人影響、特別生涯經驗。

2. 個案診斷：由當事人資料，諮商師協助來談者生涯診斷，並協助當事人自我接納。

㈢產生解決問題的途徑

目的：發展可行的問題解決之策略、方法。

步驟：1. 界定當事人之生涯困境或障礙。

2. 發展當事人合適的生涯選項目標。

3. 獲取有關之生涯資訊。

4. 經過探索後，發展出行動計畫。

㈣生涯決定

目的：引導當事人形成生涯決定。

步驟：1.生涯選擇。

2.生涯規劃。

3.生涯承諾。

4.生涯行動計畫之再確定。

㈤生涯計畫的檢核與修正

目的：生涯計畫的執行、驗證與修正。

步驟：1. 實行生涯計畫。

2. 採取生涯行動。

3. 追蹤及評估計畫效果。

4. 計畫之修正、再執行。

5. 完成計畫、回顧、討論與類化。

五、生涯諮商時，諮商師必須覺察事宜

於生涯諮商時諮商師必須覺察的事宜有下列四點。

㈠覺察來談者是否確定單純為生涯諮商問題或兼含個人之心理問題

個人之心理困擾影響生涯諮商，如同歐斯伯（Osipow, 1983）發展的生涯決定量表（career decision）及其他研究，如哈特蔓、福奎阿和布魯姆（Hartman, Fuqua, & Blum, 1985）發現，尋找生涯諮商者至少有 16%是由於個人之心理問題未能由生涯諮商中得到合適協助。因此強調並重視生涯諮商與個體心理健康之關係。

㈡重視生涯角色的扮演

生涯諮商不僅著重「擇業」，更關切其生涯角色的扮演；不僅於初次職業選擇，更考慮其未來生涯路徑的發展。重視全人（whole people）觀點，並重視家庭、休閒之生涯統整。奧肯（Okun, 1984）及舒波（Super, 1983）皆重視生涯計畫中生涯角色之扮演，如舒波的生涯空間、四個生命劇場、九個生涯角色以及生涯彩虹圖之概念，擴展了生涯諮商探索在生涯發展中，人際間角色之扮演的影響，及其於生涯發展中不同階段的生活角色之適應、一致及角色凸顯。

㈢需有適切的諮商過程分析，以便決定是否進行生涯諮商或個別心理諮商

布朗及布魯克（Brown & Brooks, 1991）將生涯諮商的過程分析如圖 3-5。

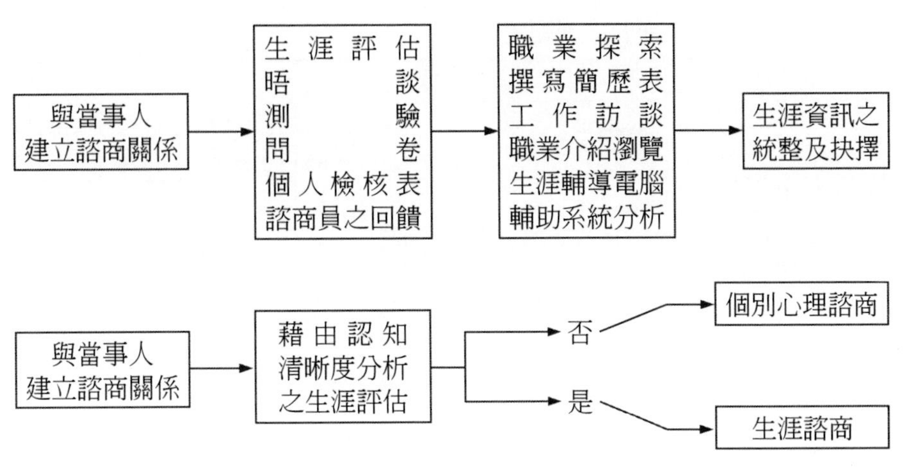

圖 3-5　生涯諮商的過程分析圖

資料來源：Brown & Brooks（1991）

㈣生涯諮商前，諮商師對當事人之認知分析檢核

諮商師對於有意生涯諮商當事人宜先參考表 3-2，認知分析（cognitive clarity）是否需先做其他調適或個別心理諮商後，再決定進行生涯諮商。

認知分析檢核後，進行生涯評估，若覺得適合進行生涯諮商，進一步澄清其求助動機，引導其自我之探索、覺知，亦可斟酌當事人的狀況，以最適合當事人的其他生涯諮商方式，如圖 3-6。

六、生涯個別諮商方法

生涯個別諮商方法之目的在協助當事人袪除其功能不張或不適應的生涯投入行為及問題解決，增加正向有益之生涯行為，並考量發展性及預防性的協助，以及形成有效之生涯決定。

表 3-2　認知分析問題及處理配置表

原因	處理 生涯諮商	其他調適後再生涯諮商	個別諮商後再生涯諮商
1. 資訊不足引發的問題			
⑴單純的只是缺乏對自我概念及職業資訊的了解。	√		
⑵由於未具讀寫能力及其他可能的學習障礙，因而未能獲取資訊。	√		
⑶資訊太多，且未能分辨及取捨何者是其需要的。	√		
2. 固著之觀點			
⑴由於經驗之不足引發的固著（如缺乏角色模範）。	√		
⑵由於深層之價值觀引發的固著（如宗教的教誨）。	√		
⑶由於中度之心理缺陷引發的固著（如低自尊以致不敢生涯冒險）。	√		
⑷由於過度之自我要求（如應該、必須），引發的固著。	√		
3. 中度或重度的心理健康問題			
⑴錯誤之決定風格，妨礙了決定之思考。		√	
⑵因低自尊而妨礙了考量其他意見的能力。		√	
⑶因不合理之想法，而妨礙了考量、參酌其他意見的能力。		√	
⑷由於恐懼症或如口吃因素，而妨礙了生涯的機會（如懼搭飛機，而不能當空服員）。		√	
4. 嚴重的心理健康問題			
⑴精神疾病。			√
⑵藥癮。			√
5. 外在因素			
⑴突發性之危機（如失戀、生病、離婚）。			√
⑵突發性或長期壓力，因而妨礙了生涯之考量。			√

資料來源：Brown & Brooks（1991）

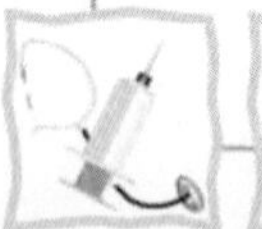

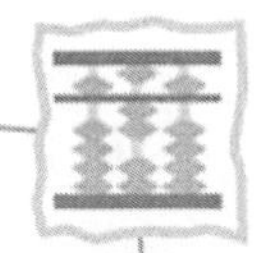

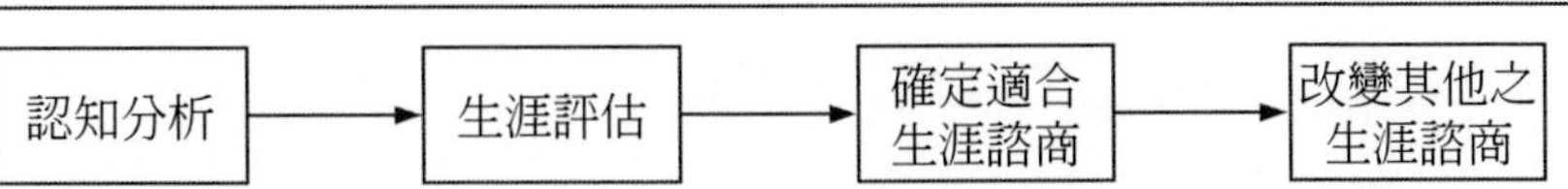

1. 協助當事人做適當的生涯抉擇。 2. 考量其他生涯角色的衝擊。 3. 分析於原職適應的可能性。 4. 協助當事人對於其他生涯建議的自我覺察。 5. 覺察合適的職業機會。 6. 探索重要他人對生涯抉擇的衝擊。（如運用生涯平衡單，參考空大出版的《輔導原理與實務》第五章，p. 193）	1. 由特質導向取向轉其他生涯抉擇之嘗試。 2. 對於其工作角色之適應。 3. 跨角色（工作與家庭）之適應。

圖 3-6　生涯諮商之過程分析圖

資料來源：修改自 Brown & Brooks（1991）

㈠一般諮商之技巧

基本上，生涯諮商與一般諮商所應具有的基本態度及方法並無差異，但因較重問題解決而需加強評估技巧外（詳見第四章），並催化問題解決之技巧及生涯諮商員必備的諮商技巧及知識（Brown & Brooks, 1991），簡要分為四類如下。

1. 關係建立技巧：包括溫暖、真誠、尊重的態度，專注、積極傾聽、情感反映、簡述語意及同理心等。
2. 問題澄清技巧：包括引導、澄清、探問、摘要等。
3. 催化問題解決技巧：包括面質、立即性、目標設定、資訊提供、角色扮演、問題解決、家庭作業等。
4. 社會資源的建立與應用：包括轉介及照會等。

（可參考空大出版的《諮商技術與策略》一書）

㈡生涯諮商員必備的諮商技巧及知識

1. 能協助當事人解決其生涯發展問題之方法及技巧。
2. 協助當事人探索自我的方法，包括價值觀、興趣、性向的探索，並能善用當事人的相關自我知識於生涯諮商。
3. 能協助當事人覺察其生涯因應固定模式，並協助其克服或改變。
4. 能協助當事人去探索其生涯發展重要的生涯角色，並於生涯諮商中協助當事人嘗試去學習扮演。
5. 能協助當事人改善其生涯決定。
6. 具備下列有關生涯諮商相關知識：

⑴市場工作資訊、一般企業員工訓練之趨勢、職業訊息。

⑵生涯發展的基本概念。

⑶生涯發展及生涯決定有關之理論。

⑷對於特殊團體，如殘障、婦女生涯諮商之資源及技巧。

⑸發展生涯諮商系統，加以儲存並配合職業資訊，用於生涯諮商。

⑹能協助當事人發展突破過去性別角色之限制，並能發展其生涯角色。

⑺具有對性向、興趣、價值及其他個人特質評估之能力（善用生涯有關測驗及評估之方法）。

⑻有能力協助當事人評估對其生涯發展有關資源人物及機構。

⑼有能力協助當事人評估其所提供及解釋生涯評價的建議。

⑽有能力協助當事人自我評估其生活及工作環境之品質。

七、幻想技術於生涯輔導的應用

幻想技術又稱為引導式幻想，早為各家諮商學派所應用，不僅心理分析學派、完形學派，即使行為學派有些學者亦加以應用，並被應用於治療失眠、壓力、憂鬱、克服害羞，甚至用來控制體重、戒菸（金樹人，

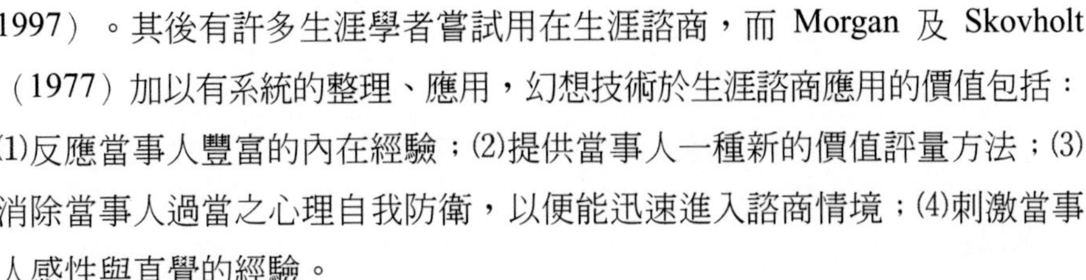

1997）。其後有許多生涯學者嘗試用在生涯諮商，而 Morgan 及 Skovholt（1977）加以有系統的整理、應用，幻想技術於生涯諮商應用的價值包括：⑴反應當事人豐富的內在經驗；⑵提供當事人一種新的價值評量方法；⑶消除當事人過當之心理自我防衛，以便能迅速進入諮商情境；⑷刺激當事人感性與直覺的經驗。

帶領幻想技術的諮商師必須接受過被專業訓練者帶領的經驗，場地必須安靜不受干擾，空間溫度適切，因放鬆後毛孔張開，容易感覺寒冷，每個幻想之場景時間要足夠，轉換場景及角色亦需緩和，以讓當事人能有足夠轉換的時間，指導語可以由諮商師帶領或以影音光碟播放，結束必須注意逐漸引導當事人漸漸離開幻境，逐漸覺察自己當下的身體感覺，回到實境（金樹人，1997）。

幻想技術於生涯諮商實施方式已逐漸成熟，其步驟概分為：⑴引導；⑵放鬆；⑶幻遊；⑷歸返；及⑸討論等五個階段，簡述如下。

㈠引導

基於諮商倫理，除了讓當事人簡要了解幻想技術外，並檢核當事人是否適用幻想技術，依據文獻約有四分之一的人無法第一次便進入幻想狀況，幻想技術與催眠不同期實施皆於意識狀態，若覺不妥可以隨時停止。此階段諮商師需強調的重點，包括：⑴幻想過程是自然的；⑵幻想是有效的；⑶於過程中可能會有自然的情緒反應；⑷進行時不必受時空限制；⑸幻想的一切在自己的掌握，不必擔心失控。

㈡放鬆

放鬆的目的在讓當事人身心得到安頓，使其於諮商師帶領下能安心、平靜及放鬆，使身心放鬆的方法有許多種，如中國禪宗之靜坐調息、道家之太極拳及吐吶數息、瑜珈之修練，西方之放鬆方法亦有多種方式，如冥想法、自我暗示法、肌肉鬆弛法及生理回饋法，其中肌肉鬆弛法為較簡單的放鬆技術，其方法簡述如下：應用肌肉全或無之鬆、緊原理，由預備動

作之手部，再依次由頭部、頸部、肩膀、胸部、腹部，以及大腿、小腿、腳尖各部分肌肉逐漸放鬆，其細節可參考空大出版的《壓力與生活》一書以及電視教學之示範。放鬆時亦須注意光線的柔和性且不宜太亮。

㈢幻遊

古代有所謂「臥遊天台」，描述古人藉著書中遊記之記載，不覺間恍惚進入作者所描寫的境界，想像中也去天台玩了一趟，此與作者的文筆功力、讀者的想像及體會能力皆有相關，而生涯輔導中之「幻遊」有異曲同工之妙，當事人於上一步驟中「放鬆」後，緊接著生涯諮商師以清柔舒緩之音調，引導當事人於漸進、安全的氣氛下，進入生涯「幻遊」情境，可以分為下列幾種。

1. 靜默式：想像「未來的一天」

諮商師引導當事人對於未來，可能是一年或數年後，例如以其生涯目標相關之未來重要時刻，一個大二學生，以引導方法想像其二年後終於完成學業，畢業的那一天，從早到晚一天中的點點滴滴，包括「看到了什麼！」、「聽到了什麼！」、「聞到了什麼！」、「嚐到了什麼！」、「摸到了什麼！」、「感受到了什麼！」、「做了什麼！」……。以探索發展出其生涯願境。

2. 交談式：「時光隊道」

藉由諮商師與當事人類似諮商情境的互動交談中，建立良好諮商關係，使當事人在情緒、心情逐漸平穩、放鬆、安全的狀態下，被引導而進入幻想中的「時光隧道」，如同靜默式之幻想，去想像其「時光隧道」生活中的點點滴滴，包括「看」、「聽」、「聞」、「嚐」、「觸」、「覺」及「行為」。以探索發展出其生涯願境（金樹人，1997）。

3. 焦點解決諮商之假設性解決架構：如「水晶球」、「奇蹟發生」的方法

與當事人建立良好諮商關係後，藉由如同西方算命常被使用的「水晶

球」方法引導當事人：「想像您手上拿著一顆水晶球，專心看著『水晶球』，從當中您可以看到您的未來，一年、二年、三年、四年……過去了，您終於達到了您的生涯願望」；或以「奇蹟發生」方法：「如果一覺醒來『奇蹟』發生了！一切都改變了，您完成了您的生涯目標」，那時候您看到自己的「外表是什麼樣子？表情是什麼樣子？感覺如何？會怎麼對自己說話？」或引導當事人想像達到其生涯目標時的願景，進而於「歸返」逐漸回到此時此刻的實景，發展出實現其生涯目標的路徑（張德聰，1993）。

㈣歸返

幻遊的「歸返」階段是當事人重新回到此時此刻的現場，為幻遊的結尾階段，如同旅遊之遊子，在探索旅程後，踏上歸途，由恍惚的狀態中，漸漸回家，而有「歸來笑撚梅花嗅，春在枝頭已十分」之感受。其具體步驟包括：1.倒帶式回到起始之場景；2.回到起始之場景倒數計時，回到現場；3.接觸實物或人物；4.輕微的伸展四肢或擺動身體。

㈤討論

幻遊後最重要的是諮商師引導當事人於安全支持氣氛下，討論幻遊的經驗及感受，包括（金樹人，1997）：

1. 幻遊時最深刻的感覺，包括正、負面的感受。
2. 幻遊時有無困難？若有困難，那時的感受為何？
3. 幻遊中不同階段的感受如何？不同轉換階段是否有特殊或不同的感受？
4. 幻遊中出現了哪些關鍵人物，其角色為何？對您的影響為何？
5. 幻遊中您如何覺察自己的問題？從其中您學到什麼？
6. 幻遊中，有無覺察到自己的生涯問題？及解決的方法？
7. 其他當事人願意分享的主題。

八、職業組合卡於生涯輔導的應用

㈠職業組合卡的由來

職業組合卡是泰勒（Tyler, 1961）及杜立瓦（Dolliver, 1967）所創始，泰勒基於對個別差異研究，認為個別差異的核心，是一個人的決定，及如何做決定。並由職業、休閒活動、社區組織及教育四個方面來評量，而其工具的卡片式組合，並發表於 1960 年美國心理學會諮商心理學組年會。其後杜立瓦於 1967 年進一步對組合卡之職業部分修改，以職業名稱為主，並且設計由諮商師來實施，稱之為泰勒式職業組合卡（Tyler Vocational Card Sort），1974 年杜威（Dewey）將泰勒式職業組合卡，修改應用於兩性平等的職業諮商，同時將何倫的六種人格類型方式應用於職業名稱的分類上，至此逐漸成熟，國內金樹人（1999），已修訂發展成國人適用的職業組合卡。

㈡職業組合卡的基本形式

職業組合卡的基本形式，是卡片式的組合，以一張張的卡片，每張卡片正面上有一個職業名稱，反面是有關這個職業敘述資料，當事人針對每張職業所提供之刺激作偏好與否反應，施測者根據當事人的反應作歸類，經由交互討論，可以幫助當事人了解自己的興趣及選擇這些職業的理由。

㈢職業組合卡的價值

職業組合卡組合的簡單形式不只是一種評量工具而已，尚且具有諮商的功能。其在諮商上的價值包括：提供豐富的觀察資訊、提供一種結構化而又有效的生涯晤談技術、反映出當事人內在的衝突、適用對象廣泛。因組合卡的彈性與包容性，使得此法的適用性也相對的提高，特別適用於以下幾種對象（Slaney & Mackinnon-Slaney, 1990; Spokane, 1991；金樹人，

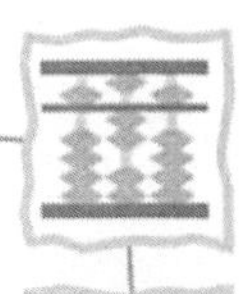

1997）：

1. 生涯猶豫的個案。
2. 較年長的個案。
3. 女性個案。
4. 身心障礙或心理疾病者，惟諮商師應先行研判當事人的理解能力與心理異常之嚴重性。
5. 年輕個案。
6. 理智型的個案，希望能控制自己生涯決定過程者。
7. 認為心理測驗的結果和自己的知覺不符者。
8. 口語表達能力較差者。

㈣職業組合卡的實施目的

1. 澄清與界定當事人在評量職業時的內在建構。
2. 探究當事人進行生涯探索的可能障礙與內心的矛盾。
3. 協助不同的諮商對象，建立互動良好的諮商關係。

㈤職業組合卡在生涯諮商的應用

現行通用之組合卡相當多，簡單歸為兩大類，一為職業組合及職業名稱為主，第二類為非職業組合為主，包括興趣、休閒活動、大學科系、生涯價值及技能等，以卡片組合方式進行評量或諮商。

步驟一：選排卡片

首先將三張標示卡按照下列的順序排列，放在當事人的前面，並說明分類的標準：

所謂「喜歡」，是指「將來有可能選擇的職業，它有著某些特徵吸引著你」。

所謂「不喜歡」，是指「將來不太可能選擇的職業，它沒有什麼吸引著你的地方」。

所謂「不知道」，是指「對這些職業沒有特別的感覺，也不清楚自己喜不喜歡，現在無法做判斷」。

不喜歡　　不知道　　喜歡

步驟二：卡片分類

1. 將「不喜歡」的拿出來，其餘兩堆暫置一旁。
2. 把「不喜歡」的職業一張一張的攤開來，看看能否歸類。把理由相同或類似的「不喜歡」的職業，放一堆。堆數不限，即使只有一個職業，理由獨特，也可單獨放一堆。
3. 開始分類。
4. 分完之後，將每一堆裡面的職業列出來，然後簡單的回答以下的問題。

例如：

第一群 ……………………　……………………

……………………　……………………

……………………　……………………

◎你為什麼不喜歡這些職業？（它們有哪些共同點是你不喜歡的？）

____

____

5. 以同樣的方式進行「喜歡」、「不知道」的職業

例如：

第一群 ……………………　……………………

……………………　……………………

……………………　……………………

◎你為什麼喜歡這些職業？（它們有哪些共同點是你喜歡的？）

____

____

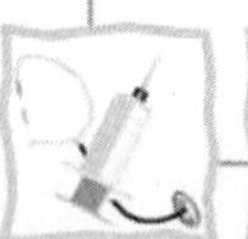

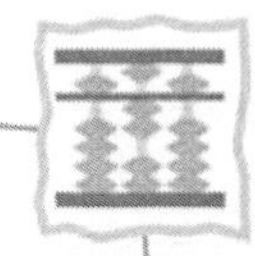

例如：

第一群 ________ ________

________ ________

________ ________

◎你為什麼「不知道」這些職業？（它們有哪些共同點？）

____

____

步驟三：在喜歡的職業中，按順序挑出六個職業

陳述完理由之後，接下來是請當事人將喜歡的職業，依照順序排列，最喜歡的列在前面並標出何倫碼。如果有二、三個難以判斷者，請當事人還是盡可能的列出排序。

何倫碼概分為六碼（參考第二章），他認為人格特質是類型論的重要變項，興趣即為人格特質之一，使用興趣量表亦可展現其人格特質。強調由一個人的人格特質來看他所選擇的職業環境，若人格特質和職業環境的適配度較高，則其工作滿意度也高，且更換工作的情形較少，認為職業選擇是個人人格特質之延伸，由職業選擇的過程，可以反應個人之人格特質。我們的文化中大多數人可被歸類為六大類型：實際型（R）、研究型（I）、藝術型（A）、社會型（S）、企業型（E）、事務型（C），林幸台、金樹人、陳清平、張小鳳（1994）之生涯職業興趣量表則歸類為工、理、文、人、商、事等六大類型。

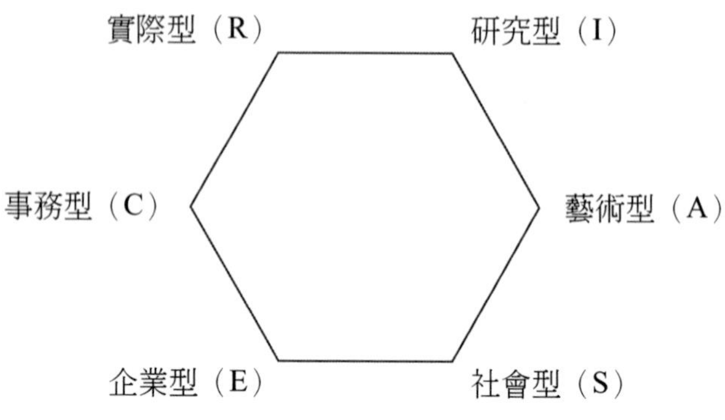

圖 3-7　何倫之六類職業類型圖

表 3-3　職業名稱的何倫碼對照表

職業名稱	何倫碼
電機設計人員	RIA
航空工程人員	RIS
資訊程式設計師	ICR
土木工程設計人員	IRS
電腦輔助教學程式設計人員	SCI
航空地勤人員	CSE
建築設計師	ASI

步驟四：計算當事人的何倫綜合碼

根據以上的資料，計算出綜合碼，例如表 3-3，何倫碼中 R 為首碼有 2 項，I 為首碼有 2 項，A 為首碼有 1 項，S 為首碼有 1 項，E 為首碼為 0 項，C 為首碼有 1 項，依次計算次碼及三碼之次數。

	首碼	次碼	三碼
R	2	1	1
I	2	2	2
A	1	0	1
S	1	2	2
E	0	0	1
C	1	2	0

我們先看第一列的R，首碼2，表示在所有的何倫碼中，R置於首碼的有2個。次碼1，表示在所有的何倫碼中，R置於次碼的有1個。三碼1，表示在所有的何倫碼中，R置於第三碼的有1個。其餘I、A、S、E、C依次分別計算之。

				總計
R	2×3＝6	1×2＝2	1×1＝1	9
I	2×3＝6	2×2＝4	2×1＝2	12
A	1×3＝3	0×2＝0	1×1＝1	4
S	1×3＝3	2×2＝4	2×1＝2	9
E	0×3＝0	0×2＝0	1×1＝1	1
C	1×3＝3	2×2＝4	0×1＝0	7

計算出來的總分可以排列出綜合碼。此例中，R、I、A、S、E、C各類的總分分別為9、12、4、9、1、7，所以綜合碼為ISR或IRS。綜合碼通常只取最高分的前三碼，有時因為總分相同，綜合碼會有兩組（見此例），甚至三組以上的情形出現。

步驟五：綜合整理填寫「我的生涯記錄」

分別以工作單如表3-4職業組合卡工作單一（不喜歡職業之探討）探討當事人對各群（第一群至第六群）為什麼不喜歡這些職業？（它們有哪些共同點是你不喜歡的？）以及以工作單如表3-5職業組合卡工作單二（喜歡職業之探討）探討當事人對各群（第一群至第六群）為什麼喜歡這些職業？

表 3-4　職業組合卡工作單一（不喜歡職業之探討）

職業組合卡　工作單
「不喜歡」

第 N 群

____

____

____

◎你為什麼不喜歡這些職業？（它們有哪些共同點是你不喜歡的？）

____

____

第 N ＋ 1 群

____

____

____

◎你為什麼不喜歡這些職業？（它們有哪些共同點是你不喜歡的？）

____

____

第 N ＋ 2 群

____

____

____

◎你為什麼不喜歡這些職業？（它們有哪些共同點是你不喜歡的？）

____

____

依次至 N ＋ 5 即第六群

（反面亦可使用）

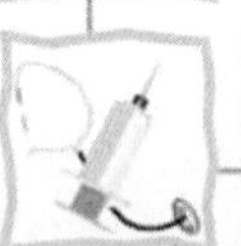

表 3-5　職業組合卡工作單二（喜歡職業之探討）

職業組合卡　工作單

「喜歡」

第 N 群

____

____

____

◎你為什麼喜歡這些職業？（它們有哪些共同點是你喜歡的？）

____

____

第 N + 1 群

____

____

____

◎你為什麼喜歡這些職業？（它們有哪些共同點是你喜歡的？）

____

____

第 N + 2 群

____

____

____

◎你為什麼喜歡這些職業？（它們有哪些共同點是你喜歡的？）

____

____

依次至 N + 5 即第六群

（反面亦可使用）

運用職業組合卡進行生涯諮商時，必須以諮商的態度面對當事人，因組合卡不僅反映當事人的內在特質，同時也呈現其本人的顯現特質，由其舉止、態度與反應中，諮商員不僅可以觀察其外顯行為，並可敏銳覺察其隱藏的內在衝突矛盾及擔心，而且職業組合卡耗時甚多，亦可觀察其情緒反應，因此可以整體的了解當事人及協助當事人自我了解（金樹人，1997）。

第三節　生涯團體諮商

團體諮商亦是生涯諮商重要方法之一，例如資訊之宣導、蒐集教育及生涯資訊，生涯探索、生涯規劃、生涯決策，發展生涯決定之態度，學習做決定，皆可使用團體諮商之方式。

由許多證據顯示，對於較大之諮商目標，以系統化方式處理，對於問題解決方面，較之個別諮商更為有效（Herr & Cramer, 1996）。如同於團體中利用再學習處理不當行為之消除，或良好行為之學習，而生涯諮商有關之好行為亦然。

由團體中建立適當之信任關係，讓成員由團體中學習、分享，由其中亦可獲得生涯資訊、資源，對於較缺乏職業經驗的社會新鮮人，於生涯團體中有如職前的訓練；對以工作一段時間之老手而言，生涯團體亦提供他們有機會省思自己工作之意義、工作之適應及突破、轉換生涯之再省思，工作與家庭、婚姻之協調。

一、生涯團體諮商的基本特徵

參考國內外學者對於生涯團體諮商之基本理念後，將其特徵整理如下（吳武典等，1996；黃惠惠譯，1985；王淑敏，1995; Herr & Cramer, 1984, 1996）。

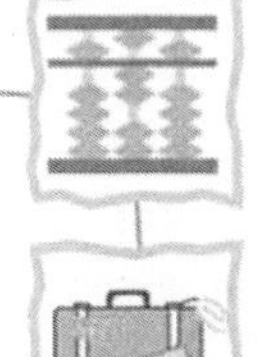

㈠團體具有互動、溝通、共同目標及規範的特性

一群有共識感及凝聚力的人，彼此間透過團體之過程形成團體諮商成員的催化及成員之團體動力，進而互動、溝通形成其共同的目標、規範，透過定期聚會，一起參與、討論共同之行動達到團體及團體成員的目標。

㈡與團體有關的人，包括督導員、諮商員、陪同諮商員及團體成員

團體之諮商員皆需受過團體諮商專業訓練，並可視團體人數及需要，由一位諮商員或由一位較具專業經驗之諮商員，配合一位協同諮商員或助理諮商員，共同協商帶領，但須於專業督導下進行，以維護專業倫理。

㈢團體成員的人數及同質或異質

團體之成員亦可視團體需要，邀請相同性質或不同性質之成員，如生涯成長團體中，若限制剛畢業之大學社會新鮮人，則為同質；而若邀請對象不限各年齡層之社會人士則為異質，各有其利弊，視團體之目標及性質而定。

㈣團體聚會次數及時間

基本上小團體之人數以七至十五人較合適，而其團體聚會次數、時間視團體之性質及目標而定，（一般為六至十次，每次二至三小時）但至少有適當之時間以形成團體發展，團體時間之間隔不宜過長，通常有密集式如一天連續二十四小時的馬拉松式、連續一週內的研習會式，或每週一次的隔週式。

㈤團體中每個人皆有其領導功能，皆可影響團體的運作

團體中的功能可簡分為團體的工作功能（task orientation function）及團體的維持功能（maintainence orientation function），前者在引導團體目標導向；後者則朝向團體之凝聚及情感的支持，皆為團體發展的功能。而團體諮商員的功能，即在引導催化團體成員發展對團體有益的功能。團體會

因團體的互動產生團體的凝聚力，亦會有離心力。

㈥團體有其利亦有弊

團體中有許多好處，如相互支持多、練習多、觀摩多、回饋多，有機會整合自我、再學習及實驗新行為。相對而言團體中亦有可能對團體成員產生不好的影響，如「團性」大於「個性」，產生團體之暴力，於團體壓迫下非自願之開放，團體事件未處理妥善，團體之未能保密……等產生的傷害。但基本上，在專業訓練的諮商員及督導下，可以減少及預防團體可能的弊端。

二、生涯團體諮商的定義

杜博特（Tobert, 1974）認為生涯團體至少應具備下列幾個要素：

1. 生涯團體過程中需要有關生涯計畫及生涯決定探索之目標。
2. 生涯團體需要探索自我有關事宜，如能力、興趣及價值觀。
3. 在生涯團體諮商過程中，對於個人之意義、生涯之自我認定、檢核主觀自我及客觀自我的差距，藉由團體中成員之回饋加以探索，並嘗試扮演其他的生涯角色。
4. 提供安全的團體情境，使個人有機會自由的去統整團體中所提供的生涯資訊，包括對自我、環境及工作世界資訊之探索、分享，並學習生涯規劃相關技巧。
5. 生涯團體諮商與一般團體之不同，在於前者重視有關生涯資訊之使用及生涯抉擇。

三、生涯團體的諮商目標

綜合赫爾和克拉瑪（Herr & Cramer, 1996）及王淑敏（1995）整理生涯團體之目標，歸納為下列七項，綜合加以闡釋如下。

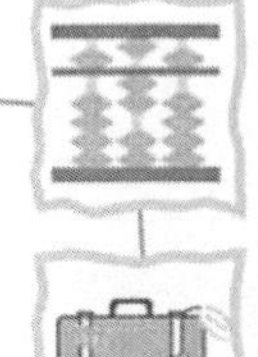

㈠生涯訊息之溝通及蒐集

當個人做生涯決定時，需要適當的生涯訊息，如工作世界之機會、條件，各級學校提供接受教育與訓練機會，以及各種不同的職業訓練課程，在團體中諮商師可以提供，或引導成員分享相關的訊息。

㈡引起生涯規劃動機

在生涯團體諮商中，透過諮商師帶領，引導成員有計畫的探討生涯規劃，並進而肯定生涯諮商的價值。

㈢生涯教育

廣義言之，學校課程中，教師於各科的教學過程，即為團體諮商方法的應用，於各科之教學中，教師亦包含生涯教育的精神，學生於學習中藉由對教師之認同，產生生涯認同。於生涯諮商中，亦常包含有效教學策略，如何於人生中做好生涯決定，亦為生涯教育之學習，但於生涯團體諮商中，不僅包含認知性的教導，更包含情意的內涵。

㈣生涯技巧練習

於生涯團體諮商中，常藉由角色扮演、心理演劇、結構化練習及其他模擬技巧，允許個人在團體中練習生涯有關之行為，經由諮商師的引導及成員間之回饋，學習生涯有關技巧並練習。

㈤生涯態度的發展

態度是個體基於個人特質，因應於生活環境刺激的動力性反應，包括認知、情意及行為的層面。個人既能於其家庭、學校或生活環境中學到某些態度，團體亦為濃縮之社會環境，可由團體中澄清生涯價值觀，並學習適切生涯態度，發展正向生涯態度。

㈥生涯探索

於人生每個階段，皆有其生涯發展任務，亦需探索其生涯目標及生涯主題，以凸顯並學習扮演其生涯角色。於生涯團體中提供許多機會生涯探索，並藉由團體成員間之互動，相互支持、示範，於團體之信任關係中更激發個人更深入之探索。

㈦生涯諮商

團體基本上具有教育性、發展性、治療性及預防性之功能（Corey, 1990）。於生涯團體中，亦視其團體之性質，具有上述之特性，除引導個體之生涯探索、生涯任務之覺知、生涯主題及角色之接納及允諾、生涯決定及生涯技巧之學習，生涯計畫之擬定與執行。此外亦對生涯困境之突破，藉由團體之支持、回饋、觀摩、練習、修正，皆具有諮商之功能。

四、生涯團體輔導及諮商的實施

關於團體的發展階段，張德聰（1993）曾綜合各學者意見，歸納為準備階段、開始階段、轉換階段、工作階段、結束及追蹤階段。生涯團體亦為團體輔導的一種，亦可概分為上述各階段，有關團體各階段之任務及處理技巧，讀者可參考心理出版社出版的《團體輔導》之第四章至第六章。謹將生涯團體實施時，較重要的事宜說明如下。

㈠團體成員生涯發展需求之評估

若成員確實未了解其生涯發展方向，或曾定向但未確定者，較適合於生涯諮商，因此諮商師可利用當事人之資料、問卷、測驗及其生涯關鍵人物，如配偶、父母、老師、好友之意見，過去生涯經驗回顧整理，評估成員之需求，據以設計生涯團體。

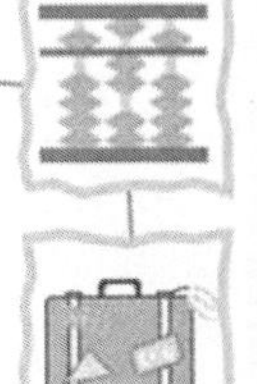

㈡生涯團體輔導之準備

1. 包括生涯團體的目標界定

例如生涯規劃、生涯轉換調適、生涯抉擇或生涯困境之突破。

2. 成員性質（如同質或異質）之確定

如於生涯危機調適團體，若界定其對象皆為中年之成員，則中年之成員為同質，但若有年輕之大學生或年老者加入，於年齡變項而言，後二者為異質。

3. 生涯團體計畫書之擬定及執行

包括團體目標、成員之性質、資格及人數、聚會日期、時間及次數、聚會場地之確定、團體活動之設計及流程、宣導（利用媒體，如發新聞稿、廣告單張、廣播或電視）、報名（方式、地點、程序）、成員之篩選、邀請及婉拒之處理方法、督導之安排、協同領導者之協調、是否需要費用（含預算表），機構公文流程、團體前之預備會議及效果之評估。

㈢生涯團體之內涵

綜合許多生涯學者對於生涯團體之內涵的看法，包括下列各項（Krumboltz & Thoresn, 1964）：

1. 生涯目標的規劃或決定：包括個人的自我評估、工作（生涯）世界的探索、最適切職業（生涯標的）的選擇、生涯教育機會探索、最適切生涯教育的抉擇、生涯行動方案、計畫及行動。
2. 生涯資訊的蒐集及選擇。
3. 生涯需求、機會的探索。
4. 可替代的生涯目標之評估。
5. 預估可能之生涯結果。
6. 個人價值觀之澄清。

7. 生涯決定方法之學習、改善及確立。
8. 生涯任務的達成或生涯危機、困境的突破。
9. 回饋及評估。

五、生涯團體中較常使用之技巧

基本上，生涯諮商較偏向認知取向，但生涯團體，除了認知目標以協助當事人獲得適切的生涯資訊外。亦兼顧情意目標，激發成員之參與動機，並維持團體的進行。

綜合匹麗（Pyle, 1976）及王淑敏（1995）歸納生涯團體，配合團體發展階段可能使用之技巧如表 3-6。

表 3-6　生涯團體各階段使用技巧一覽表

團體階段	使用技巧
一、會心階段	1.專注　2.具體化　3.真誠　4.初層次同理心
二、探索階段	階段一之技巧外： 5.情感反映　6.開放式發問　7.自我表露 8.輪流發言（請團體成員輪流發表意見） 9.配對連結（協助團體看其共同性與相似性） 10.個人化（鼓勵成員以第一人稱發言）
三、工作階段	階段一、二之技巧外 11.高層次同理心　12.面質　13.回饋的發展 14.經驗訊息之回饋　15.訊息之處理
四、行動階段	階段一、二、三之技巧外 16.引導成員對於團體中體驗之自我整理 17.行動方案的建立
五、結束階段	階段一、二、三、四之技巧外 18.團體之結束 19.團體之追蹤與評估

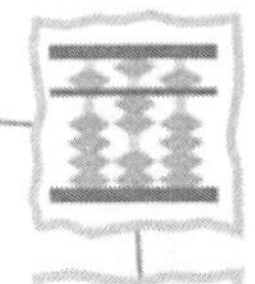

六、生涯團體之運用，以焦點解決諮商法團體爲例

張德聰（1999）嘗試以焦點解決諮商法對於成人生涯轉換進行團體諮商，效果甚為顯著，團體成員經過運用「焦點解決成人生涯轉換團體諮商方法」實驗後之受試，於「自我控制、重要他人支持因素」得分之平均數，後測顯著高於前測。整體而言由各評量者之觀點，對於接受「焦點解決生涯轉換團體諮商」之諮商效果頗為肯定。

焦點解決法生涯團體基本上依據焦點解決諮商法之架構，包括：⑴正向開始架構；⑵正向目標建構架構；⑶例外架構；⑷假設性解決架構；⑸暫停架構；⑹訊息回饋及鼓勵架構；及⑺家庭作業架構，必要時實施追蹤架構。僅將其諮商方案呈現如表 3-7，並以第一次團體之計畫，如表 3-8 及表 3-9 的工作單為例，由其中可以了解團體進行之步驟及相關準備事宜。

表 3-7　焦點解決生涯轉換團體諮商方案

團體時間 主題目標		每週四晚上 18:30-21:00	團體領導者 A、B 團體領導者 C、D
第一次	團體主題 團體目標	有緣來相聚 1. 團體形成：成員彼此認識 2. 團體規範訂定 3. 確立生涯轉換目標	
第二次	團體主題 團體目標	超越顛峰 團體工作：探索生涯轉換目標	
第三次	團體主題 團體目標	心靈溫度計 1. 團體工作：整理生涯轉換的成功經驗 2. 過去成功經驗與生涯轉換目標之結合	
第四次	團體主題 團體目標	彩繪人生 1. 團體工作：確定目標與整理有利因素 2. 發展新生涯領域：目標、有利因素、行動計畫與資源	

表 3-7　焦點解決生涯轉換團體諮商方案（續）

第五次	團體主題 團體目標	開創新契機 1. 團體工作：統整「我的第？春」 2. 整理生涯轉換目標之有利因素、行動計畫與資源
第六次	團體主題 團體目標	蟄伏與蛻變 1. 團體結束：分享與回饋 2. 詳列生涯轉換目標之行動計畫
第七次	團體主題 團體目標	活出自己 1. 追蹤：成果報告分享與回饋 2. 測驗解釋與說明（生涯興趣量表與工作價值觀）

資料來源：張德聰（1999）

表 3-8　焦點解決成人生涯轉換團體諮商方案示例

第一次團體	時間：2010/07/01（四）	團體領導者 A、B
團體主題	有緣來相聚	團體觀察員 C、D
團體目標	1. 團體形成：成員彼此認識 2. 團體規範訂定 3. 確立生涯轉換目標	
活動流程	(一) 18:30-18:35　歡迎、自我介紹 (二) 18:35-18:50　認識活動：心臟病 (三) 18:50-19:10　生涯賓果活動 (四) 19:10-19:20　澄清期待與建立規範（寫在海報紙上） (五) 19:20-20:30　主題活動 1. 探索生涯轉換目標 (1)整理生涯轉換目標 (2)每位成員在大團體中分享 (3)分享後，由成員彼此給回饋 2. 統整今日學習心得 (六) 20:30-20:40　BREAK 1. 休息	

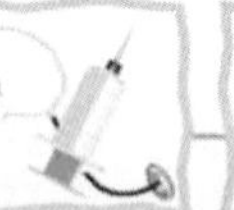

表 3-8　焦點解決成人生涯轉換團體諮商方案示例（續）

活動流程	2. 填寫第一次團體檢核表 3. 團體成員彼此給回饋 【領導者與觀察員討論】 ㈦ 20:40-21:00 1. 領導者給回饋 2. 成員的建議 3. 訂定家庭作業
器材	1.撲克牌二副 2.第一次團體檢核表 3.我的生涯自傳、同意書與契約書 4.賓果單、正向開始學習單
作業或叮嚀	1.再次思考自我的生涯轉換目標 2.整理生涯轉換的成功經驗 3.成功經驗與生涯轉換目標的關聯

資料來源：張德聰（1999）

表 3-9　焦點解決團體工作單示例

正向例外學習單 透過團體的學習
1. 探討過去成功的經驗增進生涯轉換的信心。 2. 能了解自我生涯轉換的有利因素。 3. 能更周延的來看生涯轉換事宜。 4. 能經由鼓勵更願意探索生涯轉換經驗。 5. 更能接納自己在生涯轉換的問題或困境。
感受、想法與行為都是改變的一部分

資料來源：張德聰（1999）

第四節　電腦資訊在生涯輔導的應用

尼爾及哈利斯—包士比（Niles & Harris-Bowlsbey, 2002）歸納自 1960 年代末期以來，運用電腦科技於生涯輔導大致有三種形式：⑴於獨立之電腦或網路提供生涯計畫與資訊系統；⑵於世界性網路（internet）提供生涯計畫與資訊系統；⑶於世界性網路提供支持性電腦諮商（cybercounseling）及協助。運用電腦科技到生涯輔導，是生涯輔導的新趨勢，電腦輔助生涯諮商（Computer-Assisted Career Guidance, CACG）亦漸廣為生涯諮商實務工作人員所應用，但電腦是否可取代一般諮商師與當事人之關係，尚為學者所爭論，但適當使用電腦資訊於生涯輔導已為學者所接受，在實務上，使用電腦之層次大約分為下列幾種，第一種層次為事務性協助，如用以記錄、測驗計分分析、標定、測驗分析等。第二種層次為儲存及應用廣大的職業、教育之資訊，如卡片分類系統（Card Information System, CIS），將最新之傳播媒體的生涯資訊加以儲存，並考慮如何應用於諮商師為當事人生涯輔導。第三種層次為將生涯資訊（CIS）及電腦輔助職業輔導（Computer Assissted Vacation Guidance, CAVG）結合，並應用於生涯諮商。

為使讀者能以宏觀角度了解電腦資訊於生涯輔導之應用，本節嘗試由「生涯資訊」的觀點分別就生涯資訊在生涯輔導的重要性、生涯資訊在生涯輔導的功能、生涯資訊的種類，以及電腦系統在生涯諮商的應用等方面加以說明。

一、生涯資訊在生涯輔導的重要性

生涯資訊在生涯輔導的重要性，早年已由帕森斯（Parsons, 1909）重視職業資料於職業輔導歷程中之應用可見一斑，歷年來由於職業資料之多元化，如產、官、學各界對於《職業分類典》或適合各年齡層之《職業指南》

之出版；各種媒體之拓展，如由文字之平面媒體擴展至立體之電子視聽媒體；科技之角色，如套裝之生涯輔導個人電腦輔助系統發展的發現系統（DISCOVER）、輔導資訊互動系統（SIGI）的個人電腦版發行；個人資料的廣度增加，如參觀、校友座談、工讀輔導、建教合作及畢業實習；生涯角色不再侷限於職業資料或職業輔導，已擴展至個人一生之發展，其資料亦涵蓋對於個人性、教育性、職業性，以及社會性、文化性的相關之生涯資訊（金樹人，1991a）。

二、生涯資訊在生涯輔導的功能

於生涯輔導時使用生涯資訊的目的在於提供個人有效、合於時宜、經濟、切合的資訊，即把握新、速、實、簡的精神，提供生涯資訊之分析，協助當事人做適切之生涯抉擇，以便做好生涯規劃及執行生涯行動。

而生涯資訊於生涯輔導之功能可蓋分如下。

㈠引發生涯探索動機

由於生涯資訊，刺激當事人對於生涯探索之動機，以便更進一步學習蒐集生涯資訊方法，分析資訊，獲得有效之生涯資訊。

㈡開啟生涯資訊探索，啟發生涯學習態度

在生涯資訊的探索中，啟發個人的自我探索及對工作世界資訊的了解，生涯發展的回顧及展望，覺察重要生涯角色的掌握，培養積極生涯態度的學習。

探討之向度可包括：

1. 工作所需具備的特殊能力或經歷，與自己具備的適切性。
2. 社會及心理有關的因素。如工作環境及自己個性的適切性。
3. 準備程度的時間長短及難易程度。
4. 進入生涯的管道、方法。

5. 工作有關的固定及其他福利。
6. 未來生涯發展的路徑及機會。
7. 是否有機會探索，如兼任、暑期或志願性的工作機會。
8. 相關工作機會的有無。
9. 教育及訓練的機會。
10. 工作時間的長短。
11. 工作地點是否適宜。
12. 對家庭的影響。如家人相處時間、經濟收入、子女之就學、父母之照顧。

㈢提供生涯決定歷程客觀的資訊，以便生涯定位

於生涯抉擇中，生涯資訊不僅包含職業資訊，如同史旺（Swain, 1984）的圖 3-3 生涯計畫模式，其中包含「個人特質的澄清與了解」、「教育與職業資料的提供」、「個人與環境關係的協調」。

其客觀的參考標準為：

1. 正確性。所提供的生涯資訊是正確而不偏執的。
2. 時效性。所提供的生涯資訊是能把握時效的。
3. 合宜性。所提供的生涯資訊是合宜於生涯抉擇的參考的。
4. 周延性。所提供的生涯資訊是完整周詳的。

三、生涯資訊的種類

生涯資訊的種類，可由資訊過程之深淺及資訊的種類簡要分為下述幾種。

㈠平面印刷

公、民營、產、官、學出版的報章、雜誌、期刊及自我協助手冊。如青輔會編印的《大專生涯輔導工作手冊》（楊朝祥、李大偉主編，1990）、

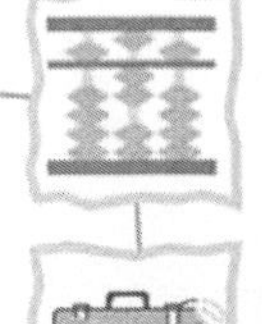

《生計諮商之理論與實施方法》（劉焜輝、金樹人，1989）、《五年制專科學校生涯輔導方案之探討》（劉焜輝、林幸台、王淑敏、林蔚芳，1993），以及勞委會職訓局出版的各類職業簡介的單張，青輔會出版的《生涯輔導卡》、《測驗與輔導雙月刊》，坊間出版的《生涯就業情報雜誌》。

㈡立體媒體

如錄影帶、電腦磁碟片或光碟的職業或生涯資訊，如勞委會職訓局出版的各類職業簡介的錄影帶。

㈢生涯輔導中心及生涯諮商中心

國內有些大專院校，在傳統的學生輔導中心外成立「生涯輔導中心」，如東吳大學；或將傳統的學生輔導中心及實習就業輔導室，合併為「生涯輔導中心」，如實踐大學。由一般的學生輔導中心或生涯輔導中心，亦可蒐集到許多有用的生涯資訊或接受生涯諮商。行政院青輔會並於其第二辦公室成立生涯諮商中心，提供社會青年生涯諮商。

㈣電腦生涯輔助系統

電腦生涯輔助系統（Computer-Assisted Guidance System）為一種或一組被設計用來協助個人，進行按部就班生涯規劃的過程，並以電腦科技為主要輸送及運作工具的生涯輔導活動，可用單一電腦操作或運用電腦網路加以連結運作。包括電腦硬體、相關網路系統及資料庫，還有用以運作的生涯輔導輔助軟體。其中亦包括生涯相關測驗的線上施測系統及連結相關生涯資源（如求職及求才之資料庫），具備方便使用性、隱私性、立即性回饋及客觀性的特色。

例如國外的發現系統（DISCOVER）以及輔導資訊互動系統增訂版（SIGI＋）等，約一千種電腦生涯輔助系統（Walsh, 1990）。國內林幸台等（1996）亦已發展出「電腦輔助生涯輔導系統」。青輔會亦於資訊網路大專求才求職電傳視訊、大專求才求職電子布告欄、台灣學術網路求才求

職資訊、國內就業資訊電腦查詢系統中加強就業服務（張峰鶴，1994）。

㈤電腦資訊網路

運用 WWW 於電腦資訊網路搜尋有關就業或生涯資訊網站，甚至於 BBS 電腦看版尋求國內外相關的生涯資訊。國內公營的求職電腦資訊網路，如勞委會的全國就業e網，民營之求職電腦資訊網路如 1111 人力銀行及 104 人力銀行。

四、電腦資訊在生涯輔導的發展與應用

㈠電腦生涯輔導系統的目的

生涯輔導是當前輔導的重心，而電腦生涯輔導輔助系統已成為提供生涯輔導重要的措施之一（Katz, 1993）。

筆者參考中外學者觀點，將電腦生涯輔導輔助系統的主要目的闡釋如下。

1. 提供資訊、篩檢分析

藉由電腦建立生涯資訊，並對於眾多的生涯資訊分析篩檢出（縮小化）數項對於個人較具價值或意義的生涯（職業）機會清單。

2. 比較、綜合、決定

比較生涯資訊的異同、綜合個人的生涯評估，分析對個人的利弊，選擇最適合個人的生涯決定，並藉由電腦的分析，協助提供適切生涯途徑。

3. 計畫、執行、評估

由電腦分析的生涯途徑選擇中，擬定生涯計畫並執行所做的生涯決定，以及對行動的結果評估回饋（林幸台，鄭熙彥等，1996； Katz, 1993; Sampson & Reardon, 1991; Sampson, Peterson, Lenz, Reardon & Saunders, 1996）。

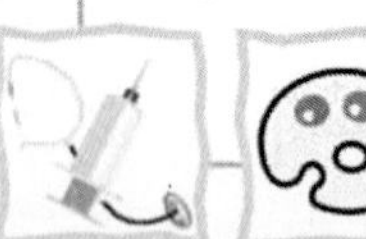

㈡電腦生涯輔導系統的功能

回顧電腦生涯輔導系統發展的歷史，是因為經過不斷的努力及突破，才成功的發展出現在具吸引力並有效果的電腦生涯輔導系統（Rayman & Harrsi Bowlsbey, 1977; Harrsi-Bowlsbey, 1992）。電腦生涯輔導系統必須具備下列主要功能。

1. 儲存資料檔案

能把正確及完整的生涯資訊儲存於電腦，以便諮商師與當事人參考，做出最適當的生涯決定，以及擬定適當的生涯目標及生涯計畫。

2. 互動對話

電腦最少應具有簡單的諮商晤談功能，及可以進行互動性對話。

3. 快速尋找資料檔案功能

這是電腦的獨特功能之一，但另外仍須考慮到專業保密、保護個人隱私等面向。

4. 評估及解釋

經由類似心理測驗之電腦化，於電腦生涯輔導系統之功能亦需具備如將生涯評估工具予於電腦化，需具備於線上施測，電腦計分統計，資料綜合、比較、分析、評估、解釋，較之人工之處理分析，更迅速、正確。

5. 個別化處理

電腦生涯輔導系統由於具有互動對話的功能，能個別化的處理，亦可被設計由使用者自行操作。

由於未來個人電腦功能不斷提升，如語音電腦的發展，可以預期電腦生涯系統在互動對話功能必大為增加，而某些當事人可能更適用於電腦生涯諮商，因較無威脅感，也更不會受諮商師的價值觀或偏見和對於不同族群之固著觀念的影響，或許除了語音未能給予「溫暖」，但卻更能「真

誠」、「無條件尊重」。此外，電腦為使用者所控制，較不會如諮商時，有些諮商師可能不當的控制當事人；電腦亦可能因其獨特性，更具有資料正確性及權威性；對於有些當事人，如現代青少年較傾向「圖示化」，如果針對不同使用對象，設計其較偏好的「電腦諮商師」形象，包括性別、年齡、專業學經歷、使用語言，甚至髮型、胖瘦之選項更可激勵當事人自助或求助之動機。相信未來透過電腦及「虛擬幻境」動畫科技之發展，可以改善及克服電腦諮商的障礙。

㈢電腦生涯輔導系統的發展簡史

由表 3-10 可以了解電腦生涯輔導系統之發展簡史，可概分為五代：

第一代僅用於資料分析處理，當事人不直接使用電腦，而是將當事人之問卷或測驗，以電腦統計處理，如電腦職業資料系統（Computer Vocation Information System, CVIS），電腦職業機會資訊系統（Computer Occupation Information System, COIS）。第二代則發展線上處理（當事人於電腦線上直接互動及資料的建立），當事人與電腦可藉由結構化的程序互動，當事人的使用情形亦可被建檔，如輔導資訊互動系統（System of Interactive Guidance Information, SIGI）。第三代則由第二代發展而來，也因電腦科技的突飛猛進，電腦的儲存容量、速度、資訊複雜度的容忍度亦增加，加上電腦科技軟體之精進，電腦與使用者彼此的互動性增加，電腦生涯輔導系統亦增進其互動性。第四代則由於微電腦的發展加上生涯發展理論的統整，電腦生涯輔導系統愈普及化，其生涯資訊的儲存量及更新速度愈快，其中最廣為人知的兩大電腦生涯輔導系統，輔導資訊互動系統（SIGI）及發現系統（DISCOVER）皆根源於生涯發展理論（Walsh & Osipow, 1990）。1987年以來，電腦科技不論硬體、軟體皆更加精進，如半導體、晶體、數位電腦紛紛出籠，而 2000 或 XP、MP 紛紛出籠、虛擬幻象軟體語音電腦的發明，對於電腦生涯輔導系統之發展有相當的影響，邁向電腦生涯輔導系統發展的第五代。

表 3-10　電腦生涯輔導系統之發展簡史

年代	系統
第一代及第二代	
1967	電腦職業資料系統（Computer Vocation Information System, CVIS） 電腦職業機會資訊系統（Computer Occupation Information System, COIS）
1968	職業決定資訊系統（The Information System for Vocation Decision, ISVD）
1969	教育及職業探索系統（Education Career Exploration System, ECES）
1970	生涯資訊系統（Career Information System, CIS）
1973	輔導資訊互動系統（System of Interactive Guidance Information, SIGI）
第三代	
國家職業資訊協調委員會及州職業資訊協調委員會職業登記資料（NOICC/SIOCC）	
1976	發現系統（DISCOVER）（主架構改編本）；生涯資訊輸送系統（Career Information Delivery System, CIDS）
1976	電腦化啟發式職業資訊及生涯探索系統（Computerizd Heuristic Occupational Information & Career Exploration System, CHOICES）
第四代	
發現系統（DISCOVER）納入美國大學測驗體系（American Colledge Testing, ACT）	
1983	發現系統（DISCOVER）運用於微電腦
1984	發現系統（DISCOVER）運用於組織
1985	輔導資訊互動系統增訂版發行（System of Interactive Guidance Information Plus, SIGI +） 發現系統（DISCOVER）成人版發行
1987	發現系統（DISCOVER）中學版發行 發現系統（DISCOVER）大專版發行

表 3-10 電腦生涯輔導系統之發展簡史（續）

第五代 1987 至今各項電腦輔助生涯輔導系統網路化
電腦輔助生涯輔導系統依其性質分為生涯評估系統、生涯資訊系統及生涯規劃三類： ㈠生涯評估系統常為一項或多項生涯相關測驗或量表，如興趣、能力、技巧、人格特質、工作價值的線上施測及解釋 1985 康貝爾興趣及技巧調查（Combell Interest and Skill SurveyTM） （http://www.profiler.com/ciss） 1985 史創興趣量表（The Strong Interest Inventory） （http://www.cpp-db.com/products/strong/） 1994 何倫（Holland, 1994）的自我導向搜尋網站（The Self-Directd SearchTM） （http://www.self-direcd search.com） 1999 庫德生涯搜尋與個人適配網站（Kuder Career Search with Person MatchTM） （http://www.kuder.com） 1999 凱西性格組合卡（The Keirsey Character Sorter） （http://www.keirsey.com） ㈡生涯資訊類：提供生涯資訊之搜尋資料庫，包括各項職業、各類型學校、獎學金、見習機會及行業的各項資訊 1. 公營網站 國家生涯資訊輸送體系〔State Career Information Delivery System（CIDS）〕 （http://www.acsci.org） 2. 民營網站 橋媒網站（Bridges） （http://usa.cx.bridges.com） 生涯資訊網站（Career Information System, CIS） （http://www.careernfouoregon.edu） 抉擇網站（Choice） （http://www.careerware.com） 輔導資訊系統（Guidance Information System, GIS） （http://www.riverpub.com）

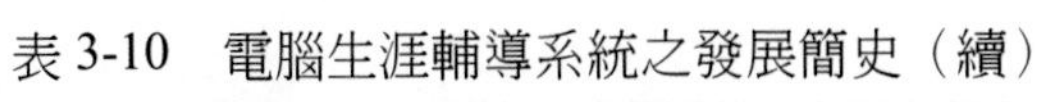

表 3-10　電腦生涯輔導系統之發展簡史（續）

㈢生涯規劃類 1. 輔導資訊互動系統網路版（System of Interactive Guidance Information Plus, SIGI +） （http://www.ets.org.sigi/） 2. 發現系統網路版（DISCOVER） （http://www.act.org）

資料來源：修改自 Walsh & Osipow (1990: 233); Niles & Harris-Bowlsbey (2002)。

電腦生涯輔導系統在我國的發展，亦如同美國第一代及第二代，先建立有關的生涯資訊，而青輔會及各地區國民就業輔導中心，將「人求事」及「事求人」分別建立電腦資料檔案，以便有需要者資訊查詢，而林幸台、鄭熙彥、陳清平等，自 1989 年起，開始進行「職業資料電腦化系統」研究，以職業資料庫為主所設計的電腦系統，配合近年電腦發展，在三年期間設計更適宜及符合實際需求的生涯輔導系統，除更新原有的職業資料庫，分析職業興趣結構，設計線上施測程式，並將測驗結果與職業資料庫結合，建立有效的電腦輔助職業輔導系統架構，除將職訓局的興趣測驗「我喜歡的事」納入系統，並涵蓋價值觀之評量，也將電腦軟體 DOS 轉換為 WINDOWS 規格，以容納更多的職業資料，並實地評估系統效果，蒐集使用者意見，作為修正的參考。

僅將林幸台等（1996）電腦生涯輔導系統目標圖（如圖 3-8）及電腦生涯輔導系統功能圖（如圖 3-9）分列如下。

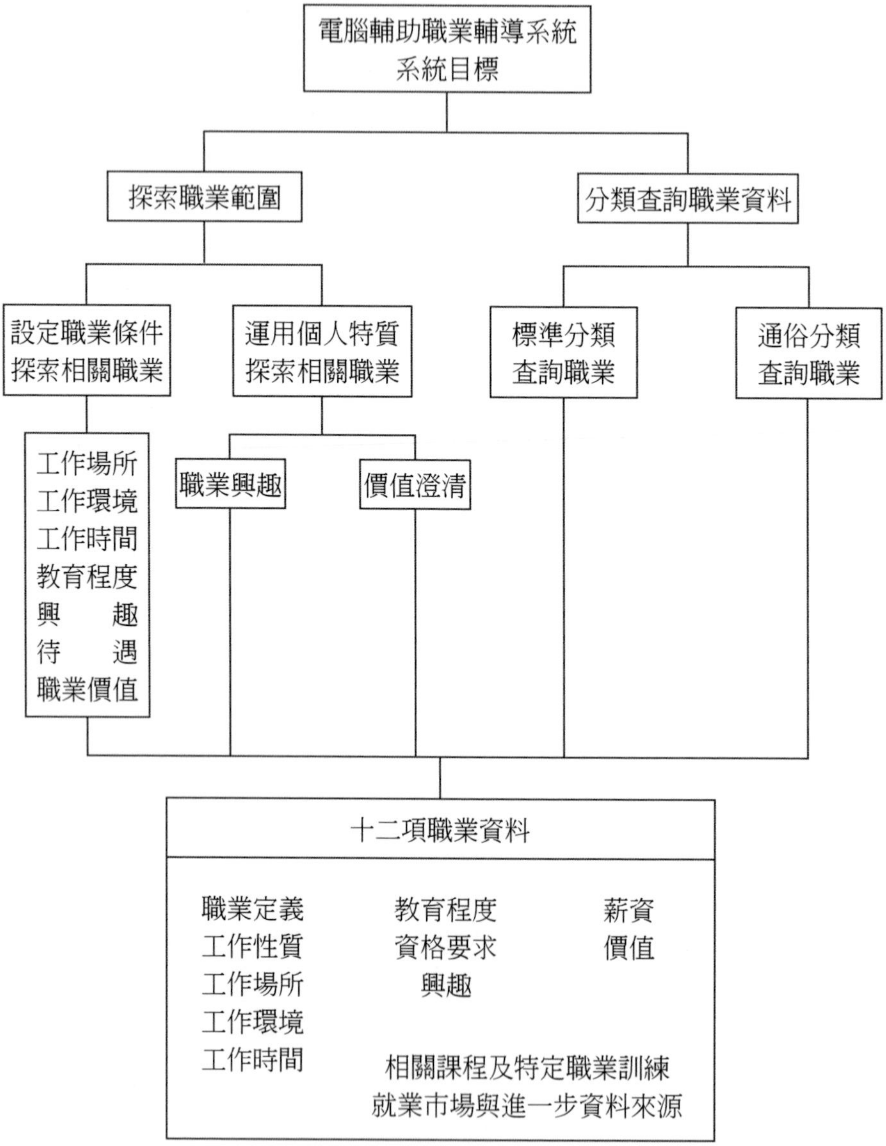

電腦輔助職業輔導系統
系統目標

探索職業範圍

設定職業條件
探索相關職業

工作場所
工作環境
工作時間
教育程度
興　趣
待　遇
職業價值

運用個人特質
探索相關職業

職業興趣

價值澄清

分類查詢職業資料

標準分類
查詢職業

通俗分類
查詢職業

十二項職業資料

職業定義
工作性質
工作場所
工作環境
工作時間
教育程度
資格要求
興趣
薪資
價值
相關課程及特定職業訓練
就業市場與進一步資料來源

圖 3-8　「電腦輔助職業輔導系統」系統目標圖

資料來源：引自林幸台等（1996：20）

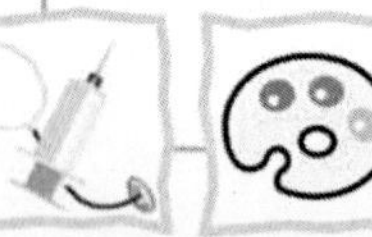

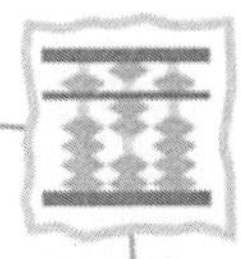

系統功能目錄

1. 設定條件探索職業
2. 標準分類查詢職業
3. 通俗分類查詢職業
4. 興趣測驗探索職業
5. 職業價值探索職業

設定條件探索職業	標準分類查詢職業	通俗分類查詢職業	興趣測驗探索職業	職業價值探索職業
勾選下列職業條件回饋符合的職業數並查詢職業資料 1. 工作場所 2. 工作環境 3. 工作時間 4. 教育程度 5. 興趣 6. 待遇 7. 職業價值	以「中華民國職業分類典」的分類法查詢職業資料 1. 行政及主管人員 2. 專業人員 3. 技術員及助理專業人員 4. 事務工作人員 5. 服務及售貨工作人員 6. 農林漁牧工作人員 7. 技術工及有關工作 8. 機械設備操作及組裝工 9. 非技術工及勞力工	以「通俗易懂」的職業分類法查詢職業資料 1. 工業類 2. 農林類 3. 醫護保健 4. 自然科學 5. 服務類 6. 商業 7. 海事水產 8. 文學藝術 9. 法律政治經濟 10.教育及社會工作	以「我喜歡做的事」興趣測驗分數查詢職業資料 1. 直接輸入測驗分數 2. 做興趣測驗題目	以職業價值澄清的結果查詢職業資料 1. 聲望 2. 獨立自主 3. 助人 4. 多變化 5. 領導 6. 興趣 7. 待遇 8. 休閒 9. 福利 10. 就業展望 11. 安定 12. 升遷

顯示符合其條件之職業數目

顯示選出的職業名稱

將符合探索或查詢的職業名稱及職業資料顯示於螢幕並提供比較及列印功能

圖 3-9　「電腦輔助職業輔導系統」系統功能圖

資料來源：引自林幸台等（1996：21）

㈣選擇電腦輔助生涯輔導系統的注意事項

1. 選擇指標

⑴基於生涯輔導理論基礎。

⑵能提供線上施測，且有能力了解分析結果，並印出表單。

⑶資料庫是有品質且周延。

⑷易於操作。

⑸內容除合乎理論基礎外，亦可提供評估、分析。

⑹結果具有信度、效度。

⑺具有運用多元媒體的功能。

⑻與國際網路能接軌。

⑼符合諮商專業倫理。

2. 諮商師選擇電腦輔助生涯輔導系統的注意事項

⑴了解電腦輔助軟體及網頁。

⑵有能力對當事人作診斷。

⑶有使用動機。

⑷有能力引導當事人探索生涯資訊及培養生涯能力。

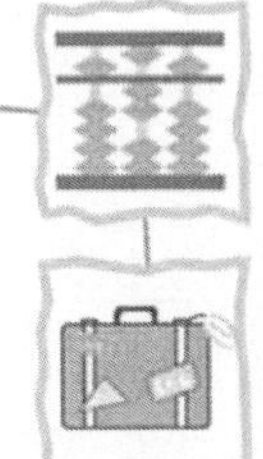

關鍵詞彙

生涯輔導策略	生涯輔導方法
生涯諮商的特徵	生涯教育
生涯諮商的模式	生涯調適
生涯輔導的個別輔導技巧	生涯輔導有關測驗
生涯決定（策）的擬定	生涯資訊的獲得
生涯資訊對生涯輔導的重要性	生涯團體諮商的定義
生涯資訊對生涯輔導的功能	生涯團體諮商的基本特徵
生涯資訊的種類	生涯團體諮商的目標
電腦生涯輔導輔助系統	生涯團體諮商的基本技巧
生涯計畫模式	

自我評量題目

1. 試述生涯輔導的基本策略及方法。
2. 試述生涯諮商的特徵及方法。
3. 試述生涯團體諮商的特徵、原則、模式及技巧。
4. 試述生涯資訊對生涯輔導的重要性。
5. 試述生涯資訊對生涯輔導的功能。
6. 試述生涯資訊的種類。
7. 試述生涯輔導輔助系統的分類。
8. 試述我國於電腦生涯輔導輔助系統的發展概況。

第四章

生涯輔導評量工具簡介與運用

學習目標

詳讀本章後，學習者應能達到下列目標：

1. 認識各類測驗在生涯規劃時的目標及作用。
2. 了解智力測驗、性向測驗、成就測驗、人格測驗、興趣測驗、價值觀量表、生涯成熟評量。
3. 了解未標準化的一些評量方法在生涯諮商時的運用。
4. 了解測驗在工商組織中所扮演的角色。
5. 了解生涯評量未來發展的趨勢。

- 生涯輔導評量工具
  - 測驗在生涯評量的運用
    - 確定生涯發展階段
    - 分析個別需要
    - 設立目標
    - 選擇測驗工具
    - 解釋測驗的結果
    - 測驗的應用
  - 測驗的種類
    - 智力測驗
    - 性向測驗
    - 成就測驗
    - 人格測驗
    - 興趣測驗
    - 價值觀量表
    - 生涯成熟評量
  - 非標準化的評量方法
  - 生涯評量結果的統整與運用
    - 評量結果的運用
    - 電腦操作評量
    - 評量在工商組織中的應用
  - 生涯評量的趨勢
    - 測驗本土化
    - 測驗電腦化

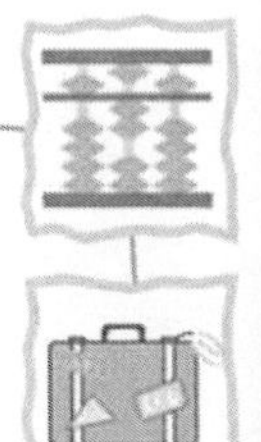

摘要

工作世界在改變，同時工作者的表現也在改變。人們須要比較廣泛的一般技能，較高的科技知識，以及終身學習的承諾，去完成不斷精進的職務知能。生涯計畫的需要變得更加頻繁，因為每個人要比以往對個人的工作和經濟狀況更負責，他們會日益體驗出生涯發展是一個繼續的過程，個人需要去統整在工作、家庭、休閒和社會中不同的生命角色。

心理測驗或其他評量方法使得生涯規劃的工作更客觀、科學化，同時也激發當事人的動機，是有助於諮商過程與決策的線索和工具。

運用在生涯規劃中的測驗主要有：智力測驗、性向測驗、人格測驗、興趣測驗、成就測驗、價值觀量表、生涯成熟評量等，其他尚有如生涯幻遊、生命線、家庭作業等非標準化的評量方法。這些評量方式如能透過專業巧妙使用，除了能在生涯規劃上發揮功能，工商企業也能應用在甄選、晉升、訓練、績效評估等需要上。未來，生涯評量會更注重智慧財產權取得的過程，此外，在標準化和本土化的研究方向中，電腦化及其運用是不可避免的趨勢。

第一節　測驗在生涯評量的運用

到底什麼是「測驗」呢？這個名詞常用在很多的地方，廣義而言，測驗是以一種標準化的方式來評量能力、性格、興趣等各種特質，無論是採紙筆、電腦或其他媒介方式，藉以產生出分數、等級、種類或範疇（Rose, 1993）。

在生涯輔導的概念架構中，測驗的運用是比較具體的部分。從個人的角度來看，各種適用於生涯輔導的測驗，經過計分及結果轉換，成為一種協助個體生涯探索或選擇職業的客觀參考資料。從組織的層次而言，測驗結果要如何適用於組織中的位置與角色，值得全面探討。簡而言之，在生涯諮商的領域中，測驗有兩個基本目的，分別是輔導和甄選（Seligman, 1994）。評量一直在生涯諮商史上深受重視，無論是當作診斷資訊，或者是當事人的自我探索和了解都少不了它。

測驗在生涯輔導上的運用，可追溯自輔導運動之父帕森斯（F. Parsons）在本世紀初對職業選擇的問題所提出的論點（1909）：

1. 清楚了解自己，你的性向、能力、興趣、抱負、資源、限制，以及其成因。
2. 了解各種工作的要求、成功條件、優缺點、酬賞、機會與發展前途。
3. 真實合理地推論上述兩組事實之間的關聯。

測驗的功能不僅在於結果的解釋（自我了解），更有助於生涯決定。在生涯輔導為背景的架構中，包含確定生涯發展階段、分析需要、設立目標、決定施測工具、解釋測驗的結果、探索教育或職業世界、探究個人與環境的關係，以及生涯決定等（金樹人，1988），其關係如圖 4-1 所示。

從圖 4-1 的架構可以看出測驗在生涯輔導過程中，實施、解釋及運用的步驟與方法。在探索生涯發展時，不論是個體第一次找工作，或是對現有的工作不滿，甚至已經接受了初步的職業或教育訓練，都可以再從第一個

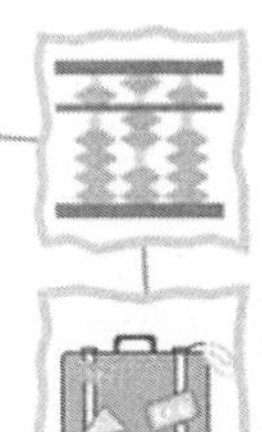

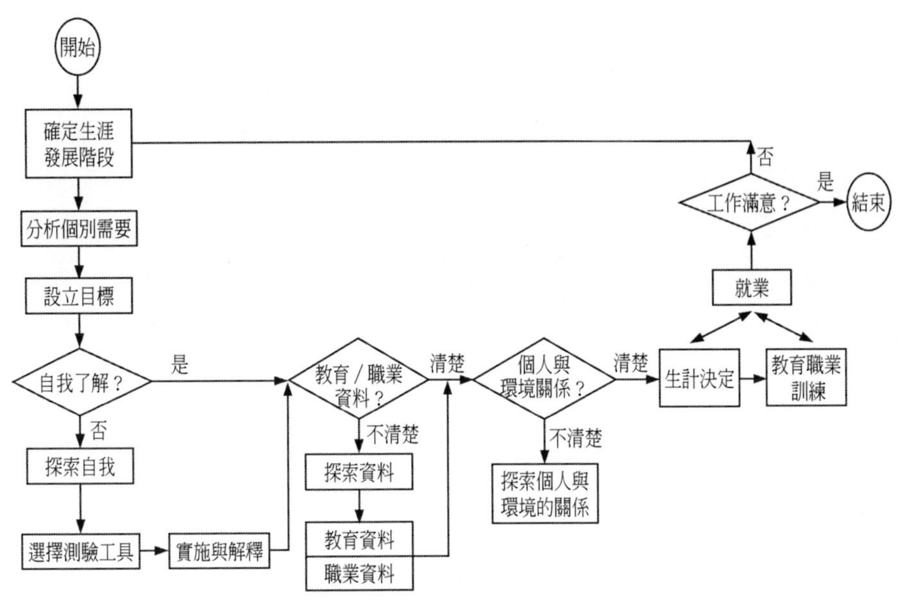

圖 4-1　測驗在生涯輔導上運用的概念

資料來源：摘自金樹人（1988：199）

階段開始，而整個概念模式是可以不斷循環的。圖 4-1 的概念模式在運用上包含了以下的步驟。

一、確定生涯發展階段

生涯發展是連續性的過程，因此測驗在整個歷程中的運用，可以適用在任何一個階段，從心理成長的角度看，不同的生涯發展階段，有不同的生涯發展任務；界定了當事人的成長階段，有助於協助設立生涯探索的目標，也有益於輔導者設立輔導的重點與方向。

二、分析個別需要

無論一個人的問題如何，當他需要輔導時，表示有一個適應上的困擾，

無法滿足基本需要。分析、澄清當事人個別的需要，有兩個目的：其一，藉著關注、傾聽、同理等技巧，初步建立良好的諮商關係；其二，具有動機的作用，使當事人內省到自己的生涯需求後，能積極和主動的參與測驗實施與解釋的所有過程。就第一個目的而言，測驗的實施不純然是技術性或機械性的，仍屬諮商的一部分。因此，測驗實施之前的初步諮商，藉著了解個體的特殊需要而建立諮商關係，是不可省略的重要步驟。就第二個目的而言，澄清當事人的需求，積極來看可以激發參與的動機，消極來看可以減少因動機缺乏而產生測驗誤差。

三、設立目標

分析個別的需要之後，輔導者必須和當事人共同決定測驗的目的。為了使測驗的結果不僅是一個數據，並且是具意義的參考資料，就必須將測驗的目的和當事人的需要扣緊環節。

四、選擇測驗工具

每一種測驗在生涯輔導上均有不同的用途與功能，在決定使用何種測驗之前，應考慮測驗本身的特性，以及施測目的。

五、解釋測驗的結果

不同的測驗目的會引導出不同的解釋方式與方向，但測驗的解釋應在測驗手冊所規定的範圍之內。

六、測驗的應用

1. 探索教育或職業世界：由測驗所得的資料，不論當事人要縮小生涯

選擇的範圍，或擴展生涯探索的領域，都必須對相關的職業及教育世界做深入的了解。

2. 探索個人與環境的關係：測驗資料是供我們「知己」，了解自己的興趣、能力、性向和價值觀：由「知己」而延伸到「知彼」，一方面了解當事人內心的想法；另一方面了解來自家庭與社會不同的期望和影響。

3. 生涯決定：生涯輔導最終的目的，是希望當事人能釐清困惑，做好生涯決定。測驗的實施是手段，協助生涯決定才是測驗應用在生涯輔導上的最終目的。

在這個概念模式的架構中，測驗結果的應用不僅僅能協助了解個人諸項特質，還希望以此為起點，引發進一步的探索活動。最後目的，是協助當事人對眼前或未來的事業生涯有清楚的決定。如此，測驗的應用，在生涯輔導方面能超乎形式上的限制，進而推向更有意義的境地。

第二節　測驗的種類

二十世紀初心理學開始蓬勃發展，關於個別差異的研究引起許多人的注意，而在個人選擇職業與工作適應上，有編製測驗工具的時代需求，因此，陸續有多種心理評量工具出版，對職業輔導產生重大影響（林幸台等，1994）。目前西方國家除有上千種的量表工具之外，同時有許多非標準化的評量方法。在生涯領域中，重要的測驗類型可分為以下六種：

1. 能力測驗：包括智力測驗、性向測驗、成就測驗。
2. 人格測驗：包括對自我概念的評量。
3. 興趣測驗。
4. 價值觀測驗。
5. 生涯成熟評量：包括決定策略、生涯資訊、工作態度等。
6. 未標準化的量表：包括檢核表、遊戲、幻遊、卡片分類等。

在傳統的測驗分類中，智力、性向、成就量表測得的是一個人的能力，

分數經過比較之後就會有高低。例如，我的一般學習能力比 90%以上的人好（智力測驗）；我的空間能力比你強（性向測驗）；你的歷史得分較一般人高（成就測驗）等等。興趣和性格量表測的是一個人的特徵和特質，測得的分數高低，代表了人與人的差異，沒有什麼好壞和對錯之別。比如我較外向，而你較內向（性格測驗）；我較喜歡戶外運動，而你喜歡室內活動（興趣測驗）。

心理測驗可以根據使用場所和用途的不同來分類。如將測驗組合供臨床上使用（如：有無精神疾病）、諮商上使用（如：主要的人際困難在哪裡）、教育上使用（如：適不適合升學）、工商業界使用（如：選一個優秀的推銷員）、軍事單位使用（如：選合適的飛機駕駛員）、學術研究用（如：研究女性化或男性化的特質）。

上述的分類只是為說明方便起見，事實上可以交互使用，如：在教育上為輔導一個學生升學，就同時可以用各類的測驗：能力方面測一般能力表現（智力測驗）是否適合升學；了解特殊能力（性向測驗）比較適合讀文史或理工；分析過去習得的能力（成就測驗）是否超過一般同年級的同學。在特質上面，可測成就動機強不強、表現欲望、情緒穩定度等（性格測驗）；同時，也可評量升學的志趣是法商學院，還是理工學院，對讀書的看法等等（興趣、態度及價值觀測驗）（張小鳳、郭乃文，1993）。以下即依類別分別加以說明之。

一、智力測驗

歷來對於智力測驗的定義各家主張頗多，大約包括四類：

1. 抽象思考和推理的能力。
2. 學習的能力。
3. 適應環境的能力。
4. 解決問題的能力。

許多研究指出智力測驗與學業成績有中度以上的相關，因此，智力測

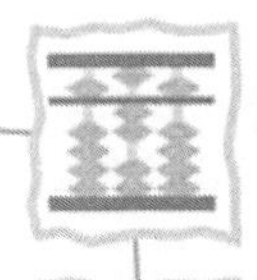

驗常被當作「學業能力」的指標。對於適合在學業上發展的學生，過去曾有研究報告估計台灣公立大學的學生平均智商約在 120 左右。對於不適合在學業上發展的學生而言，智力測驗可以把一些孩子區分出來，以了解個體到底適合何種學習或訓練。

但是學業成績良好的相關條件還包括：注意力、學習意願、考試技巧、反應速度、解決問題動機等。所以，智力測驗其實也測得了這些有別於學業成績表現的能力與態度，如果個體的成績不佳是因為過去經驗的關係，如：習慣逃避考試、考試態度散漫、不把測驗當作一回事等因素，也會投射在做智力測驗的過程中，而使智力測驗的分數變低。

由於施測方式不同，所得到資料化的程度就不一樣。團體智力測驗施測的方式，經常發生低估的現象，只能粗略估計其能力，而測不出真正的智力。但採用個別智力測驗，有經驗的施測者就可以明顯去做區辨。由此，個別施測的方式所得資料是比團體施測更深入完整。

個別智力測驗發展在團體智力測驗之先，最有名的包括：斯比智力量表（Standford-Binet Intelligence Scale，或稱比西量表）。魏氏成人智力量表（Wechsler Adult Intelligence Scale）、魏氏兒童智力量表（Wechsler Intelligence Scale for Children）等，其中魏氏兒童智力量表（第二版）美國已經授權於台北中國行為科學社出版發行。

二、性向測驗

性向測驗是能力測驗中應用最廣的一種，基本上，性向是指一個人在學習某種事物前，對學習該事物潛在的能力。學者對能力作廣泛研究後逐漸發現，所謂能力不只是人與人之間差異頗大，就同一個人作自我比較時，也有極大的內在差異。如果不能將每個人能力上的相對優缺點找出來，就不易對個人有更深層次的了解。而傳統的智力測驗常只給一項或兩項的「一般性能力」分數，頗嫌籠統，所以有性向測驗之發展。性向測驗為評量潛在能力的測驗，可以由分數的高低預估哪些方面有可塑性和學習能力。

性向測驗大約可分為兩種，第一種是綜合性性向測驗，測量多方面潛能，常由多個以上的分測驗組合而成，所以完成測驗後，分數經比較，可找出受測者適合哪一方面的訓練（與自己比），也可以知道他最強的能力和別人比有多好，最弱的又有多差（與他人比）。無論用在甄選、職業安置、訓練安排、升學輔導等都極有助益。

第二種是特殊性向測驗，顧名思義，是測量特殊潛能，僅針對單一特質（能力），如美術性向、音樂性向、機械性向、文書性向等等。最常用來甄選有特殊（單一）能力的人，如：找出有音樂天分的孩子接受更密集、更精深的音樂教育。以下介紹幾種在國際間具代表性的性向測驗。

㈠區分性向測驗（Differential Aptitude Test, DAT 5th Edition）

編 製 者：The Psychological Corporation（1990）

出版單位：Harcourt, Brace & Company

測驗內容：語文推理、數字能力、抽象推理、機械推理、空間關係、文字能力。

適用狀況：在美加地區是廣泛運用的性向測驗之一，可以在電腦上運作，或以紙筆方式施測，全程約三小時。

在國外DAT除了單獨使用之外，在生涯輔導方面有DAT-CPQ的組合。即以DAT配上「生涯計畫問卷」（Career Planning Questionnaire, CPQ），稱為生涯計畫方案（DAT Career Planning Program），均可以在電腦上一次完成，用以協助當事人對學校特定學程目標的確認，嘗試從以前的工作經驗和興趣中規劃教育方向。

㈡通用性向測驗（General Aptitude Test Battery, GATB）

出版單位：美國勞工部就業服務處（U. S. Employment Service）

測驗內容：用十二個分測驗去評量九種職業能力：一般學習、語文、數字、空間關係、文書知覺、圖形知覺、運作協調、手指靈巧、手部靈巧。

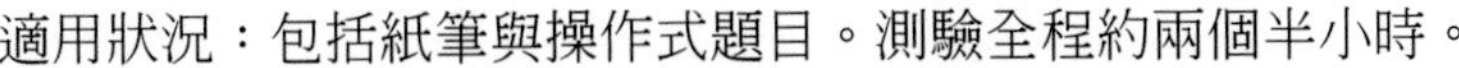

適用狀況：包括紙筆與操作式題目。測驗全程約兩個半小時。

通用性向測驗有良好的信度和效度，從1947年編製以來，一直也是美加地區最為周延的性向測驗，但施測的時間較長，所得分數係以多重截點（multiple cutoff points）方式，對照460種職業和六十六種工作群所發展出的職業性向組型（occupation aptitude patterns），並可參考職業分類典（Dictionary of Occupational Title, DOT）找出適合其性向的職業類型。國內亦曾經政府機構編製修訂版。

另外值得一提的是，國人所熟悉的研究所入學測驗（Graduate Record Examination, GRE）也是一種適用於大專以上程度的性向測驗，分測驗有語文能力、數量能力、分析能力，可做為預測學生能力的評量工具。

三、成就測驗

成就是指在某一領域內，達到某種成功的水準或程度。比如說：甲在物理學的領域內擁有碩士學位；乙在柔道的造詣上，達到黑帶的程度。而成就測驗即是評量一個人接受過教育訓練或經過學習，所獲得知識和技能的測驗。簡言之，就是評量學習成果的測驗。

一般來說，成就測驗可分職業成就測驗和學習成就測驗。職業成就測驗配合職業性向測驗，可做為人員甄選和安置的參考。在學業成就測驗方面，又大致可區分為標準化成就測驗，和教師自行編製的成就測驗兩種。兩者有較嚴謹的編製程序和常模，可供受試者在不同的學科上作比較，也可和其他學校的學生作比較。

成就測驗除了考察學習成就、篩選和安置的功能外，常可檢查出學生的學習困難，予以矯治，並評估整個教學的計畫，以作為修正計畫的參考。國內標準化的成就測驗不多，主要還是在教育系統中自行編製，進而協助考核評估學習之程度。

四、人格測驗

當我們說「他是一個內向的人」，或「這個人看來滿深沉的」，就是在談一個人的個性，以心理學上的語詞來說即為「性格」（personality）。基本上，遺傳、學習、環境、成熟等生理、心理上的發展，都是塑造性格的因素。

每一個人格測驗對性格的看法不盡相同，使用目的也有差異。像「卡氏十六種人格因素測驗」（Sixteen Personality Factors, 16PF）把個人在十六種性格特徵上作相對強度的區辨，是將人作實質上的速寫。臨床上常用台灣大學柯永河教授「健康、性格、習慣量表」（柯永河，1995），測驗結果在回答以下六個問題：⑴受測者自評本份測驗結果的可靠度為何？⑵受測者較主觀、概括性自評的心理健康程度為何？⑶受測者的自評與較客觀標準相比心理健康程度為何？⑷受測者對自己心理健康狀態的了解符合實情嗎？⑸受測者的心理狀況如何？⑹受測者有無自殺意念？

人格測驗有多種測驗的方式，其中紙筆式（自陳式）最普遍，其他尚有情境式、投射式、評鑑式等，人的「性格」是十分抽象的概念，學者為使性格測驗更可靠，因此在自陳式測驗中發展出許多理論來確定測驗的效度，大致有因素分析法、實徵法、理論法以及內容效度法等。要解釋這些測驗的結果，必先熟悉測驗是用以上哪些方法建立的，所以表面上施測很簡單，然而自陳式測驗解釋時，應特別謹慎。

人格測驗就當事人的特質、動機、需求及適應狀況提供一個評量的過程，生涯輔導的領域中性格測驗的結果，對於個體的自我概念（Super, 1963）、工作環境的適配（Holland, 1973）、成長過程（Roe, 1956）及決策認知（Tiedeman & O'Hara, 1963）都有關聯，雖然性格測驗用在甄選時爭議相當多，心理計量學者就建議把人格測驗當作興趣測量來用，「像一面鏡子去協助個體檢視他自己」（Cronbach, 1990）。人格測驗在台灣是屬於比較常用的量表，然而測驗本身的著作權問題仍應在使用時特別注意。

㈠卡氏十六種人格因素測驗（Sixteen Personality Factor, 16PF 5th Edition）

編 製 者：R. B. Cattell, A. K. Cattell, H. E. P. Cattel

出版單位：Institute for Personality and Ability Testing (IPAT)

適用狀況：可測十六種人格特質：樂群、聰慧、穩定、堅強、興奮、有恆、敢為、敏感、懷疑、幻想、世故、憂慮、實驗、獨立、自律、緊張。有不同的版本分別適用於 12 歲以上學生及成人，測驗全程約 35～50 分鐘。最新第五版反映出 2000 年全美人口在年齡、性別、種族、教育程度的改變，題目也略做簡易的修訂。

㈡麥布二氏行為類型量表（Myers-Briggs Type Indictor, MBTI）

編 製 者：I. B. Myers & K. C. Briggs

出版單位：Consulting Psychologist Press

適用狀況：根據Carl Jung的理論，將性格以外向－內向（E-I）、思考－感覺（S-N）、感受－直覺（T-F）、判斷－知覺（J-P）四個向度區分，形成十六種組合，即以十六種人格類型顯示心理功能（S、N、T、F）、態度（E、I）和應對外在世界的方式（J&P）。一般人均可使用，不同長度的版本至今發展約十種。這個測驗已合法發行十六種語言，每年至少有 200 萬人次試作，是國際間最常用的性格測驗之一，不僅在生涯規劃與輔導上使用，更可用於領導訓練、任務組合、個別諮商和人際關係等。

㈢加州心理測驗（California Psychological Invenytory, CPI）

編 製 者：Harrison C. Gough

出版單位：Consulting Psychologist Press

適用狀況：最早運用於一般人的性格測驗之一。提供十八種基本的性格特徵，和四大心理特徵。另外有特別目的的分量表，包括管理潛能、工作取向、領導、創造力，可供生涯諮商採用。相當適於高中和大專院校的學生，尤其是在個人風格、目標和動機方面。

五、興趣測驗

我們常將興趣測驗和態度、價值觀測驗放在一起考慮，因為這類的測驗大致是測量一個人成長背景因素，如：性別差異、教育環境、家庭、社會文化等等影響以後，對日常生活中常遇到的各種活動、事物、人群以及角色，所產生的偏好、信念以及評價。

興趣測驗一方面廣泛地提供各種可能性，讓個人可以伸展觸角，多方位挑選自己的喜好，另方面是整理生活中各種可能的活動事件、角色，加以分析分類，然後找出相互之間的關係。所以受測者選擇自己喜愛的部分，馬上可以和測驗的架構配合，解釋測驗的人就能明白地指出個人所感興趣的有些什麼特色、應如何發展。所以，興趣測驗的好處在於：⑴尊重個人的主觀感受；⑵跳出自我有限的經驗去體會更多事件；⑶解釋測驗結果時，可以從一套「興趣架構」的觀點來檢視興趣擺在哪一個位置，也可以知道哪些東西是目前自己所不喜好的。選擇升學方向或轉換職業時，諮商顧問一定不會漏掉興趣測驗，可見興趣測驗在生涯輔導領域中的重要性。

由於編製原理的不同，職業興趣測驗量表的類型分為兩種。第一種為規範性量表（normative scale），測量出來的結果可以拿來和從事某一特殊職業的人作比較，這種用來作比較的職業團體有可能是大學的主修或某類職業。第二種類型稱為同質性量表（homogeneous scale），用來測量興趣的一般性、整體的或是基本的範圍。這一類的量表通常以若干相似的題目為單位，而以數個單位組成一份測驗。每個單位可以用來測量一個特殊的興趣範圍，如醫學或文學。

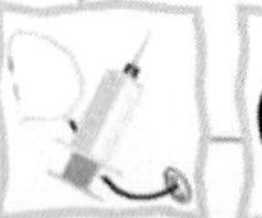

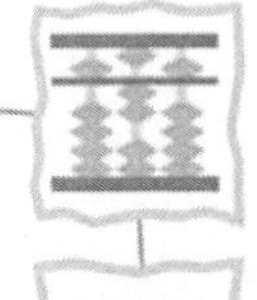

在美國較具知名度的職業興趣測驗中，可以史創興趣量表（Strong Interest Inventory, SII）代表，它同時包括兩種量表的類型。規範性量表部分可對照 162 種職業的側面圖，同質性量表部分則可轉換成六種職業群（即何倫的六種興趣類型）和二十三種基本興趣量表。另一種著名興趣測驗是庫德職業興趣量表（Kuder Occupational Interest Survey）只有規範性量表的設計，包括大學主修量表和職業量表。而何倫所編之自我探索量表（Self-Directed Search, SDS）只有同質性量表的設計，可以測量出個人在六個興趣類型上的偏好情形：實際型、研究型、藝術型、社會型、企業型、事務型（見第二章）。

在生涯輔導與諮商的應用上，這兩類的量表均非常有用，惟使用之時機或有不同。規範性量表對於選擇特殊的職業有較佳的預測效度，而且題目的「表面效度」較低，和同質性量表比較起來，較不易作假。而同質性量表在應用上，則能協助當事人發現對某一職業群的喜好，而不只是偏狹地限定在找出單一職業的興趣。由此觀之，規範性量表比較適用於面臨生涯決定關口，需要縮小探索的範圍至某一特殊職業的個案。而同質性量表則比較適用於需要自我評量以發現一般性職業興趣的個案，在性質上是以生涯的探索為主。

以下為幾份國外著名的興趣測驗，以及國內發展已獲授權的量表。國外部分幾乎已全數電腦化，可以直接在網路上習作甚至獲得結果，同時在版本及收費方面，各個出版社規定不同。

㈠史創興趣測驗（Strong Interest Inventory, SII）

編 製 者：E. K. Strong Jr., Jo-Ida C. Hansen, David P. Campbell

出版單位：Consulting Psychologist Press

適用狀況：從青少年至成人均可以採用，共 325 題，分屬七大類，測驗全程約 35～50 分鐘。結果含何倫六種職業類型，二十五種基本興趣，109 種現代職業，四種個人風格。

㈡庫德職業興趣量表（Kuder Occuptional Interest Survey, KOIS）

編 製 者：Frederic Kuder

出版單位：Science Research Associate Inc

適用狀況：國中以上的各級學生及成人可適用。提供 100 種的職業興趣組型、四十八類大學主修等項目。測驗全程約 30 分鐘。

㈢自我探索量表（Self Directed Search, SDS）

編 製 者：John L. Holland

出版單位：Psychological Assessment Resources

適用狀況：國中以上學生及成人均可採用。共 228 題，就職業活動、能力、興趣等三方面評量職業興趣，可歸納成何倫的六種職業類型。測驗全程約 35～50 分鐘。

㈣生涯興趣量表（Career Interest Inventory, CII-R）

編 製 者：林幸台、金樹人、張小鳳、陳清平

出版單位：測驗出版社

適用狀況：分大專版及增訂版，大專學生及一般成人適用。分為生涯活動、學科名稱、職業活動、職業名稱、職業性格等向度評估。測驗全程約 30～40 分鐘。

㈤大學考試中心興趣量表

編 製 者：金樹人、林幸台、陳清平、區雅倫

出版單位：大學入學考試中心

適用狀況：適用於高中、高職及大專學生，可測得六種興趣分數，對照科系組型資料，做為個人選系之參考。

一般而言，在國內大專程度以下的同學，使用大學考試中心的興趣量表機會很多，並且這份量表也有可能在近年已經全面電腦化。而大專程度

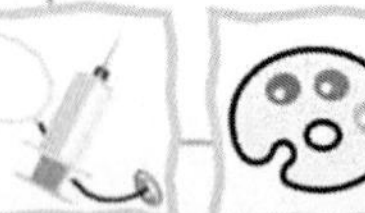

以上及成人部分則以測驗出版社的生涯興趣量表為主，版本分為個別諮商所用的增訂版，和大量施測的興趣量表；此份量表在填答案計分之後，可以電腦計分跑出個別結果報告，方便受試者及諮商者互動討論，報告內容包括興趣組型、組型解釋、代表性職業及一致性和區分性說明。

六、價值觀量表

價值觀量表主要是了解一個人對人、事、物的主觀評價，找出個人認為有意義的、值得的、重要的價值項目。每個人受過去經驗的影響，都會發展一套自己的價值觀，用以衡量人、事、物對自己的意義性與重要程度，作為選擇方向和安排人生的「指導原則」。

價值與生涯選擇有關的至少有兩個部分：生活方式與工作角色。「生活方式」的選擇與「一般價值」有密不可分的關係；而「工作角色」則受到「工作價值」的影響。如何由「一般價值」與「工作價值」評量工具的應用而協助個體進行生涯探索、生涯決定，是目前逐漸受到關注的一個課題。

學者高登（Gordon, 1975）認為，一個人的價值觀念相當地穩定，而且持續終生。由於這種特性，價值的澄清與確認成了生涯決定過程中相當重要的步驟。有學者凱茲（Katz, 1993）特別突出價值在生涯選擇過程中的重要性，並以此為設計電腦輔助生計輔導系統的理念架構，輔導資訊互動系統（SIGI）即為一例。透過價值澄清的學習過程，排出個人較重要的價值階層，據以判定較適當的生涯選擇。

價值的評量和興趣、人格的評量多少有若干重疊的部分，在生涯諮商中，這三類測驗的選擇必須由當事人的需要與測驗目的人決定。純就價值觀量表而言，有兩個重點：第一，協助個體澄清混淆、衝突或已經知曉的部分；第二，擴大探索隱晦未明的部分。

在生涯諮商中使用的價值觀量表有兩類：⑴僅僅用來測量和工作有關價值的工作價值問卷；以及⑵測量和生活方式有關，範圍較廣的一般價值問卷。工作價值問卷，顧名思義，是設計用來評量和工作成功、工作滿意

（成就、聲望、安全、創造性等等）有關的價值。第二類問卷所測量的價值包含的範圍較廣，同時包括了工作與生活的需要滿足。

工作價值觀量表（Work Value Inventory, WVI）

原 編 者：Donald E. Super

出版單位：Consucting Psychologists Press

適用狀況：由四十五題組成，包括十五項與個人工作生活有關的價值觀。每項價值觀由三題組合所得之總分代表之。十五項工作價值觀是：利他主義、美感、創造力、智性的刺激、成就感、獨立性、威望、管理、經濟的報酬、安全感、環境、督導關係、同伴、生活方式等。測驗全程約 30 分鐘。

編 製 者：行政院青年輔導委員會委託，吳鐵雄、李坤崇、劉佑星、歐慧敏等教授編製。

出版單位：中國行為科學社

適用狀況：評量大專在學生與職業人員了解自己的工作價值觀。共有四十九題，分成目的價值領域（有自我成長、自我實現、尊嚴取向等三個分量表），和工具價值領域（有社會互動、組織安全、安定、休閒健康等四個分量表）。

七、生涯成熟評量

生涯成熟是指一個人準備好去應對職業發展任務（Savickas, 1984），生涯成熟的程度係由發展過程中個人的位置來決定。舒波（Super, 1994）界定了六個生涯成熟的向度，這六個向度即成了一般生涯成熟量表編製的參考基礎：

1. 職業選擇取向：屬於一種態度的向度，決定個體對職業選擇關心的程度。
2. 資訊與計畫：一種能力的向度，測驗個體職業資訊的掌握及生活計

畫的程度。

3. 職業偏好之一致性：表示個人對職業喜好的一致性程度。
4. 個人特質的具體化：一種表示個人自我概念進行程度的向度。
5. 職業獨立：一種表示個人對工作選擇獨立程度的向度。
6. 職業偏好的智慧：一種個人特質與職業喜好間一致的向度。

由於生涯成熟的概念包括個人所完成的發展任務，能反映出個人在不同階段因應各項任務所顯現之行為特徵——如課程、主修科目之選擇，工作經驗之獲得等，因而生涯成熟的評量能夠診斷個人職業發展的程度、職業態度及職業能力等。這些資料的獲得，特別是和生涯探索有關的態度和能力，及與同年齡同儕團體相比較的成熟程度，可以協助生涯諮商工作者研判當事人問題所在，做為生涯諮商進一步輔導的依據。同時，生涯成熟評量的結果可提供具體數據，用以評鑑學校的生涯輔導計畫或生涯教育設計，能否符合特定年齡階段學生的發展程度。尤其是生涯評量中的變項，也可視為效標變項，用以評鑑輔導策略或教育規劃的成效。在國外較常用的測驗分別如下。

㈠生涯發展量表（Career Development Inventory, CDI）

編 訂 者：Donald E. Super

出版單位：Consulting Psychologist Press（2002 前）

適用狀況：適用協助青少年和年輕人探索生涯發展，計畫與尋覓、認知觀點、生涯決定與獲得資訊，及對於各種職業類別的了解。測驗全程約 60 分鐘。

㈡生涯成熟量表（Career Maturity Inventory, CMI）

編 訂 者：John Crites

出版單位：CTB/McGraw-Hill

適用狀況：分為態度和能力兩部分，可運用於國中、高中程度，測驗全程 20 或 30 分鐘。

第三節　非標準化的評量方法

使用評量工具是生涯諮商的一大特色，諮商顧問可以在適當的時機，判斷使用何類的評量工具，增加當事人的自我覺察或蒐集必要的資料。然而評量工具也不可濫用；史保刊立（Spokane, 1991）就根據其諮商的經驗，認為太早使用興趣測驗會限制當事人生涯選擇項的探索，也容易使當事人以為生涯諮商就只是心理測驗的實施與解釋。

在生涯諮商的過程中，有一些經常被用來提升自我覺察、探索生涯的方法，雖非標準化的評量工具，但若能妥善使用，不但可以避免某些當事人對測驗的抗拒，還可以作為協助會談和訂定目標的工具。以下做一個簡單介紹。

一、檢核表（check list）

生涯諮商人員設計一些表格，用以蒐集當事人歷史性或背景性的資料，如：家庭背景、學習經驗、過去的工作經驗等，在初談（intake）時或諮商中視需要，請當事人填寫。這類表格可在短時間內蒐集一些基本的資料，節省晤談時間；也可讓當事人經由整理資料的過程，對自己的狀況有重新思考的機會，同時提供討論時佐證的素材。例如測驗出版社出版，紀憲燕所編著的「生涯信念檢核表」。

二、生涯幻遊（daydreams and mental imagery）

生涯諮商中使用幻遊，目的在提供一無威脅性的情境，讓當事人探索內心的需求，激發當事人內心對未來的純真期待，或用以探索性別刻板印象對當事人生涯期待的影響。也可以用來澄清個人生涯目標。這種技巧的

運用有增多的趨勢，因為每個人通常會對自己未來懷有幻想，而且白日夢的內容有時也是有用的資訊。所以透過系統漸進的放鬆練習，讓當事人對未來的職業生涯及工作角色有些憧憬，然後再說出來，並加以討論和處理。

歷經多年來的應用和肯定，生涯幻遊藉著幻想的技術，產生了以下的效果：⑴反映豐富的內在經驗；⑵提供價值評量的新方法；⑶消除過當防衛，迅速進入諮商情境；⑷刺激兼感性與直覺的經驗；⑸投射未來的生涯願景（金樹人，2011）。

三、生命線（lifeline）

讓當事人畫一條水平線，用以反應生活滿意程度。採用平穩或高低不等的曲線，分別代表人生中的平坦、起伏關鍵，可以看到生命從出生到未來的這條線上，哪些是高岡，哪些是深谷，可以觀察生命歷程中的重要時刻及對未來的期望，是另一種有用的工具（Goldman, 1990）。

四、家庭作業

個體的探索行動需要落實在生活和社會現實，才能蒐集到真確、合乎現況的訊息。此類探索行動經常會以家庭作業的方式，請當事人在諮商以外的時間實施，如請當事人做生涯人物訪談；參加某項志工的工作或蒐集現有工作資訊等。此外，上述形式化的表格也可採作業的方式讓當事人攜回填答。家庭作業必須考慮當事人的能力，或協助指引探索的方法，讓當事人明確了解如何執行，並且與當事人約定時間，就探索的結果加以討論。因此家庭作業的實施可以縮短諮商的時間，也可以用來增加當事人的生涯行動力。

五、職業卡片分類法（Vocational Card Sort）

卡片的尺寸約3×5公分大小，上面書寫職業名稱及有關該職業的相關資料（如工作性質、內容環境、所要求的技能，與之符合的興趣、價值觀等，由使用者依使用習慣及目的決定資料的內容）。諮商顧問可依據欲達成之目的使用不同方法。如要了解來談者喜歡的職業屬於哪一類，可請當事人依其喜好將卡片分為喜歡、不喜歡及不確定三類。如果想知道當事人喜歡的原因，可再請當事人將喜歡的職業卡片隨意分成小堆，分堆的原因或標準由當事人自訂，待分堆完畢，再請對每一堆予以命名，從中探索當事人選擇職業的標準。

卡片分類法的使用可成為討論生涯選擇原因的媒介，促進生涯探索，滿足對職業的好奇心，提供立即的回饋，同時因無威脅性，故有助於生涯決定，在個別或團體中都可以採用。例如由心理出版社出版，金樹人編著的「職業興趣組合卡」。組合卡適用於高中／職及國中學生，它是一套多張卡片的組合。有別於一般的紙筆評量，每張卡片的正面有一個職業名稱，反面是有關這個職業的敘述資料，由學生針對每張職業所提供的刺激進行偏好與否的反應，輔導教師是根據學生的反應歸類，經由交互討論，有效幫助了解自己的職業興趣以及選擇這些職業的理由。在輕鬆、自主的排卡過程中，探索其職業興趣及選擇職業時所持理由的卡片組合。

第四節　生涯評量結果的統整與運用

一、評量結果的運用

在生涯規劃過程中，使用量表時，只要是已標準化的測驗，有相當的

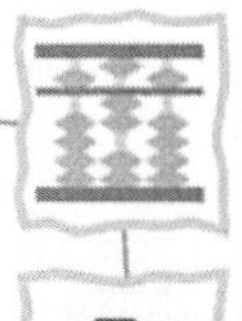

信效度，自然產生以下的好處：

1. 促進更具相關性和集中的討論。
2. 刺激或引導自我資訊的探索。
3. 澄清自我概念，如：長才與短處、喜歡或不喜歡、性格特質等。
4. 協助輔導者對當事人的了解。
5. 預測某些可能發生的事件。
6. 將個人興趣、能力、性格轉換入生涯條件中。
7. 整理各種可能性和替代性。
8. 協助做決定和訂定目標、計畫。

評量同樣有一些侷限存在，所以在統整測驗時要注意以下狀況（Seligman, 1994）：

1. 測驗的結果要附上當事人其他相關資料。
2. 測驗的施行、計分一定要依照指導手冊上的原則方法進行。
3. 確定測驗的計分過程正確。
4. 要有心理計量的知識才可以詮釋結果。
5. 對每份測驗的結果作完整解釋，不要誇大它的意義，並把它的限制說清楚。
6. 要用合宜的常模對照。
7. 在有效的諮商過程中把測驗的結果表達出來。

雖然量表對生涯規劃有極大的貢獻，但是執行這份任務的專業工作者要記得評量的一些限制，因此從準備工具到解釋結果，有許多應適當拿捏分寸之處。首先專業工作者要認清幾項實際情況：

1. 測驗評量不出獨特的性質，它評量的重點是許多人共同的性質。
2. 測驗通常僅提供少量的發展性和動態的訊息。
3. 測驗無法說明結果的背景或內涵。
4. 智力、性格、能力和興趣不是靜止的，測驗無法提供這些特質是否改變或如何改變。

假如測驗被當作對個別案例密集研究裡的一部分，如臨床診斷、諮商

輔導，或評估高階層經理及主管，則通常需綜合各種測驗分數。在撰寫個案報告、推薦或對談時，主試者依據判斷、過去經驗及理論基礎來解釋得分類型，並將由不同的測驗裡所發現的訊息加以整合（黃安邦，1991）。例如生涯規劃應將職業興趣、工作價值觀、當事人基本資料、生活歷史納入考量，並面對面的互動，才可能有意義的反應出當事人的實際狀況和心理需求。在選擇測驗和統整測驗結果時，不可忽略以上的步驟（Zunker, 1990）。

二、電腦操作評量

在國外，幾乎所有量表均已電腦化，所包含的功能大致有：電腦計分、列印解釋報告、直接在電腦上操作，並備有生涯輔導的計畫、電腦繪圖解釋某一個工作，當然也可以在終端機前做量表、計分、轉換原始分數、提供結果及解釋一貫作業。例如美國WPS出版、台灣測驗出版社發行的「人際行為量表」，即可以運用計分直接轉換原始分數、進而由軟體直接繪出剖面圖提供解釋與討論。

在電腦上作業的方式相當有效率，輔導人員和當事人都滿意，一般而言，有利之處如下：

1. 經濟有效，雖然開始設立時費用可能較高。
2. 讓人們在評量中可以扮演主動的角色。
3. 對許多種量表而言，耗時較少。
4. 提供立即回饋。
5. 得到更多資訊，如：更改過哪些答案、回答時間等。
6. 提供標準化的操作程序。
7. 提供多種選擇，如：圖形、模擬實況等。
8. 提供更多測驗策略。
9. 節省資源。
10. 可配合個別或特殊需要。

11. 增加再測的信度。
12. 容易儲存資訊，並提供為日後的修訂和研究。

電腦在評量工作上的重要性和實用性愈來愈高，許多知名的測驗均已在電腦協助下發揮各種功能。尤其在美國的高中和大學裡，有些電腦輔助生涯系統（Computer-Based Career Informations Systems, CBCIS）已經相當普遍。電腦化作業已經變成未來生涯發展輔助工具中最重要、並且無法避免的趨勢。以下列舉幾項評量的系統及相關網站：

⑴Kuder Career Search with Person Match（Kuder & Zytowski, 1999）
http://www.kuder.com

⑵The Self-Directed Search（Holland, 1994）
http://www.self-directed-search.com

⑶Campbell Interest and Skill Survey（Campbell, 1992）
http://www.profiler.com/ciss

⑷The Strong Interest Inventory（Strong, Campbell, & Hansen, 1985）
http://www.cpp.com/products/strong/index.asp

⑸The Keirsey Character Sorter（Keirsey, 1999）
http://www.keirsey.com

另外，知名的 DISCOVER（http://www.act.org）是由美國 ACT 所在網路上發行的評量工具。在這個網站上把教育系統及企業發展兩項目標具體呈現之後，再將各類測驗、訓練、諮詢，甚至學習方法都系統化串連起來，希望能滿足各級學校學生、老師、家長的需求；也能解決組織從甄選員工到退休轉業的各式問題。上網去瀏覽不僅對評量工具和工作世界圖（world-of-work map）等有所了解，並且落實生涯輔導的理論和概念，直接提供國中、高中、大學及成人做生涯規劃，通常受試者幾乎不需要操作電腦的經驗都可以運作。SIGI+（http://www.ets.org/sigi/）由 ETS 所發展出來的，其中有九個部分：評鑑介紹、自我測量、找尋可能喜歡的工作、職業可能需要的條件、職業所須的技能和自我給分、準備從事一個工作、能否符合職業的需求、做下決定、行動計畫。

三、評量在工商組織中的應用

目前國內企業組織雖已開始重視心理測驗對於人力資源管理的助益，但實際使用的公司仍屬少數，其中又多著重於人事甄選（特別是人員的篩選上），至於其他方面的應用，例如人員安置、訓練需求分析、員工輔導等，則較不常見（陳彰儀、張裕隆，1993）。然而測驗在組織中的運用，最迫切的即為效標（考績、業績等）的建立，唯有明確的效標，才可能找到合理的錄取標準。因應企業需要而編製的測驗，可從圖 4-2 的流程中得知其在生活輔導及甄選、訓練等人才運用上的功能。

㈠甄選

經過效度驗證（例如求取測驗分數與業績的相關）之後所編製的心理測驗，可做為甄選之用。由於該測驗可以有效地預測應徵者未來的工作表現，因此人事決策單位可優先面試測驗成績傑出者，或淘汰測驗成績不佳者，以節省爾後晤談與訓練等費用的支出。

近年來，結合工作適應發展模式（Hershenson, 1996）、明尼蘇達工作適應理論（Dawis & Lofquist, 1984）與五大人格特質（Costa & McCrae, 1985）等三大理論編製而成的「華人工作適應量表」（引自張雅萍、黃財蔚，2014），就以「工作能力」、「工作滿意」、「人格特質」為向度，可實際適用於各行業之社會人士和有工作經驗的在校生。

㈡安置

為達「適才適所」的目的，主管人員可以運用心理測驗（如：性向、人格、興趣、智力或操作測驗等）來了解部屬或新進員工的優缺點，以便擁有專長的人員分派到適當的工作崗位上，使其得以發揮所長。

㈢訓練

心理測驗中的「成就測驗」或「人格測驗」可以提供組織評估訓練需求，並做為擬定訓練課程的重要依據。

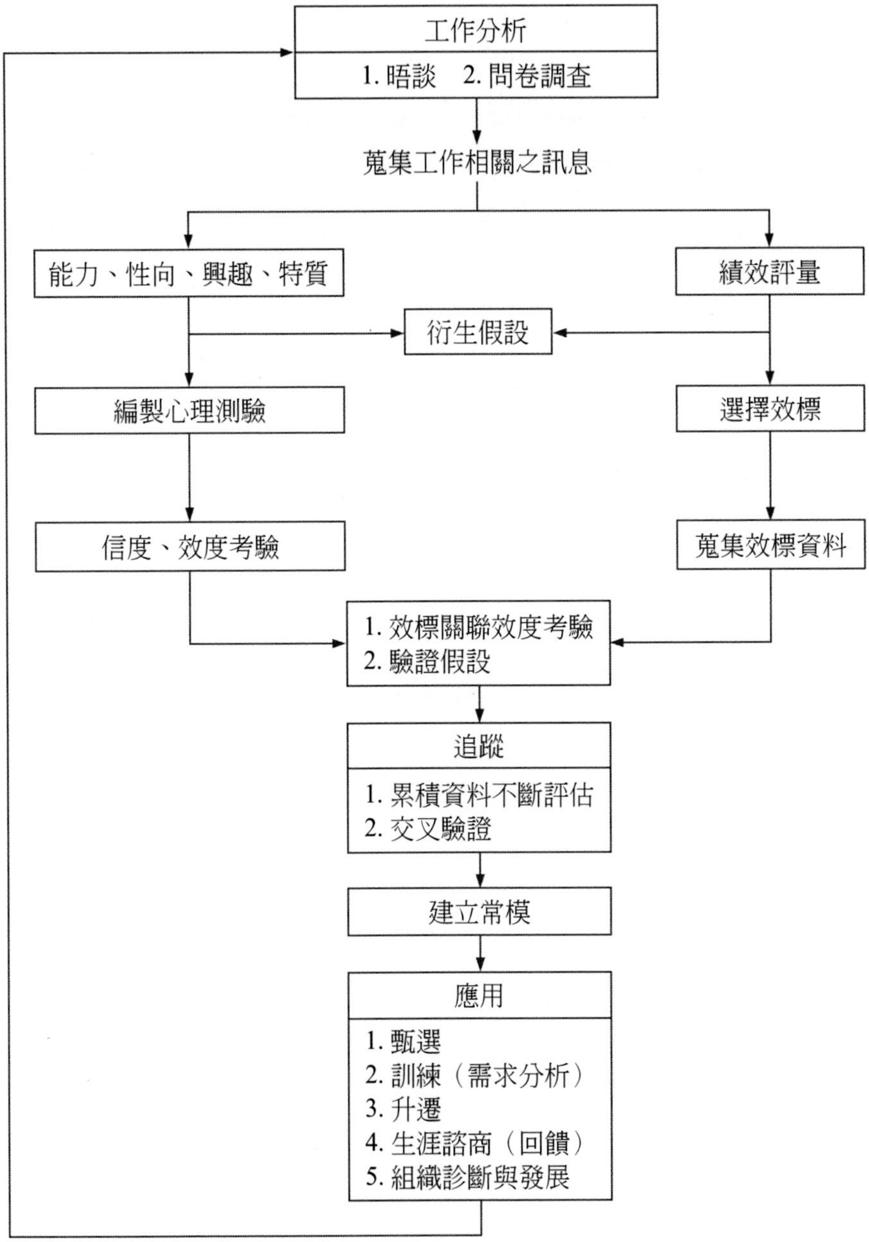

工作分析
1. 晤談　2. 問卷調查
蒐集工作相關之訊息
能力、性向、興趣、特質
績效評量
衍生假設
編製心理測驗
選擇效標
信度、效度考驗
蒐集效標資料
1. 效標關聯效度考驗
2. 驗證假設
追蹤
1. 累積資料不斷評估
2. 交叉驗證
建立常模
應用
1. 甄選
2. 訓練（需求分析）
3. 升遷
4. 生涯諮商（回饋）
5. 組織診斷與發展

圖 4-2　測驗編製與應用流程圖

資料來源：摘自陳彰儀、張裕隆（1993：143）

㈣晉升

當組織中有一較高職位出缺，且企業主管又希望採內部晉升的方式時，則該公司可以綜合心理測驗、考績，以及面談等的結果來晉升最適當的人選。

㈤生涯規劃

生涯規劃的主要目的在於協助員工個人建立並接受一個統整而適切的自我概念，同時將此概念轉化成實際的生活方式與生涯選擇，並且藉由適切的角色行為，同時滿足個人及社會的需要。簡而言之，生涯規劃的重點係以自我了解、自我接受，以及自我發展為主，因此生涯規劃的第一步便是適當地了解自己，而心理測驗正可以提供此一方面的訊息。

㈥心理輔導

透過生涯評量或人格測驗的全面實施，將可協助公司及早發現情緒困擾或適應不良的員工，進而予以適當的輔導或治療。

第五節　生涯評量的趨勢

一、測驗本土化

台灣地區於 1992 年 6 月 10 日起，為促進國際化、自由化及遵守國際社會規範，公布施行著作權法。未經授權使用、翻譯、影印、複製外國測驗或電腦軟體都會觸及此一法規，同時違反著作權將會被處以刑責，因此在台灣選用具備智慧產權的測驗是處理評量工作須注意之事。不論使用任何一種量表，對測驗本身合法性的考量，將會是日後不可忽略的重點。

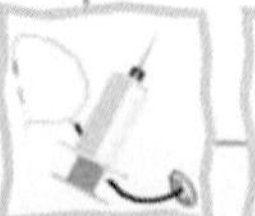

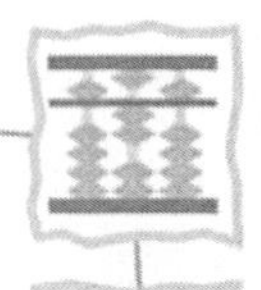

同時因測驗運用於不同的族群、人口，即容易產生泛文化測驗（cross culture testing）裡測驗偏差（test bias）的爭議。測驗的作用在於增進自我了解和個人發展，協助個體做職業或教育計畫，因此它的客觀性，以及能適用於當地人文環境是相當重要的。

在台灣地區目前測驗的發展趨勢是：⑴測驗研究範圍日漸擴大；⑵測驗應用機會日漸增加；⑶測驗工作人員日漸眾多；⑷測驗統計技術日漸進步。因此我們逐漸有更多國人自行編製的測驗、對照常模和正式出版品。

1992 年所完成的中華民國測驗使用規範，對於台灣地區測驗的使用與編製具有規範作用，如大家能確切遵循，自然能維護測驗之壽命，使測驗學術的發展更上一層。不過似乎測驗的使用和娛樂化，尚未能有任何專業學術機構提出駁正與糾察，日後在這一方面更應加強專業的訓練及證照制度的執行，不僅保障測驗不被誤用，受試者更得到恰當合宜的處理和解釋。

二、測驗電腦化

過去數十年，電腦的普及、訊息處理能力的提高及成本的降低，對測驗有相當的影響（范德鑫，1993）。二十一世紀以降，電腦化使得心理測驗領域能探討新的程序，電腦提供的運算彈性、資料處理能力，以及互動型態的測試方式，在已開發中的國家幾乎已成為唯一的選擇。現今的測驗均採用電腦計分，許多測驗出版公司及獨立的測驗計分機構都具有為測驗使用者提供這類計分服務的設備。電腦化和測驗的發展、分析、施測報告、結果解釋都具備了多元化的選擇和豐富多樣的呈現。

㈠電腦和測驗的發展

要編製一個良好的標準化測驗，需要蒐集並製造龐大的資料。而試題撰寫完之後，須找適當樣本加以預試，分析測驗結果以證實試題具有相當難度，也能區分能力較高者與較低者在測試領域或測驗結果上的差異。

試題編輯成測驗及計分之後，須將分數轉換成以相同能力單位表示的

連續量尺，並發展可用於測驗的群體常模。也要算出信度的估計值，確定此測驗與其他測量工具或背景資料間的相關。所有這些分析都因電腦而增進效能。有些較佳的試題分析方法和測驗量尺化，只有應用電腦的情境下才有可能。因此電腦具有加速和改變測驗性質及試題分析的功能。

㈡電腦和測驗分析及報告

目前測驗計分服務已行之多年，光學閱讀機配合電腦使得閱卷計分、分析能一貫進行，不僅能算出原始分數，衍生分數、全班和全校綜合性的統計數字也都能一併算出。因此整個測驗、分測驗，就是各個問題之分析結果也能呈現。這幾年來，由於微電腦的普及，結合光學閱讀與微電腦於一體。相信測驗和訊息處理設備今後將更為精巧，更普及和更有效率。

另外，對個案作個別測驗結果解釋方面，較複雜的層面是互動式電腦系統，個體可直接在終端機上與電腦溝通，就好像兩個人實際從事對話一般。目前這種技術已發展使用於教育與職業計畫，以及做決策等諮商目的。在此種情境中，測驗分數通常與個案提供輸入的其他相關資料合併存於電腦資料庫中。電腦會在已貯存的有關教育與職業資料中選擇所有有用的訊息加以整理，然後利用所有相關的事實及敘述回答個體所提出來的問題，並逐步引導他做一決定。

㈢電腦和測驗的施測

電腦也可用於測驗的實際施測。電腦化測驗（computerized testing）是電腦輔助教學的自然附屬品。在電腦化測驗中，形成性測驗量（formative testing）是教學過程中的主要部分。這種施測方式極適合不同速率和不同水準的受試者單獨施測。如果把測驗題庫輸入電腦記憶檔案中，要時就可以取出，那麼，受試者就可以叫出指定的測驗，作答並得到測驗結果的立即回饋。

在一些人力資源網站上有時也有提供測驗的服務，這些新興的人力網站也提供簡單的英文能力評量，基本上立意相當有建設性，不過它們的信

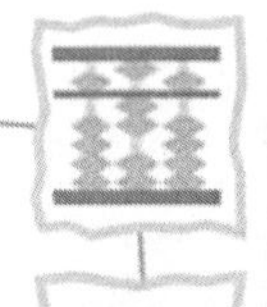

效度、標準化過程，以及參考價值都有待時日的考驗與精進。

㈣電腦和測驗的解釋

測驗編製者和出版者已經漸漸依賴電腦，為使用者準備解釋分數的測驗報告，連敘述目錄都儲存於電腦記憶體中。電腦程式經過設計，落在某一給定範圍的分數，兩個或更多的特殊組合，甚至對某些特定問題的反應組合，都可導引出一個或多個這些陳述。雖然這些電腦的報表敘述有賴於諮商顧問或臨床的評鑑，但不可否認，它的確提供了有用的資料。

雖然電腦無疑地已為心理測驗領域的進步開啟了康莊大道，甚至有研究指出，電腦和網路測驗（computer-based and web-based testing）與原來的紙筆量表結果相異不大，只要不是有時間限制的能力評量測驗，約略不會產生太大問題（Bartram, 2006）。然而它的某些應用也可能遭致誤解及產生對分數的錯誤解釋。為了盡量避免這些危險，已有不少人為電腦化測驗發展出一些指導原則。

電腦分數解釋報告的服務必須提供適當的訊息，讓使用者評估該程式的解釋系統之信度、效度及其他技術上的特性。並且，當解釋性的分數報告被用於臨床或諮商方面，或進行與個體有關的重大決策時，必須要考慮到受測者其他可取得的訊息來源，如此，只有完全具有資格的專家才能使用這種分數報告。這些解釋報告應視為是協助專業人員的參考資料，而不取代其他訊息。

使用測驗的方式去了解和評量一個人通常不可避免，尤其是生涯規劃的領域之中更是如此。一般而言，評量結果可以用來提供預測和分辨個人所做的生涯決定，說明和衡鑑可以協助輔導者有效的提供生涯諮商的系統架構。在未來的發展中，我們看到二十一世紀的歐美評量趨勢（Savickas, 1989），解釋測驗的專家更著重當事人在自身工作上的經驗，其次對於生涯決定的困難型態加強探索，還有生涯適應的創新評估，都是突破傳統衡鑑方法的新導向。

我們也會看到更多使用符合各地文化的量表，同時這種本土化的量表

在發展中會愈有效度、信度，並且克服常模比較的困難。不過，在所有使用量表的觀點中，再也沒有比以一種人道的精神和哲學去對待測驗更重要的了。只有把評量看做一個過程，而這個過程正是以對當事人提供最有利的輔助而去執行，才是量表存在和使用的最高原則。

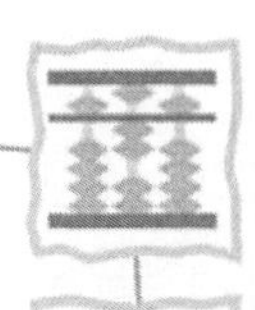

關鍵詞彙

生涯評量
智力測驗
人格測驗
性向測驗
興趣測驗
價值觀量表
生涯成熟評量
測驗本土化
電腦輔助生涯系統

自我評量題目

1. 各種心理測驗在生涯諮商中扮演怎樣的角色？
2. 簡介各種測驗的種類和目的。
3. 舉例一種未標準化評量方法及對成人諮詢可能造成的反應。
4. 測驗在工商企業中可以發揮哪些功能？
5. 電腦化生涯評量的未來發展趨勢會造成怎樣的影響？

第五章 各級學校的生涯輔導

學習目標

詳讀本章內容之後，學習者應能達成以下目標：

1. 了解各階段學生的發展特性及其與生涯發展之間的關係。
2. 了解各級學校生涯輔導工作的目標、內涵、實施方式及具體策略。
3. 能回顧個人在不同發展階段的生涯發展情形。
4. 能針對不同發展階段之學生需求，設計適當的生涯輔導活動。

- 各級學校的生涯輔導
  - 國民小學的生涯輔導工作
    - 國小階段兒童生涯發展的特性
    - 國小階段生涯輔導的必要性
    - 國小生涯輔導工作的目標及內涵
    - 國小生涯輔導工作的實施方式及具體策略
    - 兒童生涯輔導活動實例
  - 國民中學的生涯輔導工作
    - 國中階段學生生涯發展的特性
    - 生涯輔導工作的目標及內涵
    - 生涯輔導活動的實施方式及具體策略
    - 國中生涯輔導活動實例
  - 高級中學及職業學校的生涯輔導工作
    - 高中（職）階段學生生涯發展的特性
    - 高中（職）生涯輔導工作的目標及內涵
    - 高中（職）學生的生涯輔導實施方式及具體策略
    - 高中（職）生涯輔導活動實例
  - 大專院校的生涯輔導工作
    - 大專青年生涯發展的特性
    - 擬訂大專生涯輔導工作時應注意事項
    - 大專生涯輔導工作的目標及內涵
    - 針對大專院校學生的生涯輔導策略
    - 大專院校生涯輔導活動實例

摘要

生涯發展是個連續的歷程，這個歷程裡，在個人進入就業市場之前，多半時候都是在學校裡，因而學校體系中的生涯輔導工作對個人的生涯規劃而言是相當重要的。本章擬依據我國目前的教育體系來說明各級學校生涯輔導工作的重點。首先介紹國小階段兒童的生涯發展情形，一般人認為小學階段兒童還太小，不需要做生涯輔導。但事實上，小學的生涯輔導工作可以有不同於青少年階段或成人階段的重點，我們不應將生涯輔導的內容看得過於狹隘。國中、高中，以及大專學生是個人介於兒童及成人間的青少年階段，在這段時間裡，個人在生理發展及心理發展方面均有很大的變化，在生涯發展方面，這幾個階段學生也有其應當完成的任務。本章依序介紹國小階段、國中階段、高中職階段，以及大專院校的生涯輔導工作。

第一節　國民小學的生涯輔導工作

一、國小階段兒童生涯發展的特性

㈠國小階段兒童的特性

在發展心理學裡，有不少學者認為個人兒時的發展對其日後成人的行為有很大的影響，諸如價值觀念、人格特質、人際互動，甚至對周遭環境的看法等等，兒時發展出的基礎均相當重要。就國小階段的兒童而言，他們很容易受環境的影響，對工作所持的價值觀念也還未定型，容易受成人的影響，因此提供兒童豐富的刺激，培養他們思考判斷的能力是相當重要的。一般而言，國小階段兒童的特性如下。

1. 國小階段兒童容易受環境的影響

兒童所接觸的環境包括家庭、學校及社區，在這些環境中兒童獲取其學習的內容，他們所接觸的刺激愈多，其學習的機會也愈多。美國學者何倫（Holland）曾經研究不同變項與六年級兒童生涯成熟態度之間的關係，發現家庭社經地位較高的兒童，其生涯態度也較為成熟，兒童生涯成熟的程度與其自我觀念、性別及居住地區反而沒有顯著的關係（Holland, 1981）。此一研究顯示經濟狀況較好的家庭，其子女接觸刺激的機會亦較多，為使家庭經濟狀況較差的兒童也能有充足的學習機會，學校及社區方面應當發揮其教育功能，提供兒童良好的學習環境。

2. 需藉由實際的觀察或具體的經驗而學習

國小階段兒童的認知發展逐漸由具體運思期轉為形式運思期，這時提供兒童具體的刺激，並引導其抽象思考的能力相當重要。此外，觀察學習

也是兒童的特徵之一，兒童的觀察能力相當敏銳，模仿能力也相當強，有時會出人意料。心理學家班都拉（Bandura, 1997）曾經提及模仿學習的五個階段：⑴兒童注意到某個行為；⑵將所注意到的行為保留在記憶裡；⑶表現出記憶中的該項行為；⑷所表現出的行為得到增強，具有再次模仿該行為的動機；⑸經由一再的模仿而能模仿的更為傳神。這樣的歷程不難由兒童的遊戲行為中觀察出來，例如扮演某一項職業行為，或是學大人說話的語氣、態度等等。

㈡國小階段兒童生涯發展的特性

生涯發展是一個終生發展的歷程，兒童在進入小學之前，由父母親及鄰居處得知有各種不同的行業，外出逛街也能接觸林林總總的行業。進入小學之後，這方面的接觸更為廣泛，而且也逐漸能體會到對不同職業的選擇性。然而兒童階段生涯發展的特性不同於其他階段，基本上他們對未來想從事的行業還是處於一個幻想的階段，經由幻想而從遊戲中表現出對某些職業的認識，學校的輔導工作可以經由具體的活動增進兒童對自己的覺察並發展其自我觀念。

1. 兒童的生涯發展情形係屬於幻想階段

個人生涯發展的最早階段是幻想階段，大約介於兒童 4、5 歲到 11 歲之間。這個時候兒童可能幻想自己未來與父親或母親一樣，會賺錢買東西，也可能想像自己將來像自己喜歡的英雄或明星偶像一樣，有能力解決很多的問題。這時他們幻想的來源除了父母親及偶像之外，常見的例子還包括他們經常接觸的老師、醫生或一些明星球員等等。幻想階段的兒童只能想像自己未來要和誰一樣，對於要從事某種行業所需具備的能力及未來可能遭遇的阻礙，都還不曾想過。

由兒童對職業幻想的內容，我們也可以觀察出兒童在職業性別角色刻板印象方面的發展情形。當兒童玩家家酒遊戲時，女生總是扮演新娘、媽媽、老師、護士等，通常就是傳統以女性為主的角色；而扮演司機、工人

及醫師的多半以男孩為主，如果有女生扮演男生的角色或男生扮演女生的角色，可能就會讓人譏笑。由這些遊戲及活動內容，我們不難看出兒童在早期對工作世界的認識以及他們對未來職業的幻想，的確是以「幻想」的成分居多。

2. 兒童對職業的觀念經常可以從遊戲中表現出來

兒童對職業所持的價值觀念往往可經由遊戲活動之中觀察出來，兒童所玩的遊戲的確可以讓兒童表達出他們對不同職業的看法，然而對低中年級而言，兒童只是表達出他們對這些職業的認識，他們還不會對這些職業做價值判斷。對高年級兒童而言，情況稍微有點不同，Gibson、Mitchell及Basile（1993）認為高年級兒童所玩的遊戲或所參與的活動比較是經過思考後而選擇的。由這樣的過程中，我們可以發現高年級兒童已逐漸追求一套自己的看法，對於未來工作的期望也漸漸合乎現實，他們對職業所持的價值觀念仍舊可以從他們所參與的活動中觀察出來。

3. 兒童階段的生涯發展著重自我概念的發展

所謂的自我概念是指個人對自己各方面特質的看法。對小學生而言，主要包括他們在學業方面的表現以及他們與同學、老師間的關係。自我概念的發展不是一個靜止的狀態，而是一個持續的發展歷程，透過功課上的要求、同儕之間的互動，以及社會活動的參與，兒童發展出一套自我概念，有時是正面的，有時是負面的。正面的自我概念可提升兒童的自尊心，並且可以促進兒童生涯成熟的發展。

4. 兒童階段的生涯發展著重覺察能力的培養

對小學階段兒童而言，覺察能力（awareness）的培養是相當重要的。一般而言，覺察能力包括對自我的覺察以及對工作世界的認識，前者係所謂的自我覺察，而後者則為生涯覺察。在自我覺察方面包括兒童對自己興趣及能力各方面的認識；在生涯覺察方面則包括兒童對職業結構及職業內容的認識，同時也了解從事不同職業應完成不同的訓練。在這方面，兒童

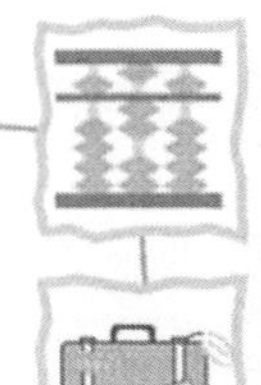

很容易覺察到教育訓練與未來工作之間的關係。

二、國小階段生涯輔導的必要性

一般人認為小學生不適合太早決定自己的職業方向，但這並不代表小學就不必實施生涯輔導工作。廣義的生涯輔導工作包括個人對自己的認識以及對工作世界的覺察，我們應當提供兒童豐富的探索機會，讓他們有機會認識自己，同時也覺察自己與工作環境之間的關係，進而能發展自己的潛能。

美國國家生涯發展指引（National Career Development Guidelines）列舉出一般國小、國中、高中及成人在生涯發展方面應具備的能力，對國小學生而言，這些能力包括自我概念的發展、與他人溝通技巧的學習、了解成長及改變的重要性、了解學業成就的重要性、了解工作與學習之間的關係、知道如何使用生涯方面的資料、了解責任感與良好工作習慣的重要性，以及知道工作如何滿足社會需求及達成社會的功能。這些豐富的內容提醒我們生涯輔導工作國小階段，事實上也是不容忽視的一環。史密斯（Smith, 1981）在多年前就強調國小教育人員有義務提供兒童生涯輔導，以增加兒童的生活經驗，進而使兒童能夠：

1. 擴展對工作世界的認識。
2. 體會工作的多重意義。
3. 減少對某些職業的錯誤認識。
4. 了解工作及工作人員產生變化的原因。
5. 了解並且能夠解釋興趣、能力以及價值觀念在生涯發展過程中的重要意義。
6. 了解目前所接受教育與將來工作之間的關係。
7. 能夠培養一些做決定的技術。

除此之外，米勒曾經針對全美國 9 歲（約小學三、四年級）的兒童進行一項有關生涯發展的調查研究，桑克（Zunker, 1990）則提出以下相關研

究結果對小學階段生涯輔導工作的啟示：

1. 自我觀念在兒童階段即已逐漸形成。由於自我觀念對個人的生涯發展有重要的影響，因而小學階段的生涯輔導工作應重視兒童正確自我觀念的培養。
2. 了解個人的優點及限制是生涯輔導工作中的重要一環。協助兒童表達自己的優點並明白自己的缺點，是協助兒童認識自己的重要工作。
3. 兒童的角色模仿能力經常在學校及家庭中展現出來。家長及老師經常就是他們模仿的對象，因此提供正確的示範作用是相當重要的。
4. 兒童很早就會將他們所發展出的性別角色刻板印象與一些工作角色相連結。在提供兒童相關的職業資料時，盡量避免性別角色刻板印象的訊息，可增加日後兒童興趣發展的範圍及其可從事職業的選擇領域。
5. 社區資源可提供生涯輔導方面相當多的資料，這對來自低社經地位家庭的兒童來說幫助更大。
6. 自我覺察的培養也是生涯輔導工作中重要的一環，這方面包括對自己的認識，同時也了解並接受人與人之間的個別差異。
7. 責任感的培養。責任通常與個人所做的選擇或決定有關，交給小朋友一些分析情境以及做決定的方法，或是提供他們可以尋求的支援，讓他們知道需要時有人可以幫助他們。
8. 協助兒童了解教育與工作之間的關係。在學校所習得的技巧將來均有可能運用於工作之上。
9. 讓兒童了解工作的重要性，同時所有的工作都是重要的，並沒有貴賤之分，只是各項工作之間有不同的功能。

由以上所陳述的兒童發展任務及生涯輔導工作啟示來看，針對兒童而設計的生涯輔導活動是有其必要性的。只是在設計活動時必須兼顧兒童的身心發展狀況，以達實際上的效果。

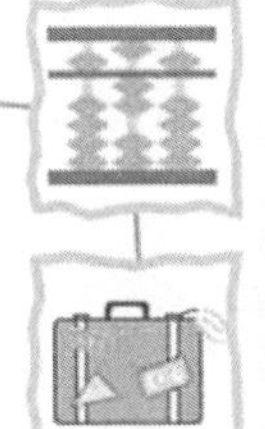

三、國小生涯輔導工作的目標及內涵

㈠目標

由各方管道充實兒童在生涯方面的知識是有其必要性的，然而，生涯輔導工作的進行，應當針對個人在不同的發展階段而有不同的目標。但不論個人處在哪一個發展階段，認識自己及認識工作世界一直都是重要的兩個方向。這樣的特徵不難由美國各州的生涯輔導目標看出端倪。美國奧瑞岡、愛荷華及加州某些城市，曾針對幼稚園到國小三年級兒童訂定生涯輔導目標（Drummond & Ryan, 1995: 83）。奧瑞岡波特蘭市所列舉目標包括：發展個人對工作世界的正面態度、增進對工作世界的認識、增進個人對自我的認識、了解個人與工作角色間的關係、培養做決定的技術、培養與個人職業目標相關的各項技能。愛荷華州所列舉目標包括：發展適當的人際關係、找出教育訓練與生涯計畫之間的關係、學習在多變世界中求得生存的能力、對工作能抱持正確的態度、能主動積極地投入個人的生涯發展歷程、讓家人亦能參與個人做決定的歷程。加州里佛賽市所列舉的目標則為：發展自我覺察的能力、培養對工作世界的認識、發展適當的態度、對社會經濟有所認識、學習謀生的基本技巧等。

針對中、高年級所列出的生涯輔導目標。基本上所列出的目標方向一致，只是在針對高年級兒童的部分，其認知的層次稍微高些。主要目標包括：決定技巧、自我覺察，以及教育、經濟、職業及工作態度各方面的覺察。而目標內容則為體會建立目標的必要性、能使用決定技巧解決在學校遇到的問題、了解自己的優點和缺點、知道自己優缺點與選擇工作之間的關係、知道教育訓練與個人成就之間的關係、了解生產的過程與消費服務是怎麼一回事、能夠將不同的職業做分類、體認工作對一個人所扮演角色的影響、能討論自己所想過職業的優缺點、知道一個工作者擁有的權力及應負的責任，以及知道工作在社會中所占的地位等（Drummond & Ryan,

1995）。

在美國除了上述三個州之外，威斯康辛州也列出幼稚園到十二年級（相當於我國高中三年級）的生涯輔導目標，此外，美國國家職業資料委員會也提出不同層級學校學生在生涯發展方面應具備的能力，以作為各級學校生涯輔導目標訂定的準則。在針對國民小學的部分，這些目標的內容均不外乎幾個方面：⑴認識自己，包括知道自己的興趣、性向、能力及優缺點等等；⑵認識周遭環境及職業世界，包括了解工作世界的分類結構及工作類型等等：⑶了解學校體系中教育訓練與未來工作的關係；以及⑷在性別與工作角色差異及人與人之間個別差異方面能有初步的體認。

近年來我國的教育改革制度，在九年一貫課程中，也將生涯規劃與終身學習列為十大基本能力中的一項。在小學階段，兒童應當達成的能力指標包括：

1-3-3　在日常生活中，持續發展自己的興趣與專長
2-3-3　規劃改善自己的生活所需要的策略與行動
涯 1-1-1　發現自己的長處及優點
涯 1-2-1　認識有關自我的觀念
涯 1-3-1　了解工作對個人的重要性
涯 2-1-1　激發對工作世界的好奇心
涯 2-2-1　認識不同類型的工作角色
涯 2-3-1　了解工作世界的分類及工作類型
涯 3-1-1　覺察自我應負的責任
涯 3-1-2　發展尊敬他人工作的意識
涯 3-2-1　覺察如何解決問題及做決定
涯 3-2-2　培養互助合作的工作態度
涯 3-3-1　培養規劃及運用時間的能力
涯 3-3-2　培養工作時人際互動的能力

綜觀這些能力指標，大致上可以歸類為探索自我、認識工作世界，以及了解個人與環境互動關係幾個部分。

㈡內涵

1. 在認識環境方面

⑴讓學生畫個學校地圖，並看看地圖中包括哪些地點、人物及職業。
⑵讓學生畫個社區裡他們最喜歡的一個地方。
⑶讓學生列出他們曾經去過的地方。
⑷讓學生討論鄉下和都市相同及不同的地方。
⑸讓學生探討社區裡包括哪些公家或政府機構。
⑹讓學生扮演社區中他們所發現的職業角色，如警察、護士等等。
⑺讓學生說明買東西到哪兒去買，生病要到哪兒去找醫生，學一技之長要到哪兒去學。

2. 在了解工作世界方面

⑴請學生列出十項自己想從事的職業，並藉分組討論找出大家最喜歡的五項。
⑵讓學生由報紙中找出「每週一職」，並討論此一職業所包含的工作內容及應完成之工作任務。
⑶向學生介紹某一領域之職業，並說明從事這些職業所應具備的訓練及這些職業的基本性質。
⑷給學生一張職業清單，並請他們討論什麼樣的人適合從事什麼樣的職業。
⑸讓學生列出製造一條麵包所包含的所有職業。
⑹讓學生由報章雜誌中找出從事非傳統性職業的男生及女生。
⑺訪問自己的父母親有關他們所從事的職業。
⑻讓學生探討工作對一個人所具有的意義。

3. 在了解人與人之間的個別差異方面

⑴讓學生列出他所熟悉的人所從事的職業。

⑵讓學生討論從事各種不同職業的人，彼此間的差異。

⑶分組討論各種不同的人，以及他們所喜歡從事的職業。

⑷讓兒童撰寫作文「我的志願」，並與其他兒童分享。

⑸讓學生討論要完成一項工作，大家可以如何分工合作。

4. 在增進學生自我覺察的能力方面

⑴以完成語句題目讓學生分享彼此的看法，如「我最快樂的時候是__________」，「我最難過的時候是__________」。

⑵讓兒童討論一個禮拜來他們談話的對象、談話的內容，以及他與他們之間的關係。

⑶讓兒童討論他們共同認識的一個人以及他們自己本身，並找出這些人之間的個別差異。

⑷讓兒童扮演「我是誰」，並讓其他兒童來猜他所扮演的角色。

⑸讓兒童由報章雜誌中找出吸引他們的人物、事情及地方。

⑹讓兒童找出形容人物的形容詞，並用適當的形容詞來形容自己。

⑺讓兒童思考以下幾個問題：我喜歡什麼？我能做什麼？我有哪些優缺點？自己跟別人不一樣的地方在哪裡？有什麼生活目標？

5. 在了解教育與工作之間的關係方面

⑴讓兒童列出完成一項工作所應具備的技巧，並討論如何學得這些技巧。

⑵讓兒童列出父母親平常做的一些事情，並看看這些事情與數學、閱讀、寫作能力有沒有關係。

⑶讓兒童列出一些職業以及學校所學習的科目，看看這些科目與職業之間的關係。

⑷讓兒童找出哪些職業與學校的數學及語言等科目是密切相關的。

⑸看看兒童目前所居住的房子類型，讓他們探討蓋一棟房子或買一間房子的過程包括些什麼職業，而這些職業需具備些什麼技巧。

⑹邀請一些水管工人或其他職業的人，讓他們說明他們在工作中所需

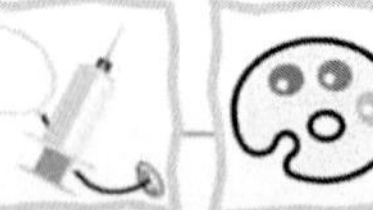

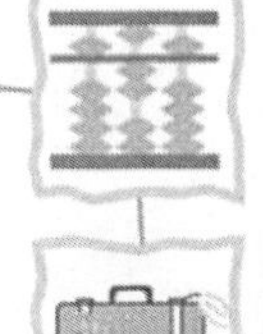

具備的技巧，以及在學校時如何習得這些技巧。

(7)讓兒童找出他們在學校裡最喜歡的學習科目，並列舉出哪些職業需要這些科目的相關技巧。

我們應當有機會增進兒童對職業世界的認識，而對職業世界的認識，具體的作法是由周圍的人的職業開始，先了解自己父母親及其他家人或親戚的職業。了解的程度除職業名稱之外，應當包括工作的內容、應該完成的任務，以及其他相關的性質。

四、國小生涯輔導工作的實施方式及具體策略

針對兒童的生涯輔導方式，可以從課程教學、團體輔導以及社區活動等三方面來進行。在課程教學方面，生涯發展的觀念可以融入平常的各科教學內容，1995 年新課程標準實施之後，可單獨使用輔導活動課時間，設計一系列生涯輔導方面的班級輔導活動。九年一貫課程實施之後，則多半將生涯理念融合在各項科目當中，包括國語、社會及綜合活動等領域。團體輔導方面，可以由輔導室針對有需要的兒童，舉辦為期八週左右的生涯輔導小團體，通常小團體是以八至十二人為主，這樣可以在活動內容的討論方面較為深入。在配合社區活動方面，諸如機構參觀及邀請相關人士提供座談均為可行之道。以下分別由課程教學、輔導活動及社區活動配合三方面說明可行的具體策略。

(一)在課程教學方面

1. 藉由課外參考書的提供，例如偉人傳記等，讓學生討論這些偉人的特質與其所從事職業之間的關係。
2. 配合相關課程選擇適當的影片欣賞。
3. 在作文課裡，「我的志願」或「我的希望」均為可以參考的題目。
4. 由社會科教科書中所提及的職業分類方法，進一步介紹各行各業所需具備的特質。

5. 可以藉團體活動或學藝活動等機會，指導兒童扮演各種職業。
6. 寒暑假的作業可以讓兒童寫一篇簡短的報告，描述自己的過去、現在，並幻想自己的未來。
7. 讓學生寫一篇自傳，並探討家庭、學校、社會及同學關係對自己的影響（事實上這些影響都可能與其日後的職業選擇有關）。

㈡在團體輔導活動方面

1. 請兒童畫出自己的生命線，對於未來，可以盡量幻想可能從事的職業。
2. 請兒童分組討論作一項決定時，應採取的步驟以及應當考慮的因素。
3. 藉由兒童所偏好之顏色加以分組，並討論不同顏色所代表的特質，以及這些特質與生活環境中的職業有何關係。
4. 藉由報紙的分類廣告了解職業世界的分類情形，並進一步由應徵條件中找出從事某一行業所需具備的條件。
5. 由學生分組製作一則徵人廣告，藉此讓他們討論從事某一職業所需具備的條件。

㈢在配合社區活動方面

1. 參觀訪問。學校附近的工商企業機構及政府單位均為可以參觀的對象，例如電腦公司、養樂多工廠、警察局、消防隊、縣市長辦公室等等。
2. 邀請社區中的從業人員到學校進行座談，讓兒童了解這些人的特質與他們工作之間的關係。
3. 邀請社區範圍內的大專院校老師，或一些社區學苑的課程設計者，讓他們跟學生說明為什麼大人還需要接受一些訓練，以及這些訓練與他們的工作或生活有什麼關係。
4. 讓兒童分組去訪問社區內他們可以觀察到的從業人員，如消防隊員、二十四小時超商的販賣人員、醫生、護士或大樓的管理人員等等，

事後並與同班同學分享，以增進兒童對工作世界的認識。

這些與社區活動結合的方式，是讓兒童認識工作世界的最佳管道。學校老師應當盡可能配合兒童的學習能力，讓他們能藉周遭的生活內容而增進對生涯世界的探索。

五、兒童生涯輔導活動實例

㈠活動名稱：職業特寫。

㈡目的：讓兒童了解父母親所扮演的工作角色，並增進其對工作世界的初步認識。

㈢一般說明

1. 人數：可以一個班級為單位，分組進行。
2. 時間：80～120 分鐘，可彈性運用。
3. 材料：職業訪談筆記、相關職業介紹圖片、相片、彩色筆、紙、筆、錄音機或錄音筆等。
4. 場地：不限。

㈣實施程序

1. 教師在活動之前說明父母親工作辛苦的情形，並邀請兒童回家訪問自己的父母親，詢問有關其平常工作的內容及從事該項工作所需具備的條件（可詳列一訪問表供兒童參考），並記錄於筆記中，如果可以的話，向父母借用一些相關圖片或照片。
2. 於課堂上請小朋友分組後，在組內分享訪問的結果，並記錄心得。
3. 請各組代表輪流報告該組所討論的結果，並回答其他同學的疑問。
4. 老師必須視情況補充說明，應該如何了解一個行業以及各行業的工

作內容。

㈤注意事項

1. 職業訪問的內容可以包括工作名稱、工作性質、工作地點、每天做些什麼事、一天的時間如何安排、所應具備的能力、家長的學歷、工作薪資、工作期望，以及其他甘苦談等等。
2. 所蒐集之資料及圖片可視情況作教室布置用。
3. 注意勿因兒童彼此間的比較，而形成虛榮或自卑的心態。

第二節　國民中學的生涯輔導工作

一、國中階段學生生涯發展的特性

㈠國中階段學生的特性

國中階段學生不同於小學階段的兒童，他們開始邁入青少年階段，在身心方面均有明顯的變化，個人必須花較多的時間及心力來適應身體方面的變化，以及來自家庭、社會和學校對他們的期許。他們會在乎自己的長相，也會在乎同儕之間的關係。一般而言，這個階段青少年的特性包括以下幾點，這些特性與國中青少年的生涯發展亦有相關，輔導老師在提供生涯輔導時，亦應當注意這些特性。

1. 同儕間的影響力逐漸大於來自家庭的影響力

國中生很在乎友伴之間的關係，其價值觀念或對某件事的決定，朋友的看法常占有重要的影響力。例如校外活動的參與、是否有共同的明星偶像、課後是否參加補習、暑假結伴參與活動、畢業後一起考高中或念軍校

等等。這些與同儕共同的經驗或共同的看法，均與其日後的生涯發展有關。

2. 歸屬感方面的需求使得青少年從眾性較為明顯

歸屬感是馬斯洛所提心理需求中的第三個層次需求，對國中學生而言，這方面的需求再加上前述同儕間的影響力，往往就形成我們常見的小團體。在任何一個學校或班級裡，經常能找到零零散散的小團體，通常小團體裡的成員彼此有類似的看法，但遇到新鮮事物，某一成員看法與其他成員看法不同時，這個成員也可能順著其他成員的作法，這種從眾的特性，也往往影響其做決定的能力，進而影響其生涯發展的方向。

3. 經常希望能擺脫來自父母的約束而追求獨立

事實上國中生是處於一個矛盾的年齡，說大還不到大人的年紀，能夠獨立自主；說小，也常常讓父母親說不小了，該懂事了。對於往前看的青少年而言，追求成熟及獨立是他們對自己的期望，父母的關心或是不放心，對他們而言，反而被認為是一種約束。在這個階段裡，除了一般的生活輔導及學習輔導之外，在生涯輔導方面，青少年應當有機會對自己做進一步的探索，並多方認識學校之外的工作世界，以便能擴展個人的生活經驗，增進個人的生涯成熟。

4. 在性別角色態度發展方面，對同性別的角色學習較多

性別差異一直是生涯發展中的重要課題，這種差異情形在兒童階段就十分明顯，到了國中階段，由於同性別的同儕團體影響較大，因而個人在性別角色態度方面的發展，更傾向於與自己同性別相同的角色學習。也就是說男生學得更具男性的特質，而女生學得更像女生，這樣的社會化歷程無形中也縮小了個人日後的職業選擇範圍。

㈡國中階段學生在生涯發展方面的特性及應具備的能力

在對自己的認識方面，包括知道積極的自我觀念對自己的影響、知道如何與他人互動、知道成長與改變的重要性。

在教育與職業的探索活動方面，國中學生應當有機會去體會教育與職業之間的關係，教育程度愈高，其所能夠從事的職業範圍也應當愈廣。此外，國中學生應當知道如何尋找並運用職業世界的資料，在畢業後不擬升學的學生，應當知道如何謀得一份工作。同時，學生應當知道國家經濟、社會發展、技術進步與工作之間的關係。

在生涯規劃方面，國中生應當知道做決定的技巧、知道各種不同生活角色之間的關係、知道男女性別角色變化與不同種類職業之間的關係、知道訂定生涯計畫的過程。

在有關職業與教育方面的探索活動方面，了解教育或學業成就與生涯規劃之間的關係、發展出對工作及學習的積極態度、知道如何尋找、評估、並解釋所蒐集到的生涯資料、在尋找工作、維持工作及更換工作各方面都能有所準備、了解社會需求及社會功能對職業世界結構的影響。

在生涯規劃方面，具備做決定的能力、了解生活中各角色之間的關係、了解男女性角色與職業種類間的關係、具備訂定生涯計畫的能力。

二、生涯輔導工作的目標及內涵

㈠目標

以美國威斯康辛州為例，他們對國中階段學生所列舉的生涯輔導目標包括以下幾個項目（Wilson, 1986）：

1. 知道做決定的技巧。
2. 學習去適應學校、家庭，以及社區生活的變化。
3. 知道在教育及職業方面可以有的選擇，並對未來的選擇做好準備。
4. 學習將自己的興趣與廣泛的職業世界相連結。
5. 知道如何使用溝通技術。
6. 學習去處理與同儕或長輩之間所發生的衝突。
7. 知道性別角色刻板印象方面的偏誤及性別歧視的情形會限制個人職

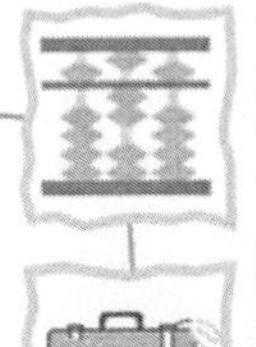

業選擇及成就的範圍。

另外就美國賓州的情形而言，他們對國中階段學生所訂定的生涯輔導目標包括以下幾點（Herr & Cramer, 1996: 393）：

1. 知道個人目標的成就與否與其積極的工作及學習態度是有密切關係的。
2. 藉由升學或就業的準備了解生涯計畫的過程，並體會出改變是個人成熟及因應社會需求的結果。
3. 覺察到完成未來的生涯目標之前，應完成某一程度的教育訓練。
4. 了解到個人興趣、價值觀念、成就及能力對未來職業選擇的影響。
5. 知道非傳統性職業可以擴展自己的生涯選擇機會，同時也了解一位雇主對其員工的期望。
6. 學習由配合自己興趣的娛樂活動中滿足自己的需求。
7. 了解追求一份工作時，個人應具備的資格。
8. 了解就業資訊，並知道如何申請一份工作。
9. 知道社區中有哪些訓練可以增進自己的就業機會。
10. 了解目前所學科目與將來就業或繼續升學之間的關係。
11. 知道未來在升學或就業方面有哪些選擇，並知道如何做準備。
12. 了解從事非傳統性職業可能要面臨的挑戰、適應及收穫。
13. 了解就業市場的發展趨勢。
14. 了解影響個人工作表現及成就的因素。

就我國近年實施的九年一貫教育改革政策方面，針對國中階段所擬定的生涯教育能力指標包括以下數項。

涯 1-4-1　探索自我的興趣、性向、價值觀及人格特質

涯 1-5-1　了解自己的能力、興趣、特質所適合發展的方向

涯 2-4-1　了解教育的機會、特性及與工作間的關係

涯 2-5-1　了解社會發展、國家經濟及科技進步與工作的關係

涯 3-4-1　學習如何尋找並運用職業世界的資料

涯 3-4-2　培養正確工作態度及價值觀

涯 3-5-1　發展生涯規劃的能力

涯 3-5-2　培養解決生涯問題的自信與能力

這些能力指標除強調個人對自我以及工作世界的認識之外，也逐漸重視個人對國家經濟發展的覺察。此外，也較重視個人的規劃能力培養。

㈡內涵

美國國家職業資訊委員會（National Occupational Information Coordinating Committee, NOICC, 1992）對國中階段學生的生涯輔導內容提出三大方向，其一為個人自我認識方面，其二為教育及職業探索方面，其三則為生涯計畫方面。著名的學者赫爾和克拉瑪（Herr & Cramer, 1996）則由職業組群、綜合模式、資訊獲得及決策技術各方面，說明國中階段生涯輔導的內容。

1. 在職業組群方面

國中學生畢業後多半會繼續升學，對準備就業的學生而言，在自我的覺察及對職業世界的認識方面就更形重要。在自我覺察方面，以了解自己的興趣、能力、限制及價值觀念等等為主；在職業世界的探索方面，著重不同職業組群所需具備的能力，此外亦強調社會經濟對職業結構變化所產生的影響。

2. 資訊獲得的管道方面

在資訊的取得方面，包括相關的社區資源，例如政府相關的就業輔導機構、職業訓練中心，或是一些民間機構的建教合作機會等等。此外，相關的報章雜誌亦為資訊來源的重要管道。

3. 決策技術方面

決策技巧的輔導通常是以團體方式進行，而團體的內容除決策技巧之外，亦包括決策之前對自己及工作世界的認識，對國中學生而言，決策技巧的學習是有其必要的，學生也有需要知道自己所採取的決策風格，體會

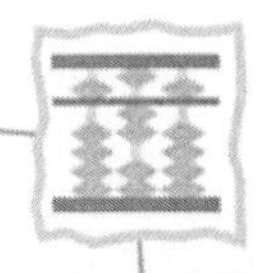

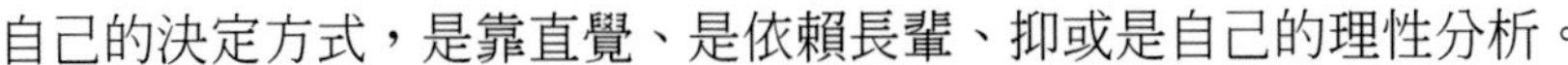

自己的決定方式，是靠直覺、是依賴長輩、抑或是自己的理性分析。

4.生涯輔導的綜合模式

綜合性的生涯輔導模式，其內容通常也是以認識自己、認識工作世界，以及決定方式的教導為架構，但進行的方式較多樣化，包括團體的互動、心理測驗的使用、職業訪談、職業機構的參觀，以及相關職業資料系統的介紹等。台灣這方面的綜合性方案較不常見，但在美國，相關的方案已如雨後春筍般地蓬勃。

由於國中生處於一個轉變較大的階段，他們所受影響的因素來源也比較廣，針對他們的生涯輔導活動，除了直接的輔導學生之外，針對家長、學校老師及社區資源的諮詢服務也會間接影響學生的生涯發展。美國紐約的一項青年生涯探索方案（Career Exploration For Youth, Rubinton, 1985）即列出了實施生涯輔導的四大內容：

1. 針對學生的部分

包括學生對生涯所持的觀念、對非傳統性職業的探索、了解自己的興趣並探索與興趣相關的職業、嘗試以打工機會接觸職業世界、探討個人對工作所持的價值觀念。

2. 針對家長的部分

主要是讓家長熟悉生涯決定的過程，以便他們能教導子女自己做決定。這個部分要強調的是教孩子做決定而非幫孩子做決定。

3. 針對學校老師或行政人員的部分

重點在與老師討論如何將生涯教育的理想融入平時的課程中。

4. 針對社區資源的使用部分

讓社區相關人員指導學生如何利用假日安排休閒活動。

三、生涯輔導活動的實施方式及具體策略

㈠在與課程的融合方面

1. 利用相關課程讓學生比較過去及現代勞力市場的變化情形，可參考祖父母一代的職業與父母一代的職業差別，甚至有些同學亦可由兄長的職業觀察出時代變遷中職業結構的變化。
2. 讓學生分組討論他們所認為最具生產力的行業。
3. 讓學生列出不同種類的職業活動，並區分出哪些活動與人接觸的傾向較高，又哪些活動不需頻繁地與人接觸。
4. 讓學生閱讀傳記並分析傳記中人物所完成的生涯目標。
5. 給學生一個師生溝通的困難情境，並由其角色扮演出解決溝通衝突的方式。
6. 讓學生討論社會變遷的結果，有哪些行業是新發展出來的，有哪些職業會在近一兩年內發展出來。
7. 分組討論，發展出一個生涯發展的藍圖，在藍圖中勾畫出達成這些目標所應完成學歷。

㈡在學校所舉辦相關輔導活動方面

1. 指導學生選擇社團及其他相關的課外活動。
2. 辦理某一輔導主題的徵文或漫畫比賽。
3. 利用小團體方式進行為期八至十二週的生涯探索活動。
4. 辦理職業或升學資料展示，讓學生知道未來可以發展的方向。
5. 針對準備就業之學生辦理相關的職業輔導活動。

㈢在與社區的融合方面

1. 請學生對社區中某一職業領域的從業者做職業訪談，並與同學分享

訪談的結果。

2. 帶領學生參觀並認識社區中的各行各業。
3. 讓學生發展出針對社區中某一行業的入門指引，讓學生清楚要從事該職業需具備哪些條件。
4. 邀請社區中的知名人物蒞校演講或辦理座談會。
5. 提供學生足夠的社區訊息，讓他們能參與社區中的相關活動，如民俗表演、特殊技藝的訓練、甚至義工的訓練活動等

四、國中生涯輔導活動實例

㈠活動名稱：職業萬花筒。

㈡目的：讓學生透過分工合作的方式，了解台灣社會的各行各業及人生百態。

㈢一般說明

1. 人數：可以一個班級為單位，分六至八人為一小組。
2. 時間：50 分鐘。
3. 材料：報章雜誌及各類徵求海報、紙筆、剪刀、膠水、彩色筆、八開畫紙。
4. 場地：教室。

㈣實施程序

1. 請學生分組後，將所蒐集到的求才廣告或老師所提供的職業資料，剪貼在八開紙上，每一組完成一份，並互相討論，找出應徵各行各業所需具備的條件。

2. 請學生試著將各行各業做一簡單歸類，並說明其歸類的標準。
3. 由代表向全班說明該組所蒐集到的職業種類，並簡單介紹其歸類後的結果。
4. 由教師融會同學所蒐集到的資料及其所報告的內容，並說明工作世界的分類系統，如士農工商、台灣及美國各不同的分類方式等。

㈤注意事項

1. 可視需要與各相關課程配合。
2. 學生由報上廣告欄所蒐集之資料需經老師正確引導，協助學生由廣告中看出某些職業陷阱，並藉機了解學生的職業價值觀念。

第三節　高級中學及職業學校的生涯輔導工作

一、高中（職）階段學生生涯發展的特性

㈠高中（職）階段學生的發展特性

經過國中三年的探索，高中、高職學生在生理發展方面已逐漸穩定，但在心理發展方面尚有許多需要學習的地方。對他們而言，在學業方面最重要的就是順利畢業，參加升學考試或準備就業；在人際關係方面，與同學師長或異性朋友的溝通，也都有許多需要學習的地方；而自我認識方面，了解並體會積極自我觀念對自己的影響。就高中學生而言，高一下學期必須決定升上高二後就讀文組或理組，高三畢業進入大學之前又必須決定未來所就讀的科系，這些決定都與生涯發展息息相關，在決定技巧方面，是高中生應具備的能力之一。而就高職學生而言，職業興趣的探索及職業能力的培養，則是他們畢業之前應完成的發展任務。

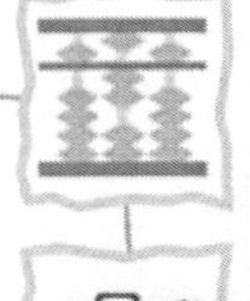

㈡高中（職）階段學生在生涯發展方面應具備的能力

Carney 及 Wells（1991）曾經提及影響青少年職業自我觀念的幾個重要因素，這些因素中，主要為興趣的發展、價值觀念的形成以及職業技能的培養三方面。對高中、高職階段學生而言，他們所選擇的課外活動、他們對某些事情的決定態度，以及他們在某些方面的成就表現，都與這三方面的特質有關，而學生們在這個階段裡的重要任務，也就是清楚自己的職業興趣、澄清自己的價值觀念，以及培養相關的職業技能等。

在針對高中及高職學生應具備的能力方面，美國的國家職業資料協調委員會（National Occupational Information Coordinating Committee, NOICC, 1992）提出十二項高中階段學生應具備的能力，分別為：

1. 了解積極之自我觀念的重要性，並發展出健康的自我觀念。
2. 能發展適當的人際關係及社交技巧，例如能描述適當的雇主及員工互動關係。
3. 了解情緒與身體健康之間的關係。
4. 了解教育成就與生涯計畫、訓練及未來就業之間的關係。
5. 對工作世界有正確的認識。
6. 知道如何尋找、評估並解釋職業資料。
7. 具備找工作並維持一份工作的技巧。
8. 了解社會現況及需求對職業結構的影響。
9. 具備做決定的技巧，知道如何選擇並追求一個目標。
10. 了解生活角色與生涯之間的關係。
11. 了解男女性別角色的變化，以及這樣的變化與職業決定之間的關係。
12. 具備生涯探索及計畫方面的能力。

二、高中（職）生涯輔導工作的目標及內涵

㈠目標

1. 確定畢業後的升學或就業方向：對高中及高職學生而言，生涯輔導工作的重要目標之一，是讓他們計畫自己畢業以後的升學或就業方向。
2. 澄清自己的價值觀念以及未來工作中所扮演的生活角色。
3. 學會如何做決定並為決定所帶來的後果負責。
4. 了解自己的嗜好及休閒活動的安排，並嘗試去了解這些內容與未來職業發展之間的關係。
5. 了解自己的興趣、能力，以及潛在的特殊天分。
6. 藉由寒暑假的工讀機會或義工活動，增加自己的工作經驗。
7. 了解職業世界的情形。
8. 具備謀職的基本技巧。

㈡內涵

Gribbon 及 Lohnes（1968）曾經提出高中學生生涯輔導的六項重點，包括：⑴提供相關課程讓學生了解其能力、興趣、價值觀念，由這些角度探索，可提供自己選擇的職業方向；⑵提供學生探索職業世界的機會，讓學生了解不同職業領域的工作性質，以及這些工作對個人的要求，例如需具備哪些能力、應具備哪些價值觀念、哪些人格特質等等，並由這些角度找出適合自己的職業方向；⑶了解自己的優缺點以及這些優缺點與教育及職業條件間的關係；⑷對自己在教育及職業方面的能力作正確的評估；⑸能正確描述各工作領域的性質與條件；⑹能培養對自己所選擇行為負責的態度。

如果由傳統特質因素論的觀點來看，生涯輔導的工作內容應包括認識

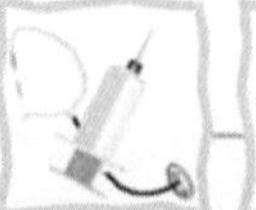

自我、認識職業世界，以及對自我及工作世界之間作一正確的推理。而針對高中學生而言，這三方面的具體內容如下：

1. 在認識自我方面

⑴協助學生了解並接納自己。

⑵協助學生了解自己的興趣、性向、能力、價值觀念及人格特質。

⑶協助學生與他人有效溝通及和諧相處。

⑷學習如何運用及安排時間。

2. 在工作世界的探索方面

⑴協助高中學生對大學的各個科系有所認識、協助高職學生認識自己的升學管道。

⑵了解大學科系及職業世界的分類情形。

⑶協助學生對自己有興趣的職業領域作進一步的認識。

⑷協助學生了解各職業領域對個人在興趣、能力及特質各方面的要求。

3. 在個人與工作世界之間的連結方面

⑴高中生知道如何選擇適合自己的大學科系，高職生知道與自己所學相關領域的就業機會。

⑵指導學生基本的謀職技巧。

⑶協助學生認識畢業後專長訓練及就業機會的資訊來源。

⑷指導學生覺察自己的決策技巧。

⑸指導學生做決定的相關技巧，讓學生能將學校生活與未來的工作世界做一連結。

三、高中（職）學生的生涯輔導實施方式及具體策略

㈠實施方式

1. 結構式的課程安排

以課程安排方式進行生涯輔導有兩個優點，第一，藉由正式的課程，每個學生在高中三年裡都有機會接觸生涯方面的知識，也比較能達成生涯發展方面的任務，也就是說生涯成熟的程度會比較高；第二，藉由課程的安排，學校的行政人員及任課老師，可以接受生涯輔導對學生而言的重要性，也可以藉由學生的反應了解他們在生涯輔導方面的需求，而且有正式的課程實施生涯輔導，在輔導工作的推行方面阻力也可以減少。在我國目前的高中階段，有專任輔導老師的編制，但輔導活動並無列入正式課程。近來國中、國小均已有輔導活動課的實施，高中、高職亦應視情況開設這方面課程，以便高中學生更清楚自己的升學方向，而高職學生也能有機會探索自己及未來就業的工作世界。

2. 團體諮商

由於團體諮商的方式在高中或高職必須使用課程之外的時間進行，且一般教師及行政人員認為參與人數不多，在成本及效益的比率上總覺得受益人數太少，因而並不十分鼓勵團體諮商的方式，事實上大部分結構性的團體輔導活動，可用在班級或全校性的大團體裡，但以小團體方式進行的生涯輔導活動，在成員彼此間經驗分享及互動平凡的情況下，對成員學習的效果，反而是一般大團體輔導活動所無法達成的。

3. 個別諮商

以個別諮商方式進行生涯輔導，主要是針對個人問題作一對一的討論，例如協助一個人了解他的個人特質、協助一個人解除做決定的焦慮，以及

協助一個人探索與自己興趣相關的工作領域等等，重點是針對個人需求而以一對一的方式提供服務。

4. 主題工作坊

工作坊所花費的時間大約為一至三天左右，其內容以某一個主題為主，例如自我探索、職業資料的蒐集與使用、以及決定技巧的學習等等。其參與人數的大小介於小團體與大班級之間，對高中、高職學生而言，打破班級甚至校際之間的限制，利用週末假日辦理工作坊，針對某一主題作探討，不失為一受學生歡迎的輔導方式。

5. 評量工具的使用

心理測驗等評量工具也常常是個別諮商會使用的輔助方式之一，此外，評量工具也可以用團體方式進行，讓高中或高職學生，在適當時間以測驗方式對自己的特質作認識。目前以高中學生為例，通常在高一下學期時，有些學校就讓學生做大學入學考試中心的興趣量表，以便學生在決定選擇文理組時能有所參考。對高職學生而言，亦有其他類似之興趣量表供學生做生涯選擇之用，如前述大考中心生涯興趣量表的技職版。

6. 電腦輔助輔導系統

電腦輔助輔導系統的功能除了職業資訊的提供之外，重要的部分應當是協助個人對自我做一客觀的評估，而事實上能針對個人特質情況而提供的職業訊息，大多是當事人所希望得到的訊息。這類系統在我國還有待開發，在開發之前有關個人特質評量（包括個人興趣、性向、人格、價值觀念等等）及職業資訊的分類系統，會是相當重要的一項準備工作。

7. 升學或職業資訊的提供

對高中學生而言，大學科系的分類及各科系的概況，是學生所關心的重點；對高職學生而言，有意升學的學生，學校也不能忽略其升學管道的提供。自從多元入學方案實施之後，對於大學學群或領域的介紹，更成為高中輔導工作的重點之一。然綜合而論，不論是高中或高職學生，各職業

領域的相關訊息，如就業市場、未來發展趨勢、晉升管道、工作內容、工作資格條件及薪資報酬等，都應盡可能有機會讓學生接觸。

8. 就業計畫及安置方案

就業安置對高職學生來說，相當重要。很多高職學生在畢業之後投入就業市場，在尋找一份工作時，所需要的謀職技巧及學校與工作環境之間的連結，是高職生涯輔導工作的重點。在就業安置的工作方面，輔導單位所應提供的不只是就業機會的訊息，也應該在學生就業之前讓他們熟悉自己，熟悉學校與工作之間的關係，並對自己的生涯發展做一規劃，而非只是協助學生找到一份工作。

㈡具體策略

1. 以小團體或班級輔導活動方式，讓學生討論在決定大學科系或畢業後升學就業方向時，來自父母的壓力。
2. 藉由自評方式了解自己的決定策略，如理性型、依賴型、直覺型、猶豫型等。
3. 讓學生訪問一兩位已經畢業的校友，詢問他們所就讀科系的情形，或工作環境的情形。
4. 提供學生寒暑假工讀機會，或學期中的相關實習機會。
5. 提供學生各類畢業後可參加考試的相關資料。
6. 提供學生各大專院校的科系簡介。
7. 以參觀方式了解某些大學或某些工作場所的情形。
8. 以座談方式邀請畢業校友或不同領域的代表人物，與學生交換意見。
9. 對尚未決定職業方向的學生，讓他們了解自己無法決定的原因，是因為資訊不足抑或是因為人格特質的關係，對任何大小事情都無法決定（兩種尚未決定的情形不同，處理方式也不同）。
10. 讓學生從日常生活中觀察職業性別角色刻板印象的情形。
11. 舉辦親職座談，讓家長了解高中、高職階段，學生的身心發展及生

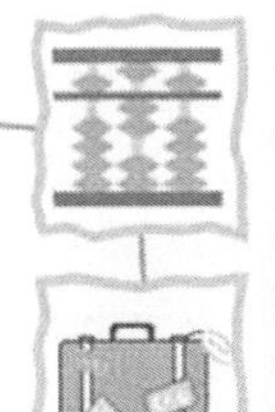

涯發展方面的課題，並指導家長與子女溝通的技巧。

12. 以某些主題為架構，作一系列的職業資料展覽及介紹。
13. 可藉由各項學藝競賽活動，增加學生對生涯觀念的培養。
14. 建立畢業學生的聯絡網，讓在校生有機會向畢業學長求教。
15. 舉辦建教合作，增進學生的工作經驗。
16. 利用寒暑假時間安排學生至相關機構見習。

四、高中（職）生涯輔導活動實例

㈠活動名稱：手中王牌。

㈡目的：讓學生了解自己平常做決定的風格。

㈢一般說明

1. 人數：以一班為單位。
2. 時間：50 分鐘。
3. 材料：撲克牌一副（含鬼牌一張）、紙筆。
4. 場地：不限。

㈣實施程序

1. 由一位同學洗牌後，輔導老師將牌拿到每位同學面前，讓每位同學輪流抽出一張，不能看牌，且必須猜猜看拿到的牌是哪一張，猜測的方式可以有以下六種情形，每種情形的得分亦不同：
⑴猜顏色，紅或黑，猜對得 50 分。
⑵猜花色，四種情形，猜對得 100 分。
⑶猜數字為 2，猜對機率 4/53，猜對得 300 分。
⑷猜單眼傑克，猜對機率 2/53，猜對得 500 分。

⑸猜鬼牌，猜對機率 1/53，猜對得 1000 分。

⑹不猜，Pass，可得 10 分。

2. 學生在輪流抽出並猜測後，以紙筆記錄自己的猜測方式及得分情形。重複四至五次的猜測後，由同學算出自己所得總分，並回顧自己所選擇的猜測方式。
3. 讓學生分享自己所使用的猜測方式，以及這些方式與其平常做決定的風格有何關係。
4. 說明一般人在作決定時所採用的方式，不外乎理性、直覺及依賴三種風格。在玩遊戲猜猜手中王牌時，所作的決定方式是靠直覺、是作理性的分析、抑或聽從別人的意見，藉由此一活動可讓學生省思其平常的決策風格。

㈤注意事項

可以配合相關的評量工具測量個人的決策風格。

第四節　大專院校的生涯輔導工作

一、大專青年生涯發展的特性

㈠大專學生的校園文化

美國學者 Astin（1993）曾將大專院校的學生區分為七大類，分別為學者型、社會參與型、藝術型、享樂主義型、領導人物型、地位追求者，以及無法對自己所學領域有所承諾者。這七大類的學生足以說明一般大專院校的校園文化，學者型的學生重視自己在學業方面的表現，對功課投入較多的時間，學術自尊也比較高；社會參與型的學生對社區活動較關心，花

較多時間投入義務服務的工作，他們的社會價值或政治意識較其他類型的學生為高；而藝術型的學生較重視才藝方面的表現及發揮；享樂主義的學生重視物質方面的享受，除了吃住條件不錯之外，也經常結伴出遊，或整夜喝酒、打牌、開舞會等等；領導人物型的學生通常自信心較高，覺得自己能受到大眾的歡迎，溝通能力不錯，領導能力也夠；重視地位追求的學生，會在自己所學領域用心，贏得師長及同領域已就業者的注意，並逐漸發展出專業能力，為自己的未來發展打好基礎；最後一群無法對自己所學領域下承諾的學生，與自己所學科系關係微薄，也許會轉向其他領域發展，也可能就中途輟學。一個大專院校的學生不論是屬於任何一個類型，應當都能從生涯輔導中獲益，而事實上很多大專學生也認為接受高等教育的目的，就是在謀得一份好的工作。

㈡大專學生的生涯藍圖

對一般大專學生而言，由剛進入學校到畢業之前，在生涯規劃方面可以有幾個大的輪廓，在第一年裡，除了自己所就讀的科系之外，對整個職業世界的結構也應當有個概觀。一般的新生除了解學校環境之外，也應當主動去發現學校在生涯輔導方面包括些什麼資源，要找個兼職的工作或是利用暑假打工可以透過哪些管道等等。

第二年的學生應當對自己的生涯發展作出一個規劃，一方面可以透過職業方面的心理測驗讓自己對自己的興趣、能力、特質各方面有個清楚的認識。另一方面也對職業世界作更多的探索。值得提醒的是在使用心理測驗時，應當注意不可對心理測驗有過分的依賴，心理測驗無法讓個人確定未來可以從事的某一項職業，但是可以讓個人知道自己未來可以發展的一個大概方向。

通常第三年，或是五專裡的第三、四年，是大專裡最精華的時期，在這個時候，學生對校園文化及環境已經有足夠的認識，也交到了些知心朋友，應當可以開始接觸自己有興趣的領域。這時因為還是扮演學生的角色，所以大可盡量嘗試而不必確定一定要往所嘗試的工作發展，但對於自己的

嘗試行為仍應當負責。

最後一年是真正準備就業的一年，首先要注意的是自己能否順利畢業，其次就是準備畢業，讓自己具備進入就業市場應具備的資格。

二、擬訂大專生涯輔導工作時應注意事項

基本上較之於中小學生而言，大專學生彼此間的異質性較高，心理需求也相去較遠，因而生涯輔導的內容也會因不同的對象及不同的需求有所異。在擬訂生涯輔導計畫時，有些事項是值得考慮的。

㈠盡可能使學校相關人員共同投入生涯輔導工作

生涯輔導工作是大專教育中重要的一環，校長及相關的行政人員對生涯輔導工作內容也許不甚了解，但這部分可以由輔導專業者在實施計畫前做淺顯的說明，讓他們了解生涯輔導對學生的重要性，學生可以由活動中獲得哪些幫助，甚至相關的人員也有可能集思廣益，想出進行輔導活動的一些點子。目前在大專院校的生涯輔導工作裡，有不少實施方式是值得行政人員或導師配合的，例如週會請專家演講、利用班會時間邀請名人或校友座談、各系實習課程的參觀見習活動、或是在共同選修課程中開設相關的生涯輔導或生涯探索課程等，這些都是輔導專業人員邀集學校各相關單位人員互相配合及支持的機會。

㈡要顧及學生問題需求的迫切性

不同年級學生所面臨的問題有不同的迫切性，一般而言，低年級學生的問題較傾向於對所學領域的認識以及對自己的探索，高年級學生較關切的問題是有關謀職技巧的學習，如履歷自傳的撰寫及面談技巧等等。然而有些學生過早決定生涯方向，有些學生快畢業了也還不確定自己的發展方向，輔導者需視學生問題的迫切性，針對他的需求而給予援助。

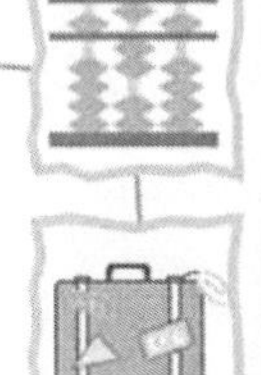

㈢生涯輔導工作的內容應當是綜合完整的

一項綜合而完整的生涯輔導計畫是琳瑯滿目的，就內容而言，包括決定技巧的指導、謀職技巧的的演練、職業資料的提供、對自我的探索、生涯計畫的擬訂及就業安置，以及在轉系或進入研究所深造方面的諮詢等等；就對象而言，除一般學生之外，也應當重視保送生、特殊身分學生、少數已婚學生，以及女性學生可能有的特殊需求；而在實施方式方面，個別諮商、團體諮商、工作坊、座談會、心理測驗的診斷分析，以及電腦輔助工具等，均可包括在輔導計畫之中。

㈣擬訂輔導計畫時亦應考慮評量的方式

考慮到評量的方式，也就是考慮到輔導效果的問題，如此可提醒輔導人員針對學生的需求而設計活動內容。一般而言，評量的方式包括形成性的評量及總結性的評量，前者可以作為進行過程中對輔導活動的修正，後者可以看出學生參與活動後，在整體方面的收穫。此外，評量方式可以是量化的學生自評方式，也可以由學生及輔導老師雙方面的意見作質的分析。

三、大專生涯輔導工作的目標及內涵

㈠目標

1. 協助學生選擇未來的職業發展方向

對大部分學生而言，不論他是否曾經對自己的所學感到懷疑，他所學的領域可能是他未來發展的職業方向。對某些學生而言，可能對所選科系不感興趣，但因為種種原因也別無選擇，只能念完再說。不論如何，大專院校生涯輔導工作的重點之一，就是協助所有的學生找到他們想要追求的職業方向。

2. 協助學生作自我評量或自我分析

在這方面，也是讓學生清楚究竟「我是誰」的問題，大學生應當發展出對自己各方面的認識，分析並了解自己的興趣、能力、價值觀念、優缺點及其他心理特質等等，發展出個人及職業方面的自我統整（identity），以做好進入職業世界的準備。

3. 協助學生了解工作世界

大學生除了對整個職業世界的結構應有所認識之外，也可能對所學領域的職業種類更感興趣，對某一領域職業的探索，要包括這些職業的特殊要求、未來的發展趨勢、就業機會，以及工作性質等方面的分析。

4. 協助學生習得作決定的技巧

有些人主張做決定是一種歷程，也有人主張決定是一個點（decision point），無論如何，做決定之前要有充分而且正確的資料，而決定技巧方面包括平衡單的使用、決策型態的分析以及電腦輔助等方式。

5. 協助學生進入職業世界

這方面除了提供學生相關的就業訊息之外，也包括對撰寫履歷自傳及面談要領等謀職技巧的指導。此外，重要的是大專院校輔導單位應當讓學生做好進入職業世界的準備。

6. 了解不同背景學生的獨特需求

生涯輔導工作除了針對多數的一般學生之外，少數背景不同於大部分學生的特殊團體也需要受到注意。而某些所謂的冷門科系或是景氣不太看好的科系，這些學生的需求也不能忽略。

㈡內涵

1. 在自我探索方面

自我探索一直是生涯輔導工作的第一個步驟，對即將步入就業市場的

大專學生而言更是重要，在這方面的工作內容仍然是以了解自己的興趣、性向、能力、人格、價值觀念，以及優缺點或自己的限制等等。

2. 在工作世界與進修環境探索方面

工作世界的探索是傳統特質因素論所提出生涯輔導的第二個步驟，就大專學生而言，繼續深造的方向勢必與其未來工作方向有關，因而在進修環境的探索方面，也列為生涯輔導工作的重要內容之一。

3. 在生涯計畫方面

協助學生做生涯規劃是大專院校生涯輔導工作的重點，在短期的規劃方面，包括畢業前在學校的學習，如學分數的安排，以及畢業後的深造或就業計畫。在長期規劃方面，甚至包括就業後的進修、休閒、理財及安家等計畫。不論是短期或長期計畫，個人對自己必須有不斷的認識及成長，對社會結構的變化也必須隨時注意。

4. 在生涯決定技巧方面

米勒（Miller, 1995）曾經提及指導學生作生涯決定時應注意的四個重點，這四個重點應包含在大專院校的輔導工作內容中：⑴學生對職業世界應當有足夠認識的機會，其中也包括從事這些職業應繼續接受哪些專業訓練；⑵協助學生了解自己的價值觀念，在做決定的過程中，價值觀念對個人的影響往往是無形的，除非輔導人員特別提醒，否則價值觀念對一個人下決定的影響，連當事人本身也都不清楚；⑶對大專學生而言，父母親的意見仍有相當的影響力，因而在決定職業方向時，亦不可對父母親的意見置之不理，輔導工作應包含協助學生與父母親溝通自己的想法，同時也不致完全受父母意見的影響；⑷協助學生參考在校的學習經驗來下決定，對大專學生而言，他所決定的職業方向或繼續深造的方向，即使不是所學的領域，也可能與他大專四、五年中的學習經驗有關，尤其是學習過程中所參與的義務服務工作或課外社團活動等，因而協助大專生回顧自己的生活經驗對未來職業方向的決定也是有相當影響的。

5. 在生涯準備方面

對即將步入就業市場的大專學生而言，在就業之前所需具備的謀職技巧，不只是應有基本的認識，而且也應當知道如何撰寫履歷自傳，知道參加面談時應注意哪些事項，當然在謀職技巧之外，自己的特質以及與他人的溝通方式，都是在進入就業市場之前應有所認識的。

6. 在生涯安置方面

在這方面的輔導工作，除了提供學生正確的就業訊息之外，應當對想要求職的學生有所認識，同時也藉由履歷撰寫的過程讓學生對自己作一簡單評估，並推論自己的條件與工作要求之間的關係。通常輔導單位在協助學生就業之前，應當讓學生知道如何計畫自己的生涯發展。

大專院校中有關生涯輔導工作的執行單位，不只學生輔導中心而已，相關的單位如實習輔導處或畢業生就業輔導處等單位，所負責任也頗重，雖然各校成立的單位種類個數不一，名稱也可能有所差異，互相的協調及配合是促進大專學生生涯發展的必要條件。

四、針對大專院校學生的生涯輔導策略

㈠實施方式

生涯輔導的進行方式與一般輔導活動進行的方式類似，只是在內容方面有所差異。這些方式不外乎個別諮商、團體輔導、心理測驗的使用、專題演講、工作坊、座談會以及課程的安排等，較異於一般輔導活動的地方，是就業安置計畫以及電腦輔助輔導方案。以下分別就重點說明之。

1. 課程、工作坊及專題演講

在不少的大專院校，已經將生涯規劃列為選修課程之一。而工作坊的進行方式通常是為期一天至三天不等。在專題演講方面，則是以一個主題

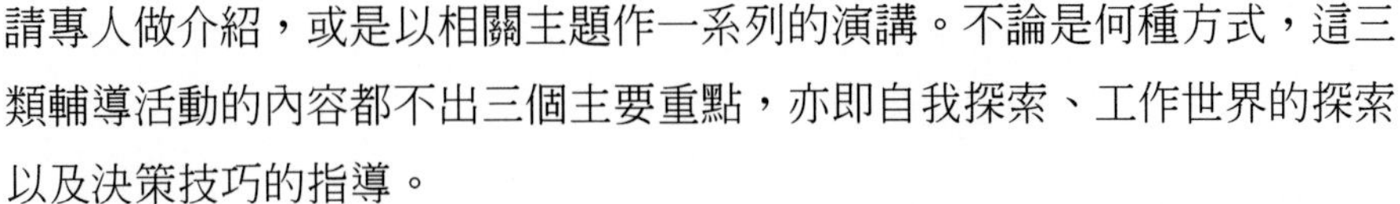

請專人做介紹，或是以相關主題作一系列的演講。不論是何種方式，這三類輔導活動的內容都不出三個主要重點，亦即自我探索、工作世界的探索以及決策技巧的指導。

2. 團體諮商

以團體諮商方式進行的生涯輔導，通常是以結構式的方式進行，而不同於一般課程或工作坊的地方是，小團體相當重視成員之間的互動，透過結構式的活動，成員彼此間的經驗分享也是各成員學習的來源。而結構式的內容通常也不出前述自我探索、工作世界探索，以及決策技巧等三方面。

3. 個別諮商

在生涯輔導過程中所使用的個別諮商方式，通常會借重於心理測驗的使用，在晤談之初，輔導老師找出當事人所面臨的問題，並選擇適當的心理測驗，讓當事人在第二次晤談時做測驗，而在第三次晤談時解釋心理測驗的結果。這樣的個別諮商方式也帶來一些人的批評，一般輔導人員最常提及的就是所謂的「三次晤談，一頭霧水」的批評（Crites, 1981）。

4. 生涯安置方案

生涯安置輔導方案在大專院校中是有必要存在的，這樣的輔導方案，主要功能是在學生與就業市場之間做一個有效的連結，提供學生相關的職業資料以及可以參與的就業機會，不論是工讀、實習或畢業後的工作。然而近來的趨勢逐漸強調，安置之前必須有足夠的生涯規劃輔導，因而計畫與安置這兩個名詞被認為應當是同時出現的。

5. 電腦輔助輔導服務

電腦輔助的生涯輔導方式，主要功能在根據當事人的自我探索資料而與職業世界做一連結，事實上這方面的服務，重點也是在職業資料的提供，而職業世界之廣，眾所皆知，如果電腦所提供的訊息是與個人的背景資料（如興趣、性向、價值觀念等等）相關的，則更有其價值。在一般大專院校裡，有系統的電腦輔助系統尚未開發出來，而這方面的輔導方式是值得

加緊腳步的，待這方面輔助系統開發出來之後，所得職業資料的處理，也將是輔導人員與學生互動的重點之一。

㈡具體策略

在具體的實施策略方面，以下僅列舉所有的可行之道，輔導人員可視不同問題情境及目標略做修正。

1. 配合各科系聯絡相關機構，提供學生實習或工讀的機會。
2. 讓學生對自己有興趣的領域作職業訪談，訪問一到兩位在職者，請教他們有關工作的內容、要求，以及薪資報酬等。
3. 提供學生相關的書面資料，豐富其有關生涯計畫方面的知識。
4. 以角色扮演方式進行工作的應徵面談，並邀請大家作回饋，或以錄影方式讓自己找出可以修正的地方。
5. 教他們如何使用職業分類典或其他相關的職業資料。
6. 自行設計一提供學生工讀資料或其他相關訊息的方式，例如使用電腦網路等。
7. 經由公布欄或校園電視提供相關的生涯輔導活動訊息或生涯輔導資料。
8. 找出各大行業的發展趨勢，甚至做出排行榜，藉此讓學生討論。
9. 以團體方式進行心理測驗的施測及解釋服務。
10. 舉辦校園內職業博覽會，邀請相關職業機構提供該單位或該領域之相關資料。

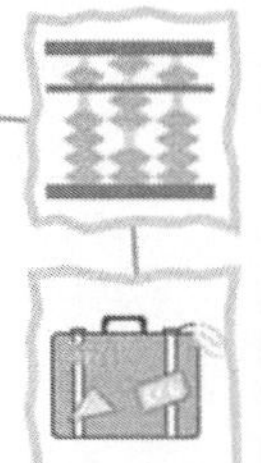

五、大專院校生涯輔導活動實例

㈠**活動名稱：**我的未來不是夢。

㈡**目的：**藉由觀察及角色扮演方式學得面談技巧。

㈢一般說明

1. 人數：可大可小，八至三十人均可。
2. 時間：120 分鐘左右。
3. 材料：面談示範錄影帶（包括正確及錯誤示範）、紙筆、正式服裝及相關道具。
4. 場地：團輔室或大教室均可。

㈣實施程序

1. 說明一般面談所應注意之事項。
2. 播放錯誤之面談示範錄影帶，或直接由兩位輔助老師（或同學）扮演出來，期間請學生找出錯誤之處。
3. 分組討論觀察心得，並由老師做一結論，說明正確的面談要點。
4. 播放正確示範的錄影帶，或直接由兩位輔導老師（或同學）扮演出來，期間由同學觀察並找出其所欣賞之處。
5. 分組分享心得，並由老師作出結論。
6. 由學生分組進行角色扮演，並分享扮演過程所遭遇的困難或其他心得。
7. 回大團體討論，並由輔導老師作回饋，對面談應注意事項作一總結。

㈤注意事項

1. 本活動可分兩次進行，必要時可增加一次，以便讓學生有充分時間演練。
2. 輔導老師必須事先準備相關講義，包括面談注意事項、談些什麼內容、不能談些什麼內容、舉止、打扮及面談後的聯絡等等。

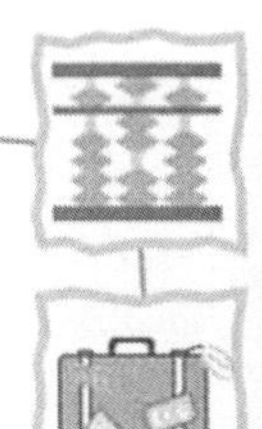

關鍵詞彙

生涯覺察

工作價值觀

多元入學

生涯決定

性別角色刻板印象

生涯探索方案

電腦輔助輔導系統

生涯安置

1. 試說明國小為何要實施生涯輔導工作？
2. 國民小學如何配合社區活動進行生涯輔導工作？
3. 國中階段學生的生涯輔導工作，應如何配合學生的發展特性？
4. 高中學生及高職學生在生涯發展特性方面，有何差異？
5. 針對高中及高職學生而言，生涯輔導工作有哪些具體的實施方式及策略？
6. 試簡單為一位大專學生規劃其大專階段之生涯藍圖。
7. 大專學生生涯輔導工作不同於其他階段學生生涯輔導工作的主要內容包括哪些？
8. 在學校生涯輔導工作方面，不論各個層級，其共同的工作內涵為何？

第六章

成人的生涯輔導

學習目標

詳讀本章後，學習者應能達到下列目標：

1. 了解成人生涯輔導之意義、概況及方法。
2. 了解成人的生涯轉換及其輔導方法。
3. 了解失業者與年長工作者之生涯輔導方法。
4. 了解婦女之生涯輔導方法。
5. 了解身心障礙者之生涯輔導方法。

- 成人的生涯輔導
  - 成人生涯輔導概況
    - 變動社會中成人的意義及特徵
    - 成人生涯輔導概況
    - 成人生涯問題與診斷架構
    - 成人生涯輔導方法
  - 成人生涯轉換的輔導
    - 成人生涯轉換的原因
    - 成人生涯轉換的輔導目標
    - 成人生涯轉換的評估流程
    - 培養成人生涯轉換的基本因應技巧
  - 失業輔導
    - 失業率現況
    - 失業者的心理狀態與心理需求
    - 失業者的生涯輔導
  - 年長工作者的生涯輔導
    - 年長工作者的分析
    - 年長者生涯輔導措施
    - 年長者的生涯輔導
  - 婦女的生涯輔導
    - 婦女的生涯型態
    - 影響婦女生涯轉換的障礙
    - 婦女的生涯輔導
  - 身心障礙者的生涯輔導
    - 身心殘障者的生涯障礙
    - 身心障礙者的生涯輔導措施

摘要

近年來成人之生涯輔導漸為學者及實務工作者所重視，一則由於社會急遽變遷，加上陸續歷經世界不景氣、921 地震、911 雙子星大樓事件、美伊戰爭以及嚴重急性呼吸道症候群（SARS），所謂天災人禍，成人面對轉業、失業機率大增，2009 年全年平均失業率接近 6%，為歷年罕見，因而產生之自我失落感、工作疏離感與工作之適應困難等問題日益嚴重。成人生涯規劃、成人第二專長培養、中年危機處理等成人生涯主題漸被重視；此外國民平均壽命延長、人口老化，以及政府公務人員退休政策之不確定感，更引發公教人員退休潮及退休後生涯輔導等生涯輔導相關課題，加上性別平等法之實施及女性投入勞動力增加，一般女性及雙生涯婦女之生涯發展，中年婦女再就業亦為產、官、學界所重視。基於人道主義關懷身心障礙同胞之社會福利，相關之工作保障法案亦已通過，身心障礙同胞之生涯輔導亦被關切。

本章嘗試就上述有關成人生涯輔導議題，分別於各節探討，第一節介紹成人生涯輔導之概況、成人之意義、影響成人成功生涯規劃能力的因素、成人生涯輔導方法、建構成人生涯問題診斷（輔導）架構；第二節探討一般成人之生涯轉換與輔導方法，如成人於工作生涯的適應，說明成人生涯轉換的評估流程，介紹培養成人生涯轉換之基本因應技巧；第三節說明失業之輔導；第四節介紹年長工作者及老年之生涯輔導；第五節介紹女性之生涯輔導方法；於第六節簡介身心障礙人士之生涯輔導。

第一節　成人生涯輔導概況

一、變動社會中成人的意義及特徵

㈠成人之意義

探討成人的生涯輔導前，首先應對成人的意義加以界定，謹綜合各學者對成人的意義簡述如下。

1. 生物學觀點

成人為一個「已經成長完成並具有生殖能力的個體」（Hurlock, 1980；Webster's New Collegiate Dictionary, 1973；黃富順，1992），很多法令、機構或專家學者對成人的界定，常以年齡為指標，如美國 1964 年通過之「成人教育法案」（The Adult Education ACT），成人泛指 16 歲以上的人。而 1966 年第一屆國際比較教育學會，各國教育學者則一致同意成人為 21 歲以上的人。

2. 心理學觀點

指大約從 21 至 65 歲的一段時期，此階段身心發展俱已成熟，人格漸定型，個體從開始適應到學習社會生活方式，包括婚姻生活及職業生活。此時期是一生中最長的發展階段，也是對社會最具貢獻的一段時期（張春興，1989）

3. 社會學觀點

由社會學觀點，成人係指能扮演成人角色的人，如工作者、配偶、父母、公民等（黃富順，1992；Supper, 1957）。

4. 法律觀點

成人是指開始享有各種法律上規定權利以及應盡的義務，而其權利、義務之內涵因不同之國家、社會、地區而不盡相同。年齡大致自 18 至 21 歲，我國民法規定成人為年滿 20 歲的人。

5. 成人教育觀點

美國成人教育國家顧問委員會（Nation Advisory Council on adult Education, NACAE, 1980）對成人之界定為：「在青春期之後，不再參與全時正規的學校教育，且能負起成人生活的角色，或已達法律或社會所認定的年齡，具有成人的權利、義務及責任的人。」

綜合上述觀點，謹將成人之定義如下：「人生生涯發展的一個階段，已達法律或社會所認定的年齡，身心發展俱已成熟，人格漸定型，能扮演成人角色，具有成人的權利、義務及責任的人，此階段個體從開始適應到習慣社會生活方式，包括婚姻生活及職業生活。」

㈡變動社會中成人之特徵

1. 內在之改變

成人內在之改變，包含生理上內分泌之改變，心理的抱負水準、成就感、對生命價值觀點，重要人際關係之改變如父母、夫妻、親子等，以及其他影響成年人生涯發展有關因素之改變。每一種變化皆可能影響成人其對生涯之態度，許多心理上之適應困難常與其工作之不適應有關。

2. 外在環境之急遽變化

外在環境變化迅速，舉凡家庭婚姻關係、子女養育方式、職業型態皆有所改變，分述如下：

⑴婚姻關係之改變

結婚率降低、晚婚傾向、離婚率逐年增高。台灣地區之離婚率與非婚生子女比率亦逐年增加，而內政部調查 15 歲以上人口離婚率為 6～63%，

其中女性 6.93%高於男性的 6.33%（內政部統計處，http:sowf.moi.gov.tw/year/y02-03xls.）。

⑵子女養育方式之改變

由於已婚婦女就業或雙生涯婦女比率增高，過去養育子女之責任已從母親肩負之情形漸改為由祖父母或褓母取代，近年來更由於政府之鼓勵，委託民間相關專業機構專業訓練褓母並頒給證照，甚至引進外籍傭人照顧小孩，或委由公私立托兒所，使得子女養育方式產生許多變化，也衍生許多問題。

⑶職業型態之改變

於急遽社會變遷中，新行業之興起，如二十四小時之便利商店、量販店，已幾乎取代傳統之雜貨店，計程車早已取代三、四十年前之三輪車，有些行業如修補木桶店已沒落甚至消失；新興之行業不斷擴展，如網路學習、網路人力資源銀行、電視及網路購物，影碟租借店，各類專業顧問如理財、投資、保險顧問，而心理師法通過後，預期未來臨床及心理諮商師之個人心理診所亦將漸為國人所接受。

3. 生涯問題之改變

過去之生涯問題大多為職業選擇，而當前之生涯問題亦漸趨多元化、複雜化、個別化，如生涯決定之困境、生涯計畫之執行問題、組織生涯發展問題、生涯轉換問題、工作生涯與家庭生涯之適應與衝突，以及個人於組織中之適應問題、個人生涯規劃發展與組織發展之協調問題，跨國企業之外調與家庭適應，高失業率下之謀職及再就業之訓練及準備等。

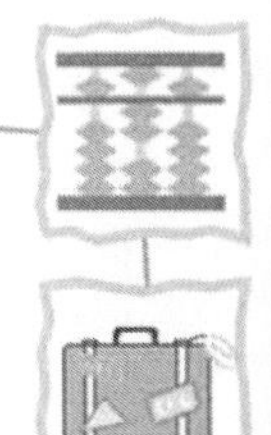

二、成人生涯輔導概況

㈠重視成人生涯輔導之社會背景

1. 生涯輔導觀點之擴展

目前的生涯輔導觀點已由傳統職業輔導中逐漸脫穎而出，自整體之生活及全人生命觀點出發，將狹隘之職業輔導賦與新的意義及生命（林幸台，1987）。所強調的已不再是定位在某一個階段或定點，著重於每個人一生的整體發展歷程（Herr, 1996）。

2. 成年人有關之生涯輔導的主題為產、官、學界所重視

過去中外生涯輔導歷年來相關研究，大多著重於人之出生至成年前的各個階段，生涯發展理論與研究也較著重於青少年的職業探索、期望及職業選擇等因素之考量，並以各級學校之學生為主，涵蓋之範圍大致由國中以至大學學生，對成年之生涯輔導較少探討，近年來學者開始關切有關成人之生涯輔導的主題，如成人因社會型態之急遽變遷，面對轉業、失業所產生之自我失落感、工作疏離感與工作適應等方面之影響、成人生涯規劃、成人第二專長培養、成人生涯轉換頻率漸高、二度就業、中年危機處理、準備退休及退休生涯規劃等。企業界為降低人事成本，大量引入外勞影響國人就業問題及社會問題亦漸受關切。

3. 特殊族群之生涯輔導亦為政府及社會重視

由於平均壽命延長，老年族群的生涯輔導亦為政府及社會重視；女性生涯輔導，更因近年來政府重視性別平等法之通過及女性投入勞動力之增加，一般女性及雙生涯婦女之生涯發展，中年婦女再就業亦被重視，婦女就業率的增加及社會地位之提高，因而備受關注；基於人道主義身心障礙人士亦漸受關懷，身心障礙同胞之社會福利及工作保障的相關法案已獲通

過，身心障礙同胞因社會福利制度改善及法令保障，增加了許多就業機會，其生涯輔導亦受重視。

4. 成人生涯輔導研究有待開發

環顧國內有關生涯輔導之研究雖日益增多，但具體之理論系統及輔導策略仍有待發展（林幸台，1987；劉焜輝、金樹人，1989），尤其成人生涯輔導有待開發。

近年已分別針對企業員工之生涯發展的研究（蔡俊良，1994；羅文基等，1991）、社輔機構之成人生涯輔導概況的研究（劉安屯、程玲玲，1992）；成人生涯發展量表之修訂（牛格正等，1990）；亦有以空中大學學生之生涯需求及其輔導方案之建構有關的研究（韓楷檉，1995）以及金樹人、張德聰、蔡蜀雲（1992）的中國人之職業興趣結構分析（Ⅲ）以成年人為生涯研究之對象，韓楷檉（1994）以成人生涯發展與生涯輔導為題加以探討，張德聰（1999）更以焦點解決短期心理諮商法對成人之生涯轉換實徵性效果之研究，但以成人生涯輔導為研究對象方面仍需努力。近年來有關期刊及叢書皆紛紛以生涯為主題熱烈探討，救國團「張老師」曾於1986～1990年間發行《生涯月刊》。企業界目前漸重視「生涯管理」，對員工實施「生涯規劃」，甚有公司成立「生涯發展中心」以開展公司人力資源。國立空中大學自1991年起亦開設「生涯規劃與發展」，選修學生人數超過一萬人，由此可見成人生涯輔導已漸為社會所重視。

㈡由生涯輔導工作對象，察覺成人生涯輔導的重要

張德聰（1993）曾探討未來生涯輔導工作對象，發現擴及下列各種對象：

1. 問題青少年之生涯輔導工作。
2. 中年人之中年危機及輔導之生涯輔導工作。
3. 老年人之生涯輔導。
4. 身心障礙者之生涯輔導。

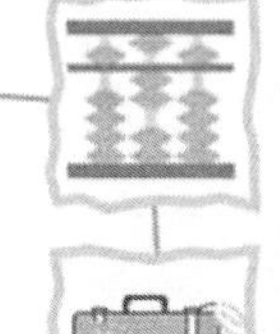

5. 女性之生涯輔導，如雙生涯婦女、中年再就業之女性，從良不幸之婦女。
6. 離婚者及適婚者之生涯輔導。
7. 由小學以至大學，甚至成人推廣教育，於學校及社會教育體系中加強生涯教育課程之推廣。

上述對象中，除第一項外幾乎皆離不開成人生涯輔導之範疇，即使第一項青少年問題之父母，亦需接受有關如何協助其子女的生涯輔導。

近年來，對於中年轉型及生涯危機之輔導也漸受社會重視，如日本企業界中、上階層關切之「猝死病」（stress）。25%～35%企業經理年齡界於 35 至 55 歲間，於中年生涯轉換之際，面對著不僅是事業之改變，也包括婚姻、人際關係改變及生命目標之改變，甚至影響人格、行為及生活適應。

劉安屯、程玲玲（1992）曾對台灣地區社會輔導機構之調查訪問發現生涯輔導對象之需求分析如表 6-1，而其中之一般對象即以成年人為主，其生涯需求不僅自我探索、環境探索、工作世界探索、工作適應（含人際、工作內容及工作過程）、生涯決定及生涯規劃。近年來「健康生涯規劃」、「休閒生涯規劃」及「財務生涯規劃」亦為一般成人所重視。

㈢影響成人成功生涯規劃能力的因素

1. 成人成功生涯規劃因素

詹迪及李（Zandy & Lea, 1985）歸納成人之成功生涯規劃因素包括 40%學習的意願、10%的承諾、10%的專業技術、10%的勇氣、10%的情緒持久性（毅力）、10%的實用主義及 10%的幽默感。

2. 成功規劃生涯能力

綜合各學者有關成人成功生涯規劃發展的能力歸納如下：

⑴自我覺知能力——對於自我之性向、興趣、價值觀、身心狀況的覺知能力。

表 6-1　生涯輔導對象之需求分析表

服務對象 生涯需求	兒童	青少年	婦女	殘障者	老人	一般對象
自我探索	√	√				√
環境探索		√	√			√
升學輔導	√	√				
工作世界探索		√				√
進入工作世界			√			
工作中的人際關係適應				√		√
工作內容適應		√	√			
工作過程適應			√	√		√
就業安置			√			
職能訓練				√		
追蹤輔導				√		
退休生活適應					√	
生涯決策	√	√	√			√
生涯規劃	√	√				√
休閒活動		√			√	

資料來源：劉安屯、程玲玲（1992）

⑵社會脈搏的敏感力——對於社會之現況與趨勢的了解及敏感度。

⑶人脈經營力——不僅知人、處人、用人、待人還要能成己達人。

⑷社會資源力——能善用促進生涯發展有關的社會資源。

⑸判斷力及決斷力——即生涯決定有關的能力。

⑹歷史觀——對於個人或社會、國家的經驗及歷史中去省察學習的能

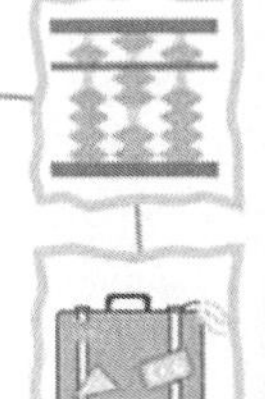

力，能回顧過去，更能把握現在，並且前瞻未來。

⑺國際觀——現今世界早已進入所謂地球村的概念，因此生涯規劃及發展上，必須擴大眼界，心懷台灣，放眼世界。

⑻錯中學的能力——有智慧知錯，能勇敢認錯，並具有挫折忍受力愈挫愈勇。

⑼創造力—生涯規劃中需有適當彈性，並培養自己的創造力。

⑽行銷力及行動力——由自我覺察了解自己的特色及「定位」。自己的「產品」，覺察適合自己的「顧客」及「競爭者」，而行動力則重在如何去執行。

⑾專業能力及敬業態度。由《天下雜誌》（1985，1991）的調查皆強調專業能力已漸為訓練的可能性取代，即潛力取代，但工作態度方面如苦幹實幹，對公司忠誠度仍為企業所重視。

⑿團隊精神即合作力及溝通力，亦為企業所重視。

⒀善用自己的生涯驅策力。

生涯驅策力，係指源自人之內在，繼而激起行動，是肯定生命的一種自我表現型態，源自於個人的性格、能力、價值觀自我形象，是一隻看不見的手，指引著個人之決定。

歸納學者有關生涯驅策力或期待，類似中國人傳統追求的福、祿、名、壽，包括物質報酬、權力影響力或責任、追尋生涯意義、專精及現狀突破、追求創意、親和的人際關係及生涯關鍵人物的支持、自主的決定、生涯之安全及安定、社會的地位、生涯的發展機會、工作的回饋管道及自我反省評估的能力、家庭的支持、自我發展及實現等（李鐘桂等，1988；Francis, 1990; Hall, 1966; Kotter, 1980）。

三、成人生涯問題與診斷架構

㈠成人生涯問題

綜合學者觀點將成人生涯問題分為六大類，其中再細分為二十種，分述如下（張德聰、張小鳳，1995；Zandy & Lea, 1985）。

1. 生涯決定有關的問題

⑴不知如何做生涯決定

a. 缺少覺察生涯決定的趨力。

例如：一個上班族的公司已認為當事人必須轉換職務，而當事人卻未能察覺。

b. 缺少生涯決定需要的知識。

例如：當事人不喜歡現在的工作，但不知如何開始轉換。

c. 雖然當事人已覺察生涯決定的需求，卻不願承擔生涯決定的責任。

例如：要求父母或妻子幫他做決定。

⑵不知如何蒐集生涯決定資訊

a. 生涯決定資訊不足或資訊相互衝突。

例如：一個鄉下青年想到都市發展，但缺乏足夠資訊，或得到不同且相互衝突的資訊，以至無法做適當的生涯決定。

b. 生涯決定資訊過多，產生混淆。

例如：當事人想了解從事行業之遠景，雖得到許多資訊，但不知如何選擇以至無法做生涯決定。

c. 缺乏蒐集生涯資訊的知識。

例如：不知生涯決定資源，也不知如何取得。

d. 因與個人之自我觀念不符，沒有意願接受有效的生涯決定資訊。

例如：上日班的飯店會計，覺得她如果要決定上夜班工作，最好先

找醫師檢查身體，但由於平常她不願意去找醫師，因此錯失了一個夜班工作的機會。

⑶不知如何經驗類化、生涯評估及抉擇

a. 太多生涯機會或建議以至未能做出生涯決定。

b. 未能整理出個人生涯決定必須考慮的要項。

例如：個人健康、資源、能力、教育的限制。

c. 生涯決定時擔心失敗，或個人社交圈不贊同。

例如：課員有機會升任課長時，擔心做不好，又擔心原來的同事好友會抗拒。

d. 做了不合實際的生涯決定。

例如：高攀或低估，未能考量個人之性向、興趣、價值觀、資源及個人環境。

e. 生涯決定時未能考量重要關鍵他人的意見，如配偶、子女，以至產生問題。

f. 缺少客觀評估以致做了不當的生涯決定。

例如：做生涯決定時，未考慮自己在意工作的自主性及安全感，以致於在大辦公室上班時適應不良。

⑷擬定生涯計畫的問題

a. 缺少有關生涯決定知識，以致未能擬訂生涯計畫。

例如：甲先生想要成為廚師，但不知在何處有提供訓練的機構。

b. 未能具有生涯決定之未來觀。

例如：乙麵包師對於他未來想轉行前，還要留在麵包店多久，並未具體思考。

c. 因缺乏意願或能力得到足夠之資訊，未能擬訂生涯決定計畫。

例如：丙小姐想自己開個超商，但一直沒著手去蒐集有關資訊，因此遲遲未能達成生涯決定的目標。

2. 實現生涯計畫的問題

⑴因個人特性，未能實現生涯計畫的問題

a. 未能依生涯計畫步驟按部就班執行。

例如：丁先生因怕求職失敗，並未依原生之生涯計畫去找工作。

b. 未能完成預定之生涯計畫，中途撤手或執行不全。

例如：戊小姐之出國進修生涯計畫中，必須先參加補習班，加強外文能量，但由於怕太累，中途退出，以致未能實現生涯計畫。

c. 受限於個人生理或情緒狀況改變，而未能實現生涯計畫。

例如：年輕的歌唱家因喉部疾病，只好放棄了原訂的歌唱家生涯計畫。

⑵因外在的因素，未能實現生涯計畫的問題

a. 外在環境不利於實現生涯計畫。

例如：甲小姐想謀職，卻不巧碰上經濟蕭條。

b. 組織或機構之不利狀況，以致影響個人實現生涯計畫。

例如：乙先生依照機構之進修辦法，原本擬訂了進修之生涯計畫，機構突然取消了進修辦法，以致未能實現原定之生涯計畫。

c. 個人之家庭發生不利的狀況或改變，以致未能實現生涯計畫。

例如：個人由於遭遇到家中重要關鍵他人之過逝或重病，以至未能實現生涯計畫。

3. 工作表現的問題

個體於工作機構中未能達到應有的水準，或個人覺得已做得不錯了但未能達到老闆的標準，工作表現包括不同工作的質或量、出席率、人際相處、工作習慣、對公司忠誠度、意外事件發生率等，又可分類為下述三種。

⑴缺乏工作有關之技巧、能力及知識，影響個人於組織工作表現

a. 由於個人工作有關技巧、能力及知識不足，影響工作表現而未能勝任職位的問題。

例如：丙先生應徵擔任外商銀行經理，雖於本地銀行有多年經驗，

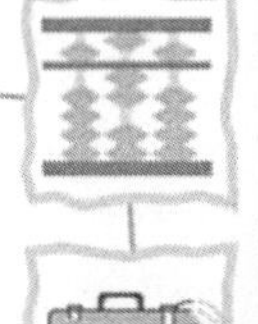

但因其外語能力之限制，於試用期滿即自行辭職。

b. 因調動過多或其他因素以致工作有關之技巧、能力及知識未熟練而影響工作表現。

例如：甲先生公司派他到電腦室工作不及一個月，由於行政室缺人又調他過去幫忙一個月，再調回電腦室，他的工作表現因較不熟悉而不及同時報到但一直留在電腦室的乙先生。

c. 未能隨著職務改變，進修與工作有關之最新的技巧、能力及知識，以至影響工作表現。

例如：丙會計因未能學會以電腦處理財務分析，常擔誤了報表的時效，遭主管責罵。

⑵因個人因素以至影響工作表現的問題

a. 個人之特性如價值觀、興趣及工作習慣，與其職業不適合的問題。

例如：一個大學生於工廠擔任作業員一段時間後，不適應工作之單調而希望有所改變，以至影響工作表現。

b. 身體衰弱或情緒異常以致影響工作表現的問題。

例如：碼頭工人因背痛而不能繼續工作。

c. 個人生涯不利遭遇，如家庭遭逢變故，個人經濟困境或個人衝突之壓力源，影響工作表現的問題。

例如：丁小姐因需半夜照顧父親中風病情，影響上班精神。

d. 與個人工作有關的人際衝突。

例如：甲先生與上司、工作夥伴、顧客間的人際關係不良，以至影響工作表現。

⑶由於工作機構環境之狀況以致影響個人工作表現

a. 工作機構混淆不清或不當的要求，如工作指示不清、矛盾，工作負荷過重。

例如：工廠第一線的工作人員，由於不同的上級主管不同的指示，而無所適從。

b. 機構運作結構不當狀況以致影響個人工作表現。

例如：甲公司因管理結構流程過於複雜，增加作業時間，以致影響工作時效。

c. 機構的支持或資源不夠，以致影響個人工作表現。

例如：工作環境照明度不足、工具不良、人力及物力的不足。

d. 機構缺乏激勵系統，升遷管道不通、賞罰不當。

例如：員工長期超時加班，機構又缺乏物質或精神鼓勵，長久下去，沒有人肯加班。

4. 工作適應的問題

⑴初入公司時之工作適應問題

a. 欠缺對工作機構之運作規則及程序的經驗或知識。

例如：因甲小姐對公司的規則不清楚，又未能請教同仁，處理不當，遭到檢討。

b. 未能接受或遵循工作機構的規則及程序。

例如：乙先生因不清楚機構的程序，越級報告，而遭到直屬主管指教。

c. 對於工作所需要的大量資訊未能妥善因應。

例如：丙先生初入公司，面對太多需要了解的資訊，一時無法全部吸收，因而處置不當，影響工作成效。

d. 對於新工作的環境適應不良。

例如：由於丁小姐對新公司的環境陌生，且有不安全感，以致影響了工作成效。

e. 對於工作內容或環境與其原先所期待的產生差距。

例如：戊先生原先期待的是在辦公室的文書處理工作，而公司卻要他出外做銷售的工作，產生適應問題。

⑵因調動過多而引起的工作適應的問題

a. 因個人之生涯轉換太多以致影響個人之態度、價值觀、生活型態、生涯計畫或對機構之承諾，造成個人與環境之不適應。

例如：甲先生由於工作價值觀改變，對於公司原先的價值觀不能配合。

b. 由於機構環境、政策、工作流程之變化，使得個體與機構間產生摩擦而造成的不適應。

例如：新進的化學工程師剛覺得可以獨當一面時，他的主管又把他調到另一個新單位，以致適應不良。

⑶由於人際關係產生的工作機構適應問題

a. 由於不同的價值觀、意見、風格、工作方法產生的人際衝突。

例如：丁先生因同事對他的意見不重視而生氣，與同事發生衝突。

b. 於工作場合發生了口語或肢體的性騷擾。

例如：乙小姐常被她的老闆有意無意間的性騷擾，十分不舒服而提出申訴。

5. 婚姻生涯適應問題

⑴工作與家庭之雙生涯兼顧

例如：甲太太一方面想把工作做好，另一方面又因家庭及小孩還小亟需照顧，左右為難。

⑵婚姻生涯中夫妻適應

例如：乙先生因過分投入工作，疏於與妻子溝通，夫妻產生衝突，影響工作情緒。

⑶婚姻的變數，如外遇問題

例如：丙太太為一職業婦女，突然發現先生外遇，心情鬱悶，甚至考慮要辭職。

⑷中年婦女二度就業

例如：丁太太步入中年，子女已漸成年，想二度就業，不知如何開始著手。又擔心工作之後，影響家事。

⑸配偶轉業或調職之家庭適應

例如：戊先生因太太調職至高雄，考慮是否亦轉至高雄，又擔心小孩

的適應問題，頗為困擾。

6. 職業或失業之問題

⑴對原有工作不滿意想轉職

例如：甲先生在公司待了五、六年，一直從事著相同的工作內容，有點煩了，很想換個不同的工作。

⑵工作之趨力改變

例如：乙小姐剛畢業時，由於家境困難，求職時要考慮的是待遇，目前家境改善了，在意的是工作的成就感。

⑶工作人際關係不良引發想轉業問題

例如：丁先生個性較喜歡與人抬槓，久而久之，大家都排斥他，因此感到很沒趣，想離職。

⑷想轉業又苦無機會

例如：戊小姐對於目前的工作，覺無法學以致用，但又無合適的機會，因此頗為苦惱。

⑸轉業或失業可能的危機

例如：丙先生原於某公司擔任總經理，近來由於不景氣，董事會決定，準備結束營業，他面臨失業情況，家計負擔又重，而不知如何是好。

進一步將成人生涯問題之原因歸納為下列五個主要向度：

1.「自我向度」

包括特質、性向、興趣、價值觀、身心健康、信心、毅力……等因素。

2.「環境向度」

如家庭、工作環境、社會環境中之人際相處及物理環境之助力及阻力、工作環境之組織氣氛、文化、政策、管理等環境層面之因素。

3.「生涯資訊向度」

如生涯資訊管理、資源是否了解、能否建立、是否周延及能否善用。

4.「生涯發展時機向度」

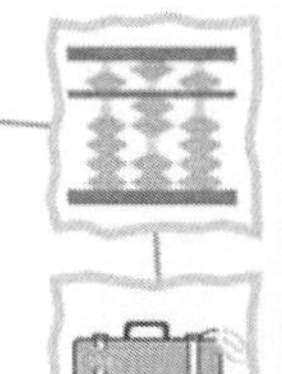

如社會之變遷、需求、個人生涯階段發展任務之達成，以及個人於生涯發展過程之重要生涯角色之扮演。

5.「生涯因應向度」

包含個人從過去生涯經驗中的體驗及自我「生涯因應」的方式，由探索自我、探索生涯環境、探索生涯資訊及生涯發展之好時機，形成生涯適當的「生涯決定」後，擬訂「生涯目標」及發展周延、可行且具有因應社會變遷及配合個人生涯發展的「生涯計畫」努力執行。

㈡成人生涯問題診斷架構

綜合上述各項因素，參考史旺（Swain）之生涯黃金三角形，嘗試擴展建構「成人生涯問題診斷架構」，如圖 6-1。此架構亦可用於成人生涯輔導之輔導架構，分別由「自我層面」、「環境層面」、「生涯資訊層面」、「生涯發展時機層面」及「生涯計畫」等各向度，提供諮商輔導人員於生涯諮商時之參考架構，分別探討可能影響當事人生涯發展的因素，進而探討當事人之「生涯決定」及「生涯目標」是否得當？以及擬訂經濟可行的「生涯計畫」，並考慮當事人生涯困境或危機處理，如失業、調職（上升、下降、平移）、轉業、離婚、再婚等各種生涯危機因應方法之培養。

四、成人生涯輔導方法

㈠基本觀點

早期之生涯發展理論著重於生命之前二十年，疏忽後五十年，近年來由於人類生命之延長，許多學者開始重視中、老年之生涯規劃，美國近年有關生涯規劃之書籍甚至將生命規劃至 100 歲。成人之人口族群中異質性甚大，其生涯問題及生涯調適方法亦各有不同，但最為學者所重視者為中年生涯轉變、女性進入職場或子女撫育後期中年再就業、老年工作者、提前退休或退休者之生涯輔導。

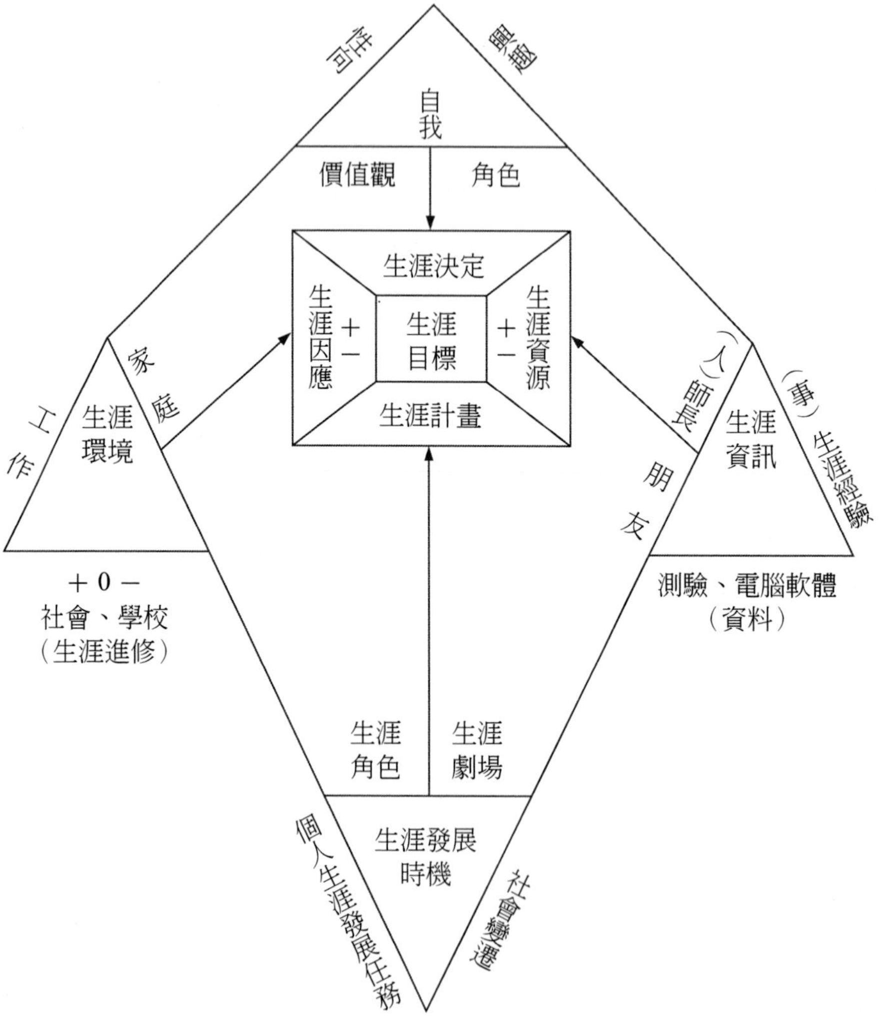

圖 6-1　成人生涯問題診斷（輔導）架構

1. 成人生涯規劃須具體化

成人之生涯規劃、生涯輔導及生涯諮商模式，於目前之發展已甚於年輕人之生涯規劃，因其更具急迫性，對於家庭之影響更重要、也必須愈具體。

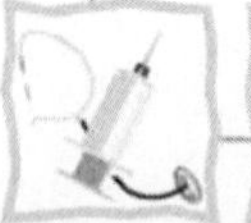

2. 成人生涯規劃具獨特性及個別差異性

人愈年老其生涯需求愈與他人不同，因此成人之生涯輔導必須考慮個別差異性。成人生涯諮商必須考量成人之生涯發展現象、發展任務、生涯決定之模式，以及生涯規劃之獨特性。

3. 成人生涯充滿生機及發展性

成人生活充滿衝突及選擇，成人對其生活期待會有轉機。人類之心理發展不因成熟而停止發展，即使超過20歲，其人格發展、性格形成、外在環境之互動和適應及內在自我發展皆仍繼續成長。

4. 生涯發展是整體性或全方位的

成人生涯發展不能截然劃分為生理、情緒及認知之發展，它涵蓋生活有關之一切事宜，如休閒、教育、價值、動機、生活型態及自我觀念。

5. 成人生涯具有生涯改變性

諮商師協助成人之當事人，宜藉著探索、認同及確立其先天具有的力量而協商生涯改變。

6. 成人為其生涯之決定者

生涯諮商師必須自我提醒於生涯輔導中，如何協助當事人發揮其潛能，而非對其指導或是非之判斷，我們相信每個人都是其生命之建築師。

7. 成人生涯輔導對象異質性高

成人之生涯輔導對象異質性高，其生涯輔導之目標亦因每個成人之生產趨力，以及尋求生涯發展之能力而有所不同，通常包括有下列組群：⑴未工作者；⑵工作困境者；⑶正尋求工作者；⑷工作不滿意者；⑸雙生涯婦女；⑹雙生涯夫妻。

㈡影響成人生涯輔導相關因素

成人之生涯輔導較年輕人更具複雜性，因年輕人大多正於學齡階段，

較易實施，成人之生涯諮商牽涉面較廣，舉凡家庭、婚姻、不同年齡階段之發展任務、身心狀況以及其他生涯有關之事宜皆可能有所影響。而且由於過去生涯輔導之重點較偏重於將入社會之在學者或剛出社會工作者之生涯輔導，成人生涯輔導較缺乏經驗及廣被接受之理論，因此成人生涯輔導必須更謹慎，謹提出下列影響成人生涯輔導相關因素。

1. 目標之多元差異性

必須考慮成人生涯發展中不同階段之需求，如中年期、中年轉換期、老年期（亦可分為早老年期、中老年期及老老年期）其生涯需求各有不同，性別之差異於其生涯需求上亦各有不同。

2. 生涯輔導提供之方便性

生涯輔導服務地點的便利性、舉凡失業輔導的就業服務站退休前之生涯輔導、成人之繼續教育之考量，皆應考量當事人的方便為原則。

3. 不同社會階層的成人其接受生涯輔導之機動不同

進入每一人生發展階段皆須有適當之準備，成人若具有高度之動機，接受生涯輔導之動機也愈強，尤其是中產階級失業之成人。

4. 成人對於抽象或不切實際之生涯輔導較缺乏容忍性

成人階段對於其生涯輔導之需求具急切性，因此對生涯輔導或生涯規劃，期待更具體、有用，對於抽象或不切實際之生涯輔導則缺乏容忍性。

5. 成人之生涯輔導注重個人生涯資訊之探索

成人之生涯輔導不同於生命早年之生涯規劃，生涯之重要關鍵他人的影響減低，必須著眼於個人自我之知識，如興趣、性向、價值觀；對於其所處之職業世界的了解；是否具有生涯決定技巧；其年齡階段特定任務之達成與否等有關之生涯資訊的探索。

6. 成人生涯輔導之服務必須具有系統性

配合當事人的實際狀況，循序漸進，由最可行之生涯目標開始，促使

生涯行動，探索、發現、評估、修正、漸進的達成其生涯目標。

7. 成人生涯輔導最重要的關鍵為如何落實其目標之可行性

協助成人正確之自我覺知、自我接納、釐清過去人生之正向及負向影響，選擇最適合其追尋的生涯目標，調整其過高的生涯目標，以期具體可行。

8. 成人生涯輔導重視家庭影響性

不同於早年生涯中原生家庭父母之影響，成人重視家庭，如配偶、子女對其生涯目標影響之探討。婚姻危機亦影響生涯的轉換。

9. 生涯資訊亦成為成人生涯輔導重要因素

大多數成人之生涯輔導常迫切需要「生涯資訊」提供，因此「資訊提供」對於成人之生涯輔導十分重要（Herr & Cramer, 1996; 張德聰，1999）。

㈢成人生涯輔導原則

成人生涯輔導所需之技巧與一般生涯輔導技巧相似，生涯目標亦相似，包括自我知識之覺察，對工作世界資訊之了解，工作有關之教育及訓練，決策技巧及與人相處之能力等。但必須考慮不同發展階段成人之特殊生涯需求。謹將成人的成人生涯輔導原則敘述如下：

1. 對於缺乏就業動機之成人需加強其動機。
2. 成人的生涯輔導必須考慮其生涯發展中之危機，因此必須具有危機調適技巧。
3. 追求「自我實現」為許多成人的生涯目標，若未能具體化，常易落入不切實際，必須協助擬定合宜的生涯目標。
4. 生涯資訊的傳播，對於成人十分必要，因此提供有效的生涯資訊亦為生涯輔導之要點。
5. 成人生涯輔導亦使用生涯有關之測驗，因此諮商師必須具有生涯輔導有關測驗的專業能力，如合適測驗之選擇、施測、計分、解釋及

應用於生涯輔導之技巧。

㈣成人於工作生涯的適應

陳如山（1991）曾將成人於工作世界的適應分為：⑴入門階段；⑵接觸階段；⑶彼此接納階段，並將每個階段如何去學習適應、發展的任務分析如下。

1. 入門階段

⑴學習探索、了解組織內部狀況。
⑵適應組織文化（企業文化）。
⑶適應工作方式。
⑷與同事間的人際適應。

2. 接觸階段（社會化階段）

⑴接受組織的現實面（調整理想與現實）。
⑵處理對改變的抗拒（包含自己這個人以及自己的工作方式、建議如何被接納）。
⑶學習有效的工作方式。
⑷學習與主管的適應。
⑸於工作世界中找到自我的定位及自我實現。

3. 彼此接納階段

⑴工作投入。
⑵與工作機構建立良好的工作關係，受到機構的正向激勵。
⑶接受機構工作的文化及各種限制。

第二節　成人生涯轉換的輔導

成人檢視自己的工作、家庭、社會關係、休閒及個人發展，希望能於生涯轉換後更能適配或發展自己的生涯目標，或因生涯階段之轉變，例如由中年轉換老年或退休生涯，稱之為志願性的生涯轉換；或因公司倒閉被解職、個人工作未能適應、事業失敗及其他非志願性因素，不得不轉換生涯的生涯探索、生涯決定及有關之生涯行動，皆稱之非志願性生涯轉換，上述二者均為成人生涯轉換（張德聰，1999；陳如山，1991）。

由於職業轉換定義不一，有關之統計也不易得到具體的資料。以美國而言，每年約有 5%～10%的人轉換工作，另外約有二分之一的人於其工作生涯三十年間轉換過工作（Herr & Cramer, 1996）。我國自 1997～2001 年轉業者介於 3.5%～3.8%之間，平均約為 3.64%（行政院主計處 2001 年社會統計指標）。許多人想轉換工作，但沒有轉換或未能轉換。

一、成人生涯轉換的原因

任何生涯轉換皆可能產生挫折、焦慮，藉由個人之成長、成就感及動機之提升，引導當事人澄清生涯轉換後對個人可能之影響，釐清影響當事人想要生涯轉換之各種可能因素，以及探討生涯轉換可能面對的障礙，有助於當事人生涯轉換。

成人生涯發展中，工作中可能遇到瓶頸、面臨升遷停滯，對現有之工作不滿意、不適應、希望找到更能自我實現之工作生涯，或更適合自己的生活方式，因而希望生涯轉換。同時成人之生涯型態與其生涯轉換原因有關。

㈠成人生涯轉換原因

生涯轉換原因亦有如俗謂：「男怕選錯行，女怕嫁錯郎！」可能於第一次之擇業或生涯決定時未謹慎周延，或人生早期之生涯決定非自己做主而是操之於人，或因環境之影響及限制因素。

1. 工作與個人因素之未能適配

⑴能力不合或不足：如學非所用、專長不合、才未適所（如大材小用或小才大用）、未能在職進修。

⑵興趣不合：如不喜歡做。

⑶價值觀不合：如組織環境的工作理念與個人差異過大。

⑷人際關係欠佳：如與長官、同事或下屬之人際相處困難。

2. 「生涯驅策力」未媒合

法蘭西斯（France, 1986）認為事業趨力有下列九種，若當事人之生涯驅策力與從事的工作未能媒合，亦可能產生工作適應困難，而萌生轉業之念頭。

⑴物質報酬驅策力：尋求財富及較高物質水準生活之驅策力。

⑵權力或影響力驅策力：追求控制人、事、物之驅策力。

⑶意義驅策力：意圖於生涯活動中從事有意義事宜之驅策力。

⑷專精驅策力：意圖於某特殊之生涯領域中得到高成就之驅策力。

⑸創意驅策力：於生涯發展中追求發明、創新之驅力。

⑹親和驅策力：期望於工作中與同仁建立良好親和人際關係之驅策力。

⑺自主驅策力：企求於生涯活動中能獨立自主，並能自己作主做重大決定之驅策力。

⑻安全驅策力：追求穩定、可預測、可自我掌握之生涯的驅策力。

⑼聲望或地位驅策力：於生涯活動中追求被尊敬、認可、欽佩之驅策力。

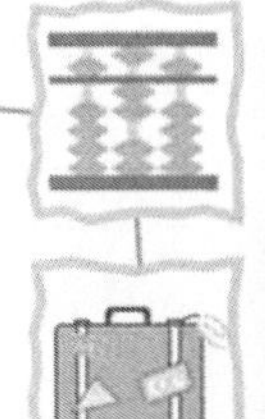

3. 生涯能力欠缺

⑴不當工作習慣與態度：如工作上班不認真、工作效率不高、遲到早退、團隊精神差、未能全心投入工作、對工作缺乏認同、缺乏溝通能力……等。

⑵缺乏應變與創新能力：如作風保守，未能因應時代之需求求新求變。

⑶缺乏生涯規劃能力：對於自己生涯之發展及規劃欠缺整體計畫及規劃能力，以致未能尋到合適自己發展之工作生涯。

4. 家庭或重要他人之影響

如家人生病，或配偶調職，家庭移民，父母或配偶、子女之反對或其他家庭之變故。

5. 期望與實際之差距

對工作原先之期望與實際差異過大。

6. 工作性質因素

如工作過於單調、壓力過多或過少、體力負荷過度。

對成年人而言：如安垂根等人（Entrakin et al., 1981）所述：「30 至 44 歲」為「追求安定期」，「45 至 49 歲」則為全心投入工作之「無休期」，而「50 至 54 歲」為追求安穩之「安定期」。於成年階段，追求工作之滿足感甚於成年初期之重視選擇正確的工作，或許可以說成年階段選擇職業時，似乎「感受」因素重於「理智」因素。由波朔（Persoa, 1983）研究中年轉業者與中年未轉業者之差異，發現轉業者其自我檢核，對其從事之工作感到挫折、自我懷疑及抑鬱。事實上有三分之一的轉業者對其原有工作覺得無意義，強烈希望於其生活中得到自尊，此種對其自我之威脅深刻影響其生涯決策。此外轉業者與未轉業者之差異在於轉變的意願與是否有轉變的能力，以及是否能因應轉變風險之能力。事實上由漢頓等人（Henton et al., 1983）研究指出，約有 40%轉業者，因轉業對其婚姻產生影響，轉業之婦女有三分之二皆得到其配偶的支持。

此外依據生涯轉換量表（Career Transition Inventory, CTI），催化生涯轉換有五項因素，分別是（張德聰，1999）：

1. 準備度：包含心理之準備，如即使可能會遭遇冒險，仍願意朝向更好之生涯或希望努力，生涯探索及所需能力、可能面對風險的準備。
2. 信心：對所可能轉換生涯之信心。
3. 自我之掌控：生涯轉換是自己可掌控的。
4. 覺得被支持：生涯轉換得到有關之重要他人，如配偶、父母、家人、師長支持。
5. 能夠獨立做決定：能夠為自己之生涯轉換獨立做決定，並為之負責。

㈡生涯組型（career patern）與生涯轉換

過去生涯學者對於生涯型態較少注意，但後來由於發現有些人之生涯型態與其生涯轉換原因有關（Miller & Form, 1951; Super, 1957），開始注意生涯型態對於生涯轉換之影響，成人生涯型態可分為下列四種。

1. 穩定之生涯型態

此類型大多為專業之工作者，如經理人、某些技術工人、較少數之半技術工人及事務性職員，由離開學校後即從事其現職工作，穩定的發展。

2. 計畫轉型之生涯型態

此類型由最初之工作開始，有順序的轉換其工作，如有些經理人，由現場作業員、領班、生涯教育進修、課員、課長以至經理。

3. 不穩定之生涯型態

此類型雖會對某一生涯系列之生涯嘗試—穩定—嘗試，但一直未能建立其確切的終生生涯職業，不斷的更換生涯方向，常見於半技術工人、事務性之職員、及非技術性職業工人之生涯型態。

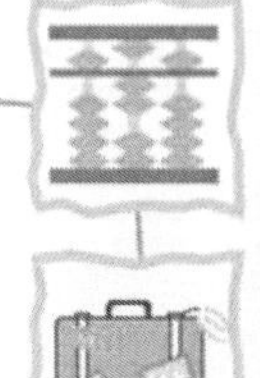

4. 多元嘗試之生涯型態

此類型經常改變職業，但沒有一種職業可以持續，不斷的換工作，不斷嘗試新工作，常見於半技術工人、事務性之職員及非技術性職業工人的生涯型態。

在中年之生涯轉換中，上述分類之 3、4 類者頗多，有些是因社會變遷因素非關志願或非志願，亦可以哲學之觀點，對於轉換生涯者其轉換經驗建構其發展，藉由轉換經驗之再建構重新再定義自己，好似給自己「再生」機會，則涉及其價值觀及生涯信念之轉換。

二、成人生涯轉換的輔導目標

相對於年輕人之生涯決策而言，成人具有較多的生涯經驗，其生涯轉變之判斷、知識及決策過程可能較成熟，然而「當局者迷，旁觀者清」，生涯諮商師於對成年生涯轉換者，仍然必須考慮下列有關的輔導目標。

㈠探索評估生涯轉換的原因

協助當事人去探索、特定化及評估並澄清生涯轉換的原因。如生涯之轉換是出於志願或非志願？生涯之轉換是否因個人的職業適應發生困難？個人是否有功能失常現象，如憂鬱、抑鬱。

㈡資訊提供

協助提供當事人生涯轉換有關且足夠之資訊。例如生涯轉換所需的訓練及教育？怎樣的步驟才能達成目標？由何處可以得到足夠的資訊？

㈢預估影響

協助當事人探討生涯轉換可能之影響，如經濟、家庭生活、生活型態、地理環境上，可能之利弊分析，以及對於上述各因素於時間點上可能發生

的立即性、中程及長期之影響。

㈣發展生涯行動

協助當事人發展合適之生涯行動，如職業選擇、教育進修機會之尋求及爭取。如履歷表是否寫得完整及適切？是否有足夠參加面談之技巧？是否專注於所需的有關教育或訓練？

㈤澄清自我之興趣、能力及個人之特質

協助當事人澄清興趣、能力及個人特質對於各種可能轉換工作生涯適切性之分析。如個人之個性是否適合於所要轉換工作生涯？考慮有關因生涯轉換可能引起之生理、心理及情緒的問題？

㈥轉變後之安置輔導

若適合生涯轉換，應於轉換後如何適應新工作？若有需要，則工作環境是否提供生涯諮商？或必須於工作環境外尋求生涯諮商？此外是否尚有其他資源機構可以尋求？

㈦支持系統之建立

協助當事人探討於生涯轉換時所需之支持系統？甚至經濟支持？探討於生涯轉換時可能產生的壓力，及可能尋求的支持系統。

由過去之研究發現規則性之反應雖有助於對現象之了解，但當事人本身之個別差異、其內在架構之重新安排，以及於怎樣之過程下會產生生涯轉換的改變？其間之動力頗值得深入探討，並由其中尋求當事人之自我調適方法，如焦點集中解決治療（solution focus therapy）強調「當事人亦為專家」，如何協助當事人由其「正向之例外經驗」（positive exception）尋求其能力所及的解決之道。

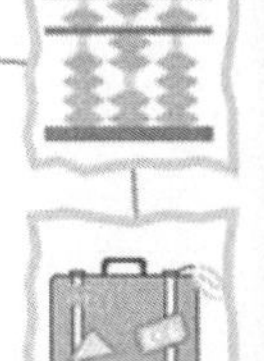

三、成人生涯轉換的評估流程

綜合各學者有關生涯轉換過程及轉業前的心理準備，整理為生涯轉換評估流程，如圖 6-2（Adams, 1983; Mobley, 1977；陳如山，1991）。

生涯轉換評估分析

1. 生涯轉換動機分析

⑴生涯價值改變，如生涯意義。

⑵自我覺察，尋找符合興趣、能力的工作。

⑶自我挑戰，自我實現。

⑷工作不適應（工作條件、環境能力、負荷、人際）。

2. 生涯活動分析

諮商師可輔導當事人就其個人有關之生涯活動項目，可能之正負影響性予於量化，如生涯轉換後對家庭生活中與配偶、子女、其他重要家人之相處時間或家庭經濟的影響，分別予於量化，最大之正向影響為＋ 5，最大之負向影響為－ 5，對於下列之各項生涯活動予以標定，再予以總分析可能之影響，亦可利用平衡表法針對下列各項生涯活動加以分析。

⑴社交生活之生涯活動分析。

⑵家庭生活之生涯活動分析。

⑶工作生活之生涯活動分析。

⑷休閒生活之生涯活動分析。

⑸個人生活之生涯活動分析。

3. 新舊工作的評估

對於新舊工作的評估可以考慮下列項目：

⑴職位或職務：含工作責任、任務、工作內容及要求、工作時間、休假。

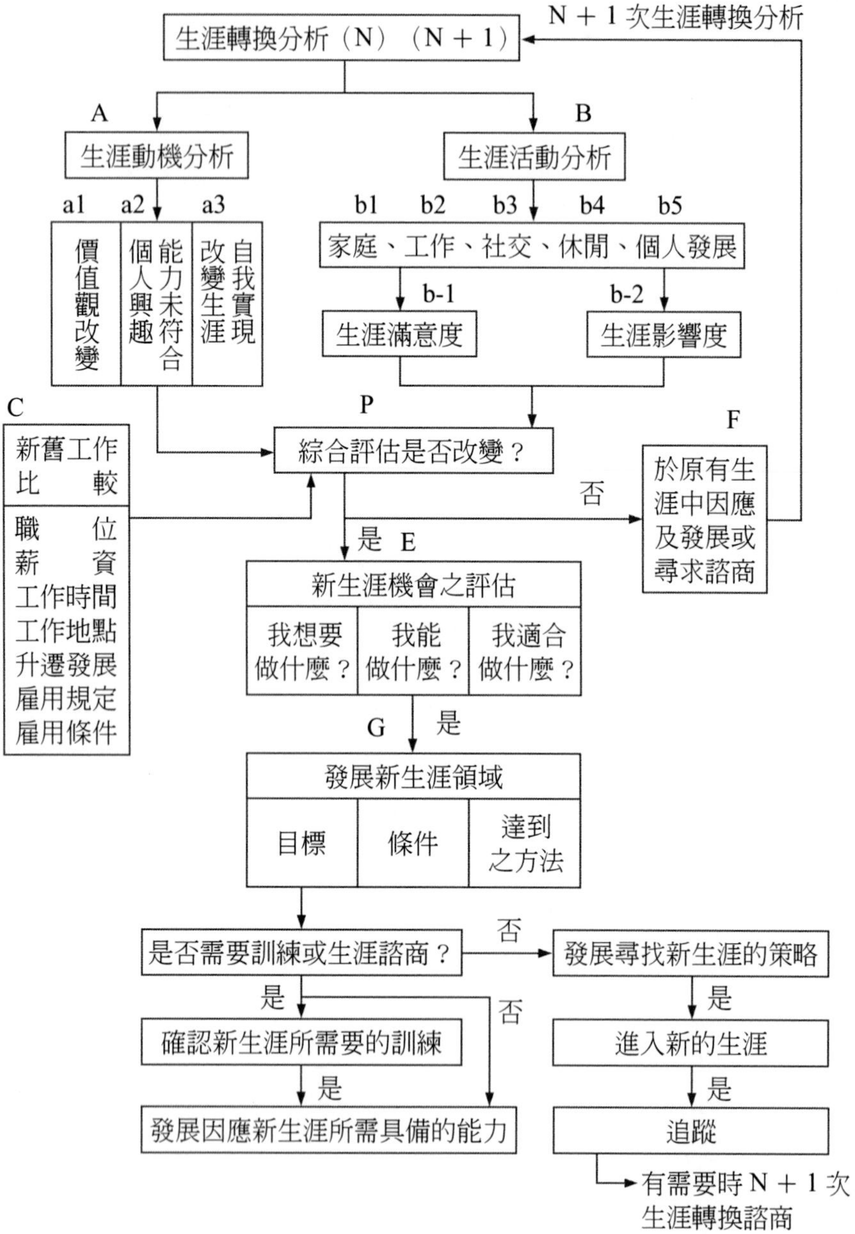

N＋1 次生涯轉換分析

生涯轉換分析（N）（N＋1）

A 生涯動機分析

a1 價值觀改變

a2 能力未符合個人興趣

a3 自我實現改變生涯

B 生涯活動分析

b1 b2 b3 b4 b5

家庭、工作、社交、休閒、個人發展

b-1 生涯滿意度

b-2 生涯影響度

C

新舊工作比較

職位
薪資
工作時間
工作地點
升遷發展
雇用規定
雇用條件

P 綜合評估是否改變？

否

F 於原有生涯中因應及發展或尋求諮商

是 E

新生涯機會之評估

我想要做什麼？	我能做什麼？	我適合做什麼？

G 是

發展新生涯領域

目標	條件	達到之方法

是否需要訓練或生涯諮商？

否 → 發展尋找新生涯的策略

是 → 進入新的生涯

是 → 追蹤

→ 有需要時 N＋1 次生涯轉換諮商

是 → 確認新生涯所需要的訓練

是 → 發展因應新生涯所需具備的能力

否

圖 6-2　成人生涯轉換諮商流程圖

資料來源：張德聰（1995）

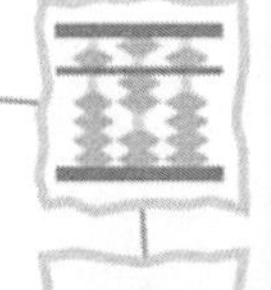

⑵工作環境：含地點遠近、交通、室內或室外、工作量、城市或鄉村。

⑶工作出差的頻率：如跨國公司，國外出差時間頻率、長短。

⑷工作薪資：本薪外、職務加給及其他福利如年終獎金、安全及保障。

⑸升遷發展：工作生涯的路徑、條件及機會。

⑹工作條件：如所需的學歷、證照及專業經驗。

4. 生涯趨力之分析

即對生涯需求之滿足感或趨力物質報酬、權力或影響力，意義、專精、創意、新和、自主、安全、地位等生涯趨力的滿足感等加以分析。

5. 生涯的影響度

轉變生涯後對個人及重要他人可能的影響，包含物質、精神，以及生涯資源網絡及支持系統可能的影響。此外如生涯轉換之原因及代價亦值得加以分析，如是否工作遇到困境、工作壓力太大？遭遇生涯危機事件，如婚姻的問題、生活不滿意、經濟困難，以及轉換後，經濟、生活方式、社會地位、心理、社交、休閒、個人發展等生涯活動的影響度。

6. 對於上述各層面綜合評估

如仍覺得發展新生涯較有利則繼續探討新生涯機會的評估，由我想做什麼（價值觀）？我能做什麼（機會），我適合做什麼（人、境適配），進而探討由新生涯目標之確定、新生涯條件之分析，並發展達到的方法及計畫。如分析之後，不僅於發展「新生涯」或留於原生涯發展對個體較有利，則往後如何於現有生涯中之因應、調適，由其中尋求成就感，或延遲轉換生涯的決定。

7. 發展尋找「新生涯」的策略

尋找「新生涯」的策略時，若個體已具備發展新生涯之能力，則進一步於新生涯中適應及發展。反之接受有關「新生涯」的訓練或諮商，以培養發展「新生涯」所具備之能力。

8. 追蹤或再循環

若於新生涯適應發展上順利，定期追蹤。若仍未能充分發展或更糟，則需接受諮商，或重回生涯轉換分析。

四、培養成人生涯轉換的基本因應技巧

成人之生涯轉換輔導，除了前述生涯轉換之評估及準備外，如同一般諮商的過程，生涯諮商師當與當事人建立良好關係、界定問題、催化改變，並需協助當事人發展有效的因應技巧（Brammer & Abrego, 1981）。

㈠發展對於生涯轉換所需求的覺察及因應技巧

如引導當事人對於個人生涯型態的適當改變以因應生涯轉換，包括接受生涯轉換的心態、學習正確的覺察及表達生涯轉換的困境（包含問題的分析界定及情緒的描述，發展自我控制的因應方式）。

㈡評估、發展及使用外在支持系統的技巧

包含去評估於個體生涯轉換中的生涯支持系統，包含人、機構進而建立個人生涯支持網絡，生涯支持機構之尋找如青輔會、國民就業輔導中心，個人生涯支持者之建立（如好朋友中合適者、師長、親人），並能於必要時善用外在生涯系統。

㈢評估、發展及利用內在的支持系統的技巧

探索個人面對生涯轉換時正向或負向之自我關照態度，積極方面發展正向的態度，消極方面則怯除負向態度，把生涯轉換視為成長的機會，並發展實現個體自己具有的良好的內在生涯支持系統，如過去成功經驗、正向的改變趨力。

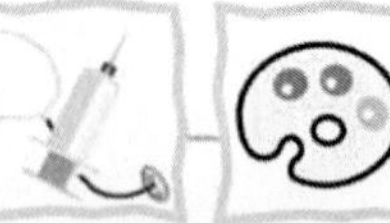

㈣培養因應生涯轉換引發身心壓力的技巧

如自我放鬆、減低壓力之因應策略，如說出來、寫下來、唱出來、動起來。

㈤計畫及執行生涯轉換改變的技巧

如生涯轉換評估、生涯轉換計畫之方法及執行。

第三節　失業輔導

依照企業壽命之估計，過去一個企業平均壽命為三十年，但目前的企業壽命可能降至十年，甚至短於十年，因此我國現代就業者的一生，平均可能須轉換三到四次工作，相對而言，失業率也可能增加三到四次的機率，而有些國家（如美國）甚至會高達九到十次。尤其在面對金融風暴的影響，如過去的雷曼兄弟或歐債問題，美國過去的貨幣量化寬鬆（Quantitative easing, QE）及歐盟現在的量化寬鬆，常是世界性的影響，台灣也不能置身事外，甚至中國大陸的經濟景氣興衰，也深深影響台灣的相關產業；金融風暴最易引發的就是經濟不景氣，會迫使企業關門或裁員，以降低人事成本，自然就提升了失業率。失業不僅是沒有了工作，可能使家庭婚姻破裂成為「失婚」，也可能使子女因無法繳出學費而中輟「失學」，此外也影響人際關係，造成「失友」（如男女朋友因失業而分手），對於有些長期失業者更可能影響其向上奮鬥的鬥志，而造成「失志」，甚至產生精神疾病（如憂鬱症）、失去健康，嚴重者甚至會自殺；此外，因失業壓力、飢寒交迫而起盜心、犯罪、偷竊，甚至因孤苦無助而自殺。

因此，失業不僅會影響一個人的「生計」，也會影響其「生活」與「生命」，造成三「生」不幸。失業不僅會影響一個人的生涯規劃，也會影響其家庭，以及社會和國家，有效的失業輔導與預防政策，需要為政者、生

涯相關輔導機構，例如：教育部、青輔會、勞委會、經濟部、衛生署、法務部、國防部等，跨部會的加以重視，更值得心理諮商輔導相關機構及助人專業工作人員加以重視。

一、失業率概況

2014 年，我國平均就業人數為 1,107 萬 9 千人，較 2013 年增加 11 萬 2 千人或 1.02%；平均失業人數為 45 萬 7 千人，較 2013 年減少 2 萬 1 千人或 4.46%；平均失業率為 3.96%，較 2013 年下降 0.22%；平均勞動力參與率為 58.54%，較 2013 年上升 0.11%。

由表 6-2 可知，2014 年 12 月的失業人數為 43 萬 9 千人，較上月減少 1 萬 2 千人，其中初次尋職失業者減少 7 千人、因工作場所業務緊縮或歇業與季節性或臨時性工作結束而失業者均減少 2 千人、因對原有工作不滿意而失業者亦減少 1 千人；與 2013 年同月比較，失業人數計減 3 萬人。

2014 年 12 月的失業率為 3.79%，係近十四年來同月的最低水準（2000 年 12 月為 3.27%），較上月下降 0.10%；如與 2013 年同月比較，亦下降 0.29%。經季節調整後失業率為 3.84%，較上月下降 0.03%；與 2013 年同月比較，亦降低 0.30%。12 月失業者的平均失業週數為 27.1 週，較上月延長 0.9 週。12 月失業期間達 1 年以上之長期失業人數為 7 萬 4 千人，較上月減少 1 千人。

2014 年的平均失業週數為 25.9 週，較 2013 年縮短 0.3 週；長期失業人數為 7 萬 5 千人，與 2013 年持平。2014 年的平均失業率 3.96%，係近七年來的最低水準（2007 年的平均為 3.91%），較 2013 年下降 0.22%。按教育程度別觀察，國中及以下程度者的失業率為 3.20%；高中（職）程度者的失業率為 3.83%；大專及以上程度者的失業率為 4.35%，其中大學及以上程度者的失業率為 4.99%。按三段工作年齡層觀察，15～24 歲年齡層的失業率為 12.63%；25～44 歲年齡層的失業率為 4.13%；45～64 歲年齡層的失業率為 2.09%。

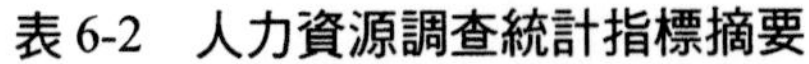

表 6-2　人力資源調查統計指標摘要

（單位：千人）

年／月別	15 歲以上民間人口	勞動力			非勞動力		勞動力參與率		失業率		廣義失業率
			就業者	失業者		想工作而未找工作者	（%）	季節調整後	（%）	季節調整後	（%）
2004 年平均	17,760	10,240	9,786	454	7,520	230	57.66	57.66	4.44	4.44	6.54
2005 年平均	17,949	10,371	9,942	428	7,578	209	57.78	57.78	4.13	4.13	6.02
2006 年平均	18,166	10,522	10,111	411	7,644	198	57.92	57.92	3.91	3.91	5.68
2007 年平均	18,392	10,713	10,294	419	7,679	191	58.25	58.25	3.91	3.91	5.59
2008 年平均	18,623	10,853	10,403	450	7,770	168	58.28	58.28	4.14	4.14	5.61
2009 年平均	18,855	10,917	10,279	639	7,937	177	57.90	57.90	5.85	5.85	7.35
2010 年平均	19,062	11,070	10,493	577	7,992	161	58.07	58.07	5.21	5.21	6.57
2011 年平均	19,253	11,200	10,709	491	8,053	152	58.17	58.17	4.39	4.39	5.67
2012 年平均	19,436	11,341	10,860	481	8,096	150	58.35	58.35	4.24	4.24	5.49
2013 年平均	19,587	11,445	10,967	478	8,142	152	58.43	58.43	4.18	4.18	5.43
11 月	19,630	11,497	11,019	478	8,133	148	58.57	58.47	4.16	4.15	5.37
12 月	19,639	11,498	11,029	469	8,141	147	58.55	58.49	4.08	4.14	5.29
2014 年平均	19,705	11,535	11,079	457	8,170	144	58.54	58.54	3.96	3.96	5.14
1 月	19,649	11,498	11,036	462	8,151	146	58.52	58.49	4.02	4.07	5.22
2 月	19,658	11,489	11,019	470	8,169	145	58.44	58.53	4.09	4.05	5.29
3 月	19,667	11,490	11,027	463	8,177	146	58.42	58.55	4.03	4.06	5.23
4 月	19,676	11,489	11,040	449	8,187	144	58.39	58.56	3.91	4.04	5.10
5 月	19,687	11,496	11,052	443	8,192	140	58.39	58.55	3.85	3.99	5.01
6 月	19,698	11,513	11,062	451	8,185	142	58.45	58.51	3.92	3.97	5.09
7 月	19,709	11,555	11,091	464	8,154	144	58.63	58.51	4.02	3.95	5.20
8 月	19,722	11,583	11,110	473	8,138	146	58.73	58.51	4.08	3.94	5.28
9 月	19,731	11,557	11,099	458	8,174	145	58.57	58.57	3.96	3.90	5.15
10 月	19,742	11,577	11,120	457	8,165	143	58.64	58.58	3.95	3.87	5.12
11 月	19,755	11,588	11,137	451	8,167	142	58.66	58.57	3.89	3.87	5.06
12 月	19,766	11,590	11,151	439	8,176	143	58.64	58.58	3.79	3.84	4.96
當月較上月增減（%）	0.05	0.02	0.13	-2.75	0.11	0.52	(-0.02)	(0.01)	(-0.10)	(-0.03)	(-0.10)
當月較上年同月增減（%）	0.64	0.80	1.10	-6.39	0.43	-2.83	(0.09)	(0.09)	(-0.29)	(-0.30)	(-0.33)
本年累計較上年同期增減（%）	0.60	0.79	1.02	-4.46	0.34	-5.37	(0.11)	-	(-0.22)	-	(-0.29)

註：1.括弧（）內的數字係增減百分點。

2.人力資源調查對象不包括武裝勞動力及監管人口。

3.失業者係採國際勞工組織（ILO）的標準定義，即年滿 15 歲以上人口，且須同時符合無工作、在找工作或已找工作在等待結果、隨時可以開始工作等三項條件。

4.失業率＝失業者／勞動力×100%。

5.廣義失業率＝（失業者＋想工作而未找工作者）／（勞動力＋想工作而未找工作者）×100%。

資料來源：行政院主計總處（2014）

由歷年來我國失業者人口原因簡單歸納分析，我國失業人口變項有下列幾種：

1. 非志願性失業增高，如對原有工作不滿意，需加強其職涯之探索能力、興趣、價值觀與職業適配之輔導。
2. 中高齡失業者占其人口數增加最高，需加強其生涯轉換輔導，以及中高齡失業者人力資源規劃與再應用。
3. 15～24 歲組失業率最高，需加強青少年的生涯輔導。
4. 大學及大學以上失業率最高，需加強其學歷與實力以及證照制度的契合，企業實習制度以能學以致用為主。
5. 男性失業率高於女性。
6. 工作場所業務緊縮或歇業或結束，需加強若經濟不景氣如何因應的措施。
7. 初次尋職者，需加強其學校畢業入職場的生涯及職涯教育。
8. 季節性或臨時性工作，需加強市場工作不穩定性增加之因應。

世界主要國家（地區）的最新失業率如下：法國 10.3%，加拿大 6.6%，英國 5.9%，美國 5.6%，德國 5.0%，日本 3.5%，南韓 3.4%，香港 3.3%，新加坡 2.0%（居民失業率 2.8%）。相較之下，台灣的失業率雖較歐美先進國家低，但在亞洲而言，我國的失業率高於日本、香港、南韓及新加坡。

㈠台灣地區失業者人數之增長比較

由表 6-3 可知，2006～2013 年的失業者人口總數，由 411,000 人增加到 478,000 人，增加的倍數高達 1.16 倍，同時可知男性的失業率在這幾年來皆高於女性。

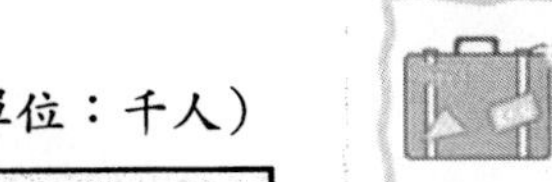

表 6-3　台灣地區失業者人數統計表

（單位：千人）

年（民國）	總計	男	女
95	411	245	166
96	419	248	171
97	450	271	179
98	639	404	205
99	577	362	215
100	491	297	194
101	481	286	195
102	478	286	192

資料來源：行政院主計總處（2014）

2013 年，女性失業的原因以對原有工作不滿意者居多，男性則以因工作場所業務緊縮或歇業而失業者較多。2013 年的女性平均失業人數為 19 萬 2 千人，較 2012 年減少 3 千人或 1.51 %；男性平均失業人數為 28 萬 6 千人，則與 2012 年持平。就失業原因觀察，2013 年的女性以因對原有工作不滿意而失業者的 6 萬 9 千人或占 35.77 %最多，初次尋職失業者 5 萬 3 千人或占 27.68 %次之；男性則以因工作場所業務緊縮或歇業而失業者的 9 萬 5 千人或占 33.35 %最多，因對原有工作不滿意而失業者的 9 萬 2 千人或占 32.12 %次之。

在兩性失業者的失業原因中，因景氣變化對男性失業情勢之影響相對較大。2013 年的男性平均失業率為 4.47 %，女性為 3.80 %，分別較 2012 年下降 0.02 %與 0.12 %（如表 6-4 所示）。若就長期資料觀察，1985 年以前以女性的失業率較高，而近二十年隨著女性就業者大幅成長，女性失業率除於 1993～1995 年間略高於男性外，其餘年度均低於男性；其中 2003 年受網路泡沫化影響，兩性失業率差距擴大至 1.81 %，之後差距逐漸縮

小，於2008、2009年遇到國際金融海嘯時，兩性失業率的差距再次擴大，而隨著近幾年的景氣逐步回穩，差距呈現縮小的趨勢，此顯示景氣變化對男性失業率的情勢影響相對較大。

表 6-4　台灣地區失業率年平均比較表

（單位：%）

年（民國）	總計	男	女
95	3.91	4.05	3.71
96	3.91	4.05	3.72
97	4.14	4.39	3.83
98	5.85	6.53	4.96
99	5.21	5.80	4.45
100	4.39	4.71	3.92
101	4.24	4.49	3.92
102	4.18	4.47	3.80

資料來源：行政院主計總處（2014）

㈡由年齡組別失業率觀察

由2014年12月的年齡組別失業率觀察，高失業率仍集中於青少年齡層，其主要係因15～24歲青少年處在工作初期或調適階段，工作異動較頻繁所致，其中以20～24歲的12.82%最高，15～19歲的8.12%次之，25～29歲的6.52%與30～34歲的4.06%，亦在平均水準之上；其餘各年齡層的失業率則均在3.14%。

20～24歲的12.82%最高，為平均失業率的3.23倍，較一般先進國家的兩倍為高，值得重視。15～19歲的8.12%次之，則與男性等待服兵役以及高中職學歷可能有關。以年齡組別失業人數來觀察，25～44歲年齡組自

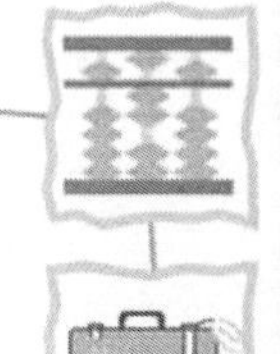

2009 年以來高居 4%失業率以上，45～64 歲則自 2009 年以來逐漸下降到約 2%。

㈢由教育程度別失業率觀察

由 2014 年的教育程度別失業率觀察，國中及以下程度者為 3.20%；高中（職）程度者為 3.83%；大專及以上程度者為 4.30%，雖皆為 2005 年以來最低，但值得注意的是學歷愈高、失業率愈高，尤其是大專及以上程度者的失業率高於平均失業率，此代表高學歷、高失業的議題值得關切。

二、失業者的心理狀態與心理需求

㈠失業者的心理狀態

1. 焦慮與擔心：對已經失業者會有自我應驗預期，「失業率這麼高！難怪我會失業」；對在職者——擔心：「下一個會不會輪到我？」
2. 擔心失業多久才能找到工作。
3. 擔心家人的接受度。
4. 擔心家計。
5. 擔心債款與貸款。
6. 擔心小孩的就學與就養問題。
7. 人際與面子問題。
8. 自我與人生意義問題。

㈡失業者的心理需求

1. 找到工作。騎驢找馬。
2. 工作經濟的安全感。
3. 工作、人際與家庭的適應與歸屬。
4. 自尊與自信的尋找。

5. 自我實現，做自己想做的。
6. 超越。自我突破需求，若不能滿足則產生壓力。

三、失業者的生涯輔導

㈠找出就業主流——國內就業主流為電腦相關專業技術及服務業

至2010年止，美國前二十名發展最快的職業中，盡由電腦專業相關技術與健康醫療服務業瓜分，而且工作對學歷的要求愈來愈高。經建會指出，台、美就業趨勢類似，美國各職業別需求人力所須具備的教育與訓練，可供我國參考。經建會以美國為例，指出至2010年前，職缺最多的工作為專業技術職類，次為服務職類，第三是管理、商業及金融，第四是辦公、行政支援，第五是生產製造類。美國勞工部分析695個職業別細分類中，成長最快的前二十名中，除一項職類是社區及社會服務外，其餘皆屬電腦專業人員或醫療保健服務業。趨勢顯示，未來電腦技術的應用將深入各行各業，適合中高齡、勞動者或兼職者的職業包括：個人及居家照護助理、物理治療助手、職能治療助手、健康訓練及有氧教練。

上述工作大多僅需要短期職訓或在職訓練即可勝任，政府目前推動的「照顧服務產業發展方案」，就是希望藉由這些兼職工作的職業，促進中高齡勞動者的就業機會，預計在2008年以前創造50,000個工作。

對照台灣情形來看，由於台灣勞動市場的職類不如美國詳盡，無法依美國方式進行分析，但趨勢顯示，國內兩大就業主流仍以電腦相關專業技術及服務業為大宗，中時人力網營運長張志弘以元月份網上求才資料表示，包括台積電、宏碁、華碩、致伸、台揚科技、台灣奈普光電等高科技廠商，均積極招募工程研發人員，而大眾銀行、花旗銀行、統一證券、富邦證券等金融機構近月來釋出不少工作機會，其中以現金卡業務、理財專員、企畫專員、分析師等最為熱門（〈經建會：未來十年專技職缺最多〉，2003）。

㈡失業者的生涯輔導措施

就業輔導是需要跨專業之助人工作，不僅需要心理諮商諮詢的協助，更需實質的就業安置，職業訓練，失業津貼，甚至理財輔導及家庭婚姻之諮商，生涯諮商師亦需了解上述政府的相關措施，並參考第二節之生涯轉換方法提供來談者做有效的失業輔導。生涯諮商師面對失業者之生涯輔導措施，必須考量下述作法。

1. 情緒之接納

除了建立良好諮商關係外，更需注意對失業者情緒之接納。

2. 實質之資源協助

失業者所面對的極可能是經濟上的急難救助，亦可能附加許多如家庭、子女教養教育，甚至居住生活安頓問題，諮商師需了解政府及民間之相關有效資源，以解決其面對之急切實質問題。

3. 過去正向經驗之增強與擴展

為了激發失業者的信心，可從過去成功經驗之省思中，探索其有利之處，以增強其信心。

4. 支持系統及資源之探索

協助失業者探討支持系統及資源，包括家人、朋友及社會資源，以擴展其現實生活的問題解決能力。

5. 工作能力及條件之分析及培養

6. 於探索職場時，對其工作能力之分析及評估

避免定出不合實際之生涯目標，必要時須與來談者共同探討職訓或工作能力及條件之培養。

7. 職場世界之需求探索

引導失業者對適合其工作之職場世界的需求探索及了解，有助於將自己合適之職涯能力媒合於職場。所有求職者更需要注意的是，企業會錄取具備哪些條件的人？超過58%的徵才企業表示，「能力」、「經歷」、「態度」、「學歷」，是凌駕其他因素之上的四大考量，另外也有34.38%的企業表示「年紀」是他們的考量之一（1111 人力銀行，2003）。

8. 應徵能力之訓練

許多失業者對於應徵之應對進退，包括履歷表之撰寫，若未經過適當之訓練，常有不足或不清楚的狀況，因此需要適當之輔導。

9. 挫折及壓力的因應

失業本身即為一種壓力，有時更是累積之挫折，失業者壓力調適因應的討論，尤其輔導後再次應徵前，更需與其討論應徵謀職挫折壓力的因應方法。

10. 生涯計畫之擬訂及行動之執行

失業者如同一般生涯規劃者，亦需擬訂適切的生涯計畫，但目標由小至大，由小的成功累積信心，由其最可行、最能做、最願意做的步驟開始，但務必付諸行動。

11. 追蹤輔導

失業者於謀職過程中，有時會因擔心挫折而逃避，或者找到工作後亦需適應，因此需要適時的追蹤輔導及關懷。

第四節　年長工作者的生涯輔導

一、年長工作者的分析

由於壽命延長，使得社會上的成人人口愈來愈多，造成人口結構改變，也促使「老年學」（Gerontology）之興起。有關老年之定義，一般學者，以年齡超過 65 歲以上，台灣地區至 1993 年 9 月，達到 7%，正式邁入高齡化社會，2000 年達到 8.6%（行政院主計處，2003）。黃富順（1992）預估台灣社會在 2020 年時，老人人口將增加一倍，則屆時可能之現象如下：

1. 老年人口倍增，將達 3,200,000 人。
2. 由於人口數之增加，且教育程度增高，亦更有組織，其對政治的影響力亦自然增加。
3. 老年人希望維持更富裕、充實之生活狀態，要求其生活中有更多的保險福利，健康醫療照顧及其他福利條件，享有安全舒服之退休生活是社會福利政策考量，亦為老年之期待。
4. 退休者與工作者之比率將達 1：3，工作者稅負將增加。
5. 離婚率持續上升，導致成年人對父母之照顧責任降低。

一般而言，年長工作者（old worker）是指超過 45 歲或更年長的工作者，以美國而言約有五分之一為年長工作者，而我國超過 45 歲之年長工作者其數目約 60%為勞動力。年長工作者由於生理上之自然衰退，雖其智能並未減低，但於工作上常遭遇一些困難，如謀職機會不易，一般企業雇用之條件不利於年長工作者，常成為廉價勞工，缺少轉業之彈性，而年長工作者亦常失去其理想之生涯目標，易於對其之不當督導經驗發怒，對未來亦較缺少希望。但依其工作生涯性質之不同而異，如於中高階層之職位，或白領階段，其適應狀況與藍領階級如勞工不太相同，勞工階層由於工作

性質偏重勞力性，年長工作者較無法持續，工作效率較低，但其經驗豐富，若給予適當機會提供經驗，對工作亦頗有助益，如過去軍中之士官長，對軍中有關行政事務頗能提供經驗，但對於年長工作者之生涯輔導仍需有關特殊之職業訓練以增加工作適應能力。有些學者認為以生理年齡（chronological age）來評估年長工作者之職業能力是不公平的，宜以功能年齡（function age）因此不宜以年齡為限，限制年長工作者之工作機會，宜以工作功能（performance function）為評量指標（Herr & Cramer, 1996）。

二、年長者生涯輔導措施

1. 提供支持，以建立及維持生涯的正向態度，使年長工作者覺得有價值及尊嚴。如當事人曾遭受拒絕，諮商師可能需與當事人探討下列問題：
   ⑴過去是否有遭受工作被拒絕的經驗？
   ⑵當事人是否表達無助、沒價值感、沮喪、缺乏信心？
   予以情緒支持，尋求其正向之生涯經驗，引導當事人探討及接受個人之現況，協助其尋求及發展生涯資源。
2. 引導探索是否可參加其他職業再訓練之機會或就業之管道？以增加求職之機會。
3. 提供各種就業資訊，及與當事人探討可能之就業藍圖？如果當事人知道最有可能之市場或機會，其問題可能解決一半。
4. 協助當事人客觀評估就業困難的真正原因，以免當事人尋求藉口，而不實際行動。
5. 引導當事人探討其對現在工作的動機及對未來的期望，以及他對於自己身為工作者之自我覺知，澄清其生涯動機、期望及價值觀。
6. 對於有關管理、專業性、技術性質之職業，必須協助當事人考慮有關事宜，如薪資、工作能力、地位、所負之責任大小、安全感、升遷機會、參與機會……等。並思考其本身之現況及能力，必要時是

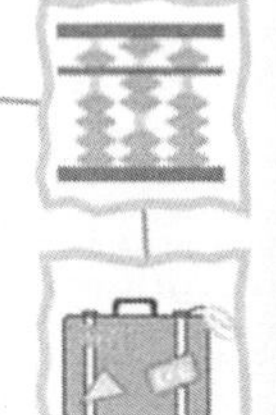

否必須考慮減薪、從事部分時間工作等有關生涯調適的措施。

7. 如果需要，必須協助當事人發展有關尋找工作之能力及實際之行動。
8. 提供新工作安置及追蹤輔導之措施，倘若真的無法找到工作，如果有需要，亦考量安排有關資源機構的協助。

三、年長者的生涯輔導

對大多數人而言，退休之日於第一天工作之後就已預定了，而且很快就會來臨！退休既然是人生生涯必經之道，若能妥善規劃，由中年甚至青年時即開始做，退休後之老年生涯，相信必較妥善。

愈來愈多超過 60 歲健康而希望繼續工作之老人，由日本勞動省（1987）「長壽社會有關世論調查」資料顯示，剛滿 60 歲之國民有 60%的人希望 60 歲之後亦要繼續工作，而日本企業不同年齡組自 1976～1989 年間，其中 60 歲以上組退休之人數逐年增加；56 至 59 歲組未有太多變動；反之 55 歲以下組，退休之比率逐年減少（江亮演，1988）。

㈠退休引發老年生活不安之原因

1. 經濟上之原因

擔心若不再繼續工作沒有辦法生活，或於青壯年時缺少老年財務生涯規劃。

2. 生理上之理由

老年退休後的失落感，擔心失去與同事之人際關係、失去收入、失去自尊，於沒事可做時，若無適當之規劃，便會感受到物質及精神的失落，影響其身心健康。

3. 生涯發展上之理由

如果未能妥善規劃老年生涯，將使得老人未能準備迎接其老年生活發

展的老年生涯目標，因而覺得生活缺少目標，產生焦慮不安。基於老年人之基本需求，如經濟的安定，職業的安定，醫療、衛生、營養的保障，家庭的安定，社會互動的機會，教育的機會，文化、娛樂的機會（江亮演，1988），擬訂下列老年的生涯輔導目標。

㈡老年之生涯輔導目標

1. 老身要保

老年人之健康包括一般飲食、養生、運動及老年人疾病防治，良好之生活習慣，可以消極的減少病痛，積極而言亦為經營快樂老年生活的基礎。

2. 老本要存

經濟生活或金錢生涯規劃亦為老年人所必須考量者，固然有些老年人可能有其退休金，但亦有許多老年人可能缺少積蓄，或子女失養，因此妥善的老年人經濟規劃亦為老年人生涯輔導目標之一。

3. 老伴要寶

老年人之婚姻家庭生活亦為其情感生活的重要寄託，固然於今日社會「養兒防老」之風已漸式微，但許多老年人對於家庭中之配偶扶持、子女親情之關懷、含飴弄孫之樂等，仍是十分重要的情感支持。

4. 老友要找

老年人之社交生活及友情之支持網絡對老年人依然十分重要，尤其鰥、寡、獨、廢疾者，朋友之支持是十分重要的，因此如何協助老年人於退休前及退休後，建立有關的資源系統，包括友情之資源亦為老年人生涯輔導的重要目標。

5. 老趣要早

生涯輔導包括休閒輔導，尤其對於老年人退休後時間多了，如何規劃時間從事合宜的休閒生活，如俗謂：「活動活動，要活就要動！」老年興

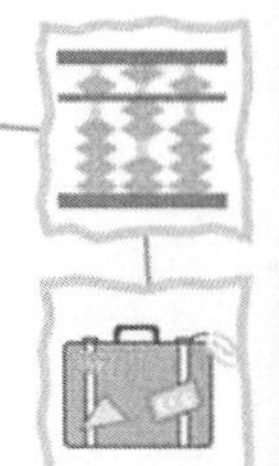

趣及休閒生活之培養亦為生涯輔導目標之一。

6. 老癮要少

老年人之養生除積極培養健康生活外，消極上減少不良習慣，亦可協助老年人，減少或避免病痛。

7. 老才要用

人年老了仍需要有成就感，如何協助老年人發現其於退休之後，仍能對自己、家庭、社會或過去工作生涯有所貢獻，如有些退休者每天回原來服務場所當義工 2 小時，或於同事有需要時擔任諮詢，使其老才有用。

8. 老而要學

老人之終生教育，不僅可以提供老年人前述之興趣、成就、友情、新知的提供，更重要得協助老年人學習如何面對及迎接其人生黃昏之旅，學習新生活之調適，如果仍需部分工作生涯，學習有關的工作技能，或一些過去想學而未能學之人生希望的落實。

㈢年長者之生涯輔導的策略與方法

對於老人之生涯輔導的策略與方法，參考有關學者之觀點，嘗試以老人之英文（oldmen）有關的聯想整理如下：

O（old men involve）：讓老人參與老人之生涯輔導服務，如社會福利機構，設立老年志工專線，向獨居老人電話問安關懷，協助其由老年之「同儕」相互支持、協助。

L　-aw：法律或社會福利政策，宜對老年人之生活有所保障及照護，具體措施包括老人年金或老人保險、補助年金，中高齡職業訓練及中高齡職業介紹所、退休制度之改善等。

D　-evelopment：發展性，老年人之生涯輔導應考量老年之生理及心理發展任務。

M　-oney：金錢生涯之規劃，對老年人士十分重要的，包括年長者之

生活諮商、融資、貸款及理財之規劃。

medical care：醫療照顧，全民醫療保險給予老年人優待或於未來免費，對於老人之營養、衛生、保健方面給於適當衛教，使老年人注意身體之保健，預防或減少疾病的產生。

men：必須考慮老人之基本需求，如生理、安全、歸屬、自尊、自我實現……等。以及其與家庭、友人的支持網路。

E -nviroment 環境安全性：老年人之生活環境及空間的安全，家庭及社區對其之接納。

employe：職業安置，如老人之職業訓練、高齡職業介紹所、老人工作室、老人工作中心、老人創業、應徵、文藝藝術創作、成立老人人力銀行及其他老人就業方法。

education：教育如老人教育、長青學苑或退休前之轉業或就業訓練等。

N -ew information：新資訊之提供，以保障老年人應有的福利措施。

第五節　婦女的生涯輔導

一、婦女的生涯型態

舒波（Super, 1957）曾分析婦女的生涯型態，大致可分為下列幾種。

1. 穩定之家庭照顧生涯型態

離開學校沒多久後就結婚而成為全時間之家庭主婦，工作時間十分短暫或沒有工作經驗者。

2. 傳統之婦女生涯型態

傳統社會中一般婦女的生活型態，在傳統之學校受完主要教育，踏入

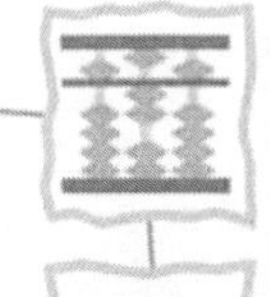

社會從事一般傳統中婦女之工作，如教師、祕書、護士，於結婚後，年輕之婦女成為全時間的家庭主婦。

3. 穩定之工作生涯型態

此類婦女具有較強的工作動機及興趣，有可能於學校畢業後投入工作，而持續於工作生涯之發展，亦有可能婚後擔任家庭主婦一段時間後，再投入工作生涯。

4. 雙生涯工作生涯型態

婚後仍繼續工作，一方面維持工作者角色，另一方面擔任家庭主婦之工作，兼顧家庭與工作，但也承受兩難壓力。

5. 間斷性之生涯型態

婦女於工作生涯與家庭主婦生涯二者間輪替，有可能因小孩之成長再度就業；亦有些是因經濟之壓力再度工作；有些是因婚姻之離婚或守寡因素，再度就業。

6. 不穩定之生涯型態

此類婦女之生涯型態，於職業婦女、家庭主婦二種生涯型態間不規則交替，有時因經濟需求再就業；有時因健康或家庭需要，就放棄工作，此種生涯型態較常見於低收入經濟水準者。

7. 多元嘗試之生涯型態

此類婦女之生涯型態，與同類型的男性一樣，於其工作之轉換為非相關性之職業，缺少工作之穩定性，可能尚未找到可讓其全力投入生命的工作。

隨著時代的變遷，人道主義的興起，婦女之教育及社會地位提升，兩性平等、相互尊重及性別角色朝向剛柔並濟。傳統性別角色之職業亦在變動，如女醫師及男護士的增加。雙生涯婦女之比率亦增加，有些是因為經濟生活所需，有些則是為提高生活水準，亦有些職業婦女工作是為自我能

力之證明或自我實現。女性參與勞動力亦逐漸提高，一方面雖與出生率之降低、現代勞動力之高需求有關，但離婚率之提高，婦女追求經濟地位之自主，婦幼權及照顧幼兒的義務亦漸被認為不唯女性，男性亦需承擔。加上空巢期婦女，於子女離家後之空虛，因不再像過去一樣被兒女所深刻需要，其成就感或價值感之失落，渴望就業的動機亦增強，Black 及 Hill（1984）之研究指出，50 至 59 歲間受過教育的中年已婚婦女是否快樂？若不考慮其工作職位、年資、社經地位、教育水準、配偶態度、工作壓力，發現受過良好教育的中年婦女於空巢期較無明顯之問題。但對婦女而言，中年本身更年期之身心調適加上空巢期因應，的確會帶來一些生涯轉換之因素。

人之區別，最簡單的就是性別，且不論少數之例外，大致就是男性與女性，雖於近年來兩性平等之觀念備受重視，二者之生涯發展亦有其相近之處，但女性的一生的確要面對許多與男性之不同。在生理上：女性需要面對青春初期、懷孕妊娠生產、停經更年、女性特有之婦女疾病，以及女性比男性之生命年齡平均較長，因而必須忍受老年寡居之調適等女性生涯上之獨特經驗；且因生理上之性別差異，於文化上角色之扮演亦有不同，如女兒、妻子、母親的角色；在心理上：女性需要面對同儕、獨處、感情、婚姻、教養、退休、空巢、養老、死亡等問題，近代女性更面對工作與生涯之雙生涯、婚姻與單身、新性別角色之調適、家庭與事業之衝突與抉擇，以至近年來女性之單身、遲婚、離婚、外遇等問題（柯永河等，1989）。

二、影響婦女生涯轉換的障礙

婦女生涯轉換之決定因素，常與重要他人需求有關，如子女、配偶、父母，尤其在早年之婚姻生活，如懷孕、子女幼小需照顧等因素，而較後期之婚姻生活的生涯轉換則可能與經濟因素有關。此外社會支持因素，包含配偶及其他重要家人或好友的支持與否亦十分重要。

歸納影響婦女生涯轉換的障礙，主要包括下列三大類：

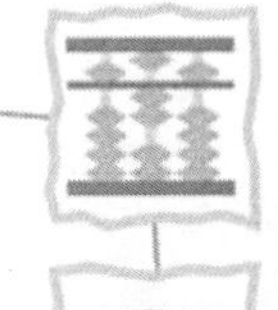

1. **機構因素**：包括工作地點、工作時間、薪資結構、工作之友誼等。

2. **情境因素**：包括職業之承諾、家庭之責任、家庭經濟、兒童之哺育、交通運輸問題等。

3. **心理障礙因素**：包括生涯態度、信念及價值觀，自尊心，他人之意見，學生時期的經驗。此外對於害怕「成功」之女性，女性成功恐懼理論認為女性之能力與成就動機愈強時，成功恐懼愈會伴隨出現，女性遇到男性競爭對手時，恐懼更為高漲，雖其理論架構不足，研究設計未臻完善，爭議不斷，但其「女生自我設限心態」提供一條探討部分女性「逃避成功」現象的可能管道（顧瑜君、顧雅文，1990）。

三、婦女的生涯輔導

㈠婦女之生涯輔導的發展任務

因此婦女之生涯輔導應是考量其一生之生涯發展，及其有關一般性及獨特性之生涯發展任務，其生涯之任務由出生至終結涵蓋如下（柯永河等，1989）。

1.「掌上明珠」之成長期（0～10歲）

此期之女性發展任務除如何適當教養外，適切的性別角色教育亦十分重要。

2.「吾家有女初長成」之青春期（11～20歲）

此期之女性發展任務除一般青春期的發展任務外，包括初入青春期因生理發展及月經週期之適應、自我獨立之追求、少女情懷總是詩，學習面對與異性交往及適切愛情觀之學習。

3.「工作生涯與幸福婚姻」之追尋期（21～30歲）

包括幸福婚姻之追尋、上班女郎之忙與盲、雙生涯婦女之抉擇與因應、

婚姻生活之調適、初為人母之喜悅與承擔。

4.「活出自己」之自我抉擇期（31～40 歲）

此期與上一期之部分任務可能重疊，如雙生涯婦女之抉擇與因應，此外新的任務或危機，如遲婚、外遇、離婚、再婚，甚至單身貴族或單親家庭之面對，「女強人」或「怕成功」症候群（成功恐懼），如何發展友情及統整自我。

5.「掌握第二春」之生涯再出發期（41～50 歲）

此期開始面對「空巢期」與子女關係由母親到朋友關係之增加，夫妻關係有待再「溫熱」，女性再就業之職場在職訓練。

6.「永不停滯」之再成長期（51～60 歲）

學習面對及接納「更年期」，面對子女之成家立業，學習「婆婆」及「奶奶」之新角色，規劃中老年之生涯，積極踏入社會活動。

7.「退而不休」之再生期（61～70 歲）

此期女性需學習面對「老年之病痛」、自己及配偶之「退休」適應，如何與配偶退休生活之調適，如經濟、住所、健康、閒暇時間之安排、友伴關係之維護，自我認同價值滿足之來源，家庭人際之維護或形單影隻之孤獨晚境，甚至面對喪偶、喪友及家人失落之適應。

8.「不虛此行」之安命期（71～80 歲）

此期之女性，學習面對即將到來之死亡，接受自己之老態，調整自我之心境，身心健康之維護，如慎防意外事件之發生、均衡飲食及適量之運動，發揮所長遺愛人間。

㈡婦女的生涯輔導措施

婦女的生涯輔導主要是，協助其自我探索、自我覺察，發覺其能力、興趣、價值觀，確立自我抉擇生涯決定之目標，生涯之允諾、形成生涯計

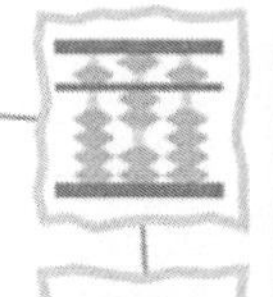

畫、採取生涯行動，生涯之省思回饋檢討，生涯之再出發等，由成長、探索、建立、維持與衰退之生涯發展歷程外，亦提出下列幾點女性生涯輔導之觀點。

1. 協助婦女了解並發展其一生的任務。
2. 協助對於其女性角色之探索、覺察、抉擇、接納及實現，同時學習去了解另一性，進而了解、接納與溝通。畢竟女性一生中，不論家庭、工作或社會，皆必須接觸男性，而男性與女性之生涯發展，皆受其關鍵異性如父母、配偶、子女、主管、朋友的深刻影響。
3. 對一個即將或已踏入婚姻生活之女性，需學習面對婚姻生涯，學習培養良好的溝通型態、寬容接納的態度、自我省察的習慣、有效的表達方式、培養生活的創意、擔負照顧的責任、充分了解與信任。
4. 對於害怕「成功」女性之輔導：輔導類似「害怕成功」之女性，或可參考瑪提・華納之「逃避事業成就取向量表」之六個向度，如擔心忽略家庭生活、擔心妨礙交友、擔心配偶反對或妨害與配偶相處、擔心工作壓力或能力不足、擔心妨害生活情趣、擔心妨害人際關係。加以釐清，或許由澄清其擔心，探討兩相兼顧方法，或重新審視其過去不愉快的生涯經驗，以角色扮演方法加以探討，或以「正向例外」方法，用過去類似的生涯經驗，成功處理經驗之反省，予於增強。

   但瑪提・華納亦認為成就動機、親和需求、個人之現代性及性別因素與逃避成功有關，一個人的現代化與利己性成就動機成正比，而一個人現代化愈高，其事業成就動機可能也愈強，也可能較不在意人際親和，也較不顧忌追求成就事某可能帶來的不利影響（顧瑜君、顧雅文，1990）。
5. 對於再就業女性的生涯輔導：參考赫爾等人（Herr et al., 1996）之觀點提出下列幾點方法：

⑴對於其自我價值之正向感受以及對家庭之外的貢獻或成就感，予以增強。

⑵提供足夠的生涯資訊。

⑶協助其工作經驗之整理，探索不同生涯轉換的生活型態變化。

⑷進行專職與兼職工作之比較，探討工作與家庭皆需兼顧時該如何因應。

⑸探討工作對其生活的影響。

⑹在有需要時，提供適宜的心理輔導訓練，若有不敢面談者，協助其由角色扮演練習面談技巧。

⑺探討與工作有關之教育。

6. 至於準備或已退休之婦女的生涯輔導，亦可參考下列方法：

⑴協助當事人，正確了解更年期的現象，接受「更年期」，必要時轉介醫生提供幫助。

⑵輔導子女空巢期之憂鬱、沮喪，提醒婦女這並非意味親子關係的結束，而是另一種更開放、成熟關係的開始，亦是擴大自己生活空間的機會，可安排時間去鍛鍊身心、學習新事物。

⑶提供「終生教育」之學習，享受開放積極的人生。

⑷規劃中老年生涯，探索自己的感受、需求、願望，重新選擇自己中老年之生涯目標，列出達到此目標的方法，嘗試行動。

7. 對於退休婦女之生涯輔導，除參考一般老年之退休生涯輔導方法外，亦需協助退休婦女面對經濟來源（善用退休金）、居住地點，如考量能提供社會資源、醫療系統及支持系統，健康的維護、閒暇時間之安排、家庭人際之維繫與一般老人相似，但對於寡居之適應，需協助其處理因老伴過世引發之經濟困難、或生活在回憶丈夫形影中、孤獨缺少友伴、以致因喪偶而傷心絕望之各種適應。

第六節　身心障礙者的生涯輔導

由於身心障礙者在個人之生理、心理及社會環境中的種種障礙，往往

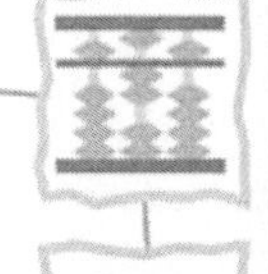

使其生涯發展更加困難，一般而言，其生涯之障礙，包括因身心障礙，接觸社會困難或失去生涯管道資訊，生涯機會減少；能力之未受肯定或缺少能力；生涯環境之客觀限制；某些身心障礙者如聽障，其溝通上困難，影響人際溝通，社會生活適應困難，導致心理適應的障礙，繼而產生心理困擾行為，如多疑、衝動、自卑、自我中心等（丁秀雄，1992；林寶貴，1994；高敏惠，1995；高玉蓉，1994；郭為藩，1985; Schein & Delk, 1974）。

一、身心障礙者的生涯障礙

綜而言之，身心障礙者的生涯障礙可歸類如下：

1. 先天或後天因傷害之生理障礙：如視障、聽障、肢障、小兒麻痺、腦性麻痺……等。
2. 心理之障礙：如自卑或自大，缺少信心、自視過低、自我概念消極、自我中心、不穩定的自我知覺（張蓓莉，1985；Oblowiz, Green & Heyns, 1991）。
3. 人際溝通之障礙：如缺乏人際溝通能力、社交技巧、缺少信任感、多疑心、人際溝通不良等。
4. 缺少社會支持系統：由於身心障礙，其人際溝通能力缺乏，父母、兄弟姊妹之負向及排斥觀念，使其社會支持系統貧瘠，而影響生涯發展。
5. 社會就業機會少：一般企業對於身心障礙者缺少信心，並有負向觀點，加上身心障礙者之客觀限制，使其就業機會少。
6. 法律之保障不周延：固然我國已實施身心障礙福利法，但即使是公家單位，聘雇身心障礙者之比率仍有許多未足額，就算在罰款下依然如此，頗值得再檢討。甚至大學畢業之視障身心障礙生，尚須投入按摩業。除保障就業外，對於機構內有身心障礙者，是否可運用員工協助方案（Employee Assistance Program, EAPS）予於協助。

7. 身心障礙之生涯輔導措施仍不足：對於身心障礙者有關的職業訓練或生涯輔導措施，仍然不足。職訓機構對身心障礙者之生涯輔導措施亦仍不足。
8. 社會對於身心障礙者缺乏了解、接納及教育：因誤會而排斥，因誤會而擔心，以致影響身心障礙者的生涯機會。

二、身心障礙者的生涯輔導措施

1. 長期生涯輔導之提供

對於身心障礙者，必須施行長期且持續的生涯輔導措施，配合其生涯發展予以輔導。因此必須由政府及專業教育機構共同研擬，設置身心障礙之生涯輔導員的訓練及設置。

2. 加強身心障礙者之心理輔導措施

協助身心障礙者積極建構正向的自我觀念，協助身心障礙者讓客觀自我與理想自我間更媒合，更正向的自我了解其所長及所短，由探索自我、接納自我，進而自我突破而達自我實現。

3. 生涯楷模之尋找及提供

在各類身心障礙者中，有因努力而克服障礙，卓然有成者，讓他們現身說法，運用報章雜誌或錄影、錄音媒體宣導，提供身心障礙者參考學習，如國內知名作家杏林子劉俠女士，雖因類風濕關節炎而行動不便，於文壇卓然有成，更結合社會資源創立伊甸身心障礙基金會。腦性麻痺的黃乃輝先生亦能克服障礙寫下其奮鬥的生涯歷程；1985 年的美國小姐雖然是一位聽障，但毫不影響其親善大使之功能。或由其周遭有所成就的身心障礙人士中找出生涯楷模（高敏惠，1995）。

4. 生涯能力之訓練

提供身心障礙者更合宜的學習管道及計畫，開拓更廣的職業教育類別。

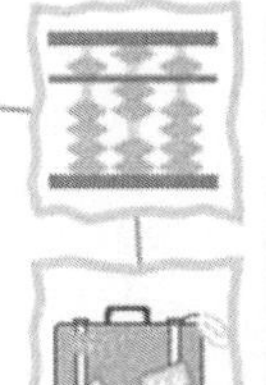

5. 發展社會支持系統建構社會資源

身心障礙者之支持系統如父母、家人及社會資源，對其生涯發展十分密切，因此於生涯輔導時必須結合其支持系統、同儕及有關社會資源，協助其發展合適的社會支持系統。

6. 身心障礙者父母之親職教育及家庭輔導

身心障礙者的父母是重要支持系統，但許多父母常因其子女身心障礙而無法接受，甚至有負面觀點，以致對身心障礙者產生心理壓力或創傷，影響其生涯發展，有些身心障礙者可能一生皆需家人協助，因此父母之親職教育及家人之家庭輔導，對身心障礙者是必須且重要的一環。此外亦可協助身心障礙者之父母組成互助團體，相互分享經驗及支持。

7. 建立無障礙空間的生活環境及工作場所

身心障礙者之生涯發展與其生涯空間十分密切有關，除了一般公共設施必須考慮建立無障礙空間的生活環境外，於其工作之人際了解、接受、支持等方面的無障礙，亦十分重要。

8. 社會大眾對身心障礙者的正確教育

如何善用大眾傳播媒體，宣導於身心障礙者的正確資訊，以協助大眾由了解身心障礙者，接受身心障礙者，到不排斥身心障礙者，以至支持身心障礙者。

9. 科技研究對於身心障礙者的生涯工具的發展

如語音電腦、腦波電腦之發展，以減少身心障礙者因其生理障礙所引發的生涯障礙。

10. 經由立法及法令修改對於身心障礙者的生涯輔導

如就業、進修、訓練、諮詢、諮商有更周延之考量；並輔導身心障礙者本身自立自強，建立更多自助組織如伊甸社會福利基金會、身心障礙福利聯盟，讓身心障礙者自己幫助自己，於專業組織如特教學會與輔導學會

結合政府未來之證照制度，設立身心障礙者之生涯輔導專業人員；職訓局亦應廣設適合身心障礙者之各類職業訓練證照班，協助身心障礙者取得職業證照及就業輔導。

11. **擴增身心障礙職訓輔導人員之編制**

規定其專業化之資格及訓練，以期加強對身心障礙者之生涯輔導及職能訓練。

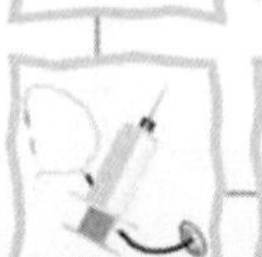

關鍵詞彙

成人成功生涯規劃能力

成人生涯問題診斷架構

成人生涯轉換諮商流程圖

失業者的輔導

婦女的生涯型態

成人生涯壓力

成人於工作生涯的適應

催化生涯轉換的因素

老年的生涯目標

1. 成人的生涯壓力大致可分為哪些？
2. 成人生涯問題的原因大致與哪些因素有關？
3. 試述成人生涯問題診斷（輔導）架構？
4. 變動社會中成人之特徵為何？
5. 成人生涯輔導方法的主要觀點為何？
6. 試述成人生涯轉換的評估流程為何？
7. 試述生涯轉換分析必須考慮的因素為何？
8. 試述如何培養成人生涯轉換的基本因應技巧？
9. 試述我國政府對失業者的輔導措施為何？
10. 試述如何輔導失業者？
11. 試述年長工作者的生涯輔導必須考慮哪些因素？
12. 試述年長工作者生涯輔導的措施為何？
13. 試述退休引發老年生活不安的理由為何？
14. 試述老人之生涯輔導的策略與方法為何？
15. 試述影響婦女生涯轉換的障礙為何？
16. 試述婦女生涯輔導之措施為何？
17. 試述婦女生涯輔導的發展任務為何？
18. 試述身心障礙者的生涯輔導措施為何？
19. 試述身心障礙者有哪些生涯障礙？

第七章

企業員工的生涯輔導與生涯管理

學習目標

詳讀本章後，學習者應能達到下列目標：

1. 了解生涯定錨的意義。
2. 了解企業中員工生涯發展的配合發展體系與方法。
3. 了解全球化策略產生赴中國大陸就業、外派和併購時之生涯規劃。
4. 了解組織與個人生涯成熟階段性之互動議題。
5. 了解企業人員諮詢在組織內所能發揮的功能與績效。

大綱

企業員工的生涯輔導與生涯管理

- 生涯定錨的意義
  - 定錨的理念和種類
  - 生涯規劃的各個角度
  - 生涯管理之配合措施
- 組織資源與員工生涯發展
  - 發展前程避免震盪的起始
  - 退休的規劃與退休前輔導
  - 鼓勵生涯規劃活動
- 企業員工的生涯輔導
  - 傳統員工需求分析
  - 新世紀的生涯挑戰
  - 員工協助方案的意義
- 因應全球化策略的生涯議題
  - 中國大陸的發展轉機
  - 國際化外派人員之生涯規劃
  - 企業購併時之生涯管理

摘要

中時人力網在 2003 年 1 月所發表的「2002 年 10 大職場新聞」中，我們可以發現台灣就業市場外在環境的惡化趨勢。總合看來，有以下四個重點：1.失業率迭創新高，失業給付金額暴增，高學歷爭搶低階工作，失業人口倍數成長，近七成上班族擔心自己會失業。2.中國大陸及台灣地區兩岸薪資差距明顯縮短。3.「兩性」、「工時」、「就業保險」等法令通過實施；但「多元就業方案」等作法弊端叢生。4.WTO 入會後掀起語文學習在職進修熱潮。根據舒波生涯發展理論的觀點，認為成人的生涯發展處於探索階段的後期至維持階段。生涯開始建立發展，所熱切希望的是能確定自己的生涯方向，並保有此一職位。因此，如何促進職業技能的專精、更新；在工作上的穩定、發展並獲得升遷，平衡個人需求和組織要求等，深為成人員工發展所關切。然而成人發展會因不同性別、年齡、工作性質、時間運用、人際關係、績效要求、婚姻關係、休閒時間支配，以及許多社會政經現況主、客觀因素的不同，顯得格外複雜化。

第一節　生涯定錨的意義

一、定錨的理念和種類

對於組織文化有深入研究的席安（Schein, 1992）認為前程規劃是一種不斷地有所發現的過程，每一個人成長過程中，根據本身的才華、能力、動機、需求、態度與價值觀，緩慢地發展出明確的職業自我觀念（occupational self-concept）。同時，一個人認識自己愈多，則愈能夠自己生涯定錨（career anchor），亦即做任何決定時所不願意放棄的價值觀或事物。生涯定錨正是個人變換職業時不變的軸心。一個人對於自己的才華、能力、動機、需求、態度與價值愈了解，也就愈清楚自己的生涯。席安在麻省理工學院所做的研究指出，生涯定錨固然會影響一個人的前程抉擇，但因為它是逐漸演進的，是過程中的產物，所以無法事先加以預測。約略而言，大概是在工作五年至十年間，成為一個穩定的性格和影響未來的因素。有些人也許從來不知道他們的生涯之錨為何，直到要做重大決策時（例如是否接受升任公司高級幕僚的職位？是否放棄固定薪資工作而自行創業？），以前的工作經驗、興趣、性向和期望才會轉換成有意義的型態，顯示哪些事物對他們來說最為重要。席安對麻省理工學院畢業生的研究，確認出下列五種生涯定錨。

㈠工作保障的生涯定錨（security/stability）

有一些人似乎最關心事業的長期穩定性和工作保障。他們為了獲得工作保障、優厚收入及良好的退休制度和福利，而去做一切必要的事。因此，他們樂於接受組織的安排，也願意信任組織會好好規劃他們的前程。對這些人而言，在熟悉的環境中一份穩定有保障的前程，通常比積極追求其他

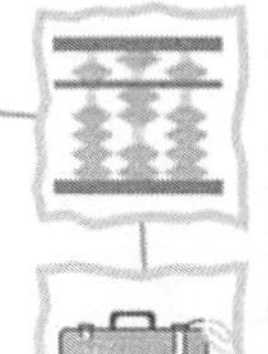

更優越的前途要來得重要。因為選擇後者時，常會使生活陷入不穩定的狀態而感到沒有保障，對有些人而言，保障就是指「組織的保障」，因此他會加入台塑系統或大同公司等，希望安定下來，紮下根基，使家庭生活穩定。對這些人而言，如果公司要調動他們，他們很可能會在當地找其他類似的工作，使生活不致於受影響。

㈡獨立自主的生涯定錨（autonomy/independence）

有些人似乎被一種「獨立自主」的需求所驅策，希望不倚賴他人。而當一個人選擇在大公司裡工作時，其升遷和薪資待遇均由別人所決定，這些人不希望如此。也許他們同時具有強烈的技術／功能傾向，但是並不想在一家公司裡追求發展，而是決定擔任顧問、獨自工作或自行經營較小的企業。這一群人當中，有些人便成為自由作家、小型零售業的老板，或個人工作室負責人。

㈢技術的或功能性的生涯定錨（technical or functional competence）

這些人似乎是根據工作的技術或功能（工程、財務分析）來做前程抉擇。換句話說，他們會避免讓自己踏上一般管理之路，而設法使自己留在所選定的專業技能或特殊功能領域內，並獲得有關能力的成長。

㈣管理能力的生涯定錨（general management competence）

有一些畢業生強烈渴望能擔任管理職位，而他們的工作經驗使自己相信具有晉升至一般管理職位的能力與價值觀。這些人的最高目標乃是責任重大的管理職位，當他們被詢問為何相信自己具有獲得該職位的所需的能力時，這些人認為自己有資格擔任這些職位，乃因為他們在下列三方面能夠勝任的緣故：1.分析能力（指在情報不充分或情況不確定之下確認、分析和解決問題的能力）；2.交際能力（指影響、督導、操控各階層人員的能力）；3.情緒能力（指能因情緒或社交上的危機而奮起的能力，不會精疲力盡或精神憔悴；或指承擔高度責任而不會後濟無力的能耐）。因此，

席安得到這樣的結論：「希望爬升到更高管理階層並承擔較大責任的人，必須同時擅長分析問題、應付人事，以及處理本身的情緒，才能夠忍受管理職位所帶來的緊張和壓力。」

㈤創造的生涯定錨（entrepreneurial creativity）

有些畢業生後來成為成功的企業家，這些人似乎對於建立或創造出完全屬於自己的事物，如冠上自己姓氏的產品、製程、自己擁有的公司或顯示成就的個人財富相當感興趣。

生涯定錨的研究主要目的在於協助個人敏銳的自我察覺，使得個體在所工作的組織當中，對於生涯路徑（career path）和生涯發展形成更圓融的流通。

二、生涯規劃的各個角度

生涯規劃的內涵經常透過不同的角度產生相異的觀點，這與我們常從不同的口中所聽到「生涯發展」定義不太一致有相同的道理。就因為立場不一樣，所以導致去執行的方法和目標各有重心。

不過從務實的角度而言，進入工作生涯就已經是一種考驗，根據經建會的統計，未來在工作世界當中，從 2000 年到 2010 年較具前瞻性的職業由電腦專業相關技術與健康醫療服務為主，而且對學歷的要求愈來愈高。所以成人必須先能夠進入組織之中，才會發展出對生涯規劃的看法，通常在國內我們常看到的生涯發展之施行程序，也可分組織及個人員工兩方面處理（吳秉恩，1992）。

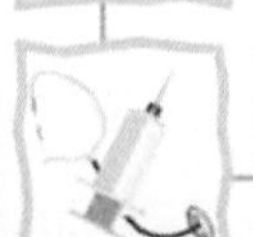

組織面		個人面
1. 整合人力資源計畫 2. 設計生涯發展路徑 3. 公布工作空缺 4. 生涯發展輔導（評估員工及協助心理測驗） 5. 教育與訓練之安排 6. 配合性人事措施	→ ←	1. 評估個人的自我——技術、興趣、價值及缺點 2. 訂定目標——短程、中程、長程 3. 分析組織內、外部機會 4. 準備達成目標的各項計畫 5. 執行、實現計畫 6. 調整原訂生涯計畫

㈠由企業角度看來，員工職業生涯管理之施行程序包括下述步驟

1. 建立人力資源規劃系統（manpower resources planning）基礎：

⑴人力現狀評估（工作分析、人力結構、人力消長）。

⑵未來人力之預測（業務目標、人力標準）。

⑶人力發展之計畫（甄補、訓練及發展運用）。

⑷人力檢查之改進（組織、職位、人員及預算）。

2. 設計員工職業生涯發展路徑（career path）

宜注意：

⑴蒐集類似工作進行工作群（job group）分析。

⑵由各部門組成委員並決定生涯路徑。

⑶根據職能範圍或組織單位限制，設計路徑。

3. 發布職業生涯發展機會之資料及宣導

方式可以有：

⑴將公司內部升遷、發展機會及各種工作資料編印成冊，發給員工。

⑵利用公司內部刊物、公告或口頭將新的職位空缺，公開告知員工。

⑶只針對讓部分經理人員或相關人員知悉。

4. 進行員工評價（employee appraisal）

採行方式為：

⑴仔細分析員工自行擬定之個人工作經歷、成就、興趣和對未來期望之計畫書。

⑵直屬主管以員工甄選資料（如能力測驗、興趣測驗）分析員工之能力及潛力。

⑶直屬主管以員工現職資料（如績效考評、晉升紀錄、受訓成績）分析員工之能力及潛力。

⑷運用客觀之「評估中心」（assessment center）對員工做有系統之考評。

5. 進行員工職業生涯輔導（career counseling）

採行之方式如下：

⑴由直屬主管在評核員工工作表現時，以面談方式提供各項工作機會、計畫方案及訓練方案。

⑵由人事部輔導人員提供可行教育與發展途徑資料。

⑶設立職業生涯發展研討會輔導員工。

⑷設計員工自我評估及規劃手冊，協助員工進行職業前程規劃。

6. 提供工作內能力發展機會（on the job training）

譬如：

⑴工作指派（job assignment）。

⑵工作輪調（job rotation）。

⑶專案指派（project assignment）。

⑷見習或代理（under-study or back-up）。

7. 提供工作外教育訓練機會（off the job training）

譬如：

⑴自辦短期講習及演講。

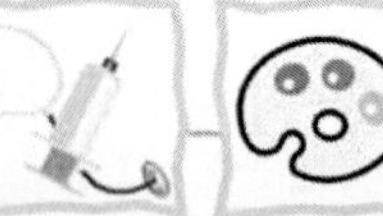

⑵委託國內訓練機構辦理之短期訓練。

⑶派赴國內大學長期進修。

⑷派赴國外短期專題訓練。

⑸派赴國外長期進修。

8. 各級主管採取激勵人才之行動

採行方式如：

⑴特別獎金。

⑵加薪方式。

⑶口頭讚許。

⑷升遷方式。

9. 採取各種配合性之人事措施

譬如：

⑴長期之休假。

⑵短期休假或彈性工作時間。

⑶選擇性增加報酬給付。

⑷調動不適任之員工。

⑸將員工家庭生活納入考慮。

⑹提供工作保障或工作年限保障。

㈡如由員工層面觀之，員工職業生涯計畫應注意

1. 自我評價：先回顧自我，了解自我、接受自我；分析個人之優缺點。
2. 設定標準：檢討工作動機，設定人生目標，並排定短、中、長期目標。
3. 內外機會：分析公司內部之機會，探討對工作之期望，及與他人之關係。公司內部發展機會何在？適合自己嗎？
4. 準備計畫：發展各種達成未來目標之途徑及各種限制。
5. 實現修正：設法完成目標；並視需要修正。

三、生涯管理之配合措施

對員工職業生涯管理亦如企業中之培訓活動一樣，創造共識之內部環境，採行合理化程序及專業人員負責，均是關鍵。對員工職業生涯管理亦然。雖然員工生涯管理仍應以員工個人之自我評價、自我分析為主體，但由組織協助之立場而言，「組織評價」是相當重要配合措施。因此諮商及工作內外之訓練，更是不可或缺。而具體配合之可行技巧，可採取下述方式：

1. 工作研討會：利用測驗，探討員工不滿足的原因，協助分析出動機、技能及興趣。
2. 配對輔導：由專家、人事部門人員或直屬主管與部屬一對一輔導，協助作自我分析，提供生涯機會或設定目標。
3. 計畫手冊：利用自我評估之測驗或問題（包括工作及人生看法），涵蓋價值、技能、興趣、能力、目標及行動。
4. 機會布告：以公告、傳單及刊物等方式公布組織內職缺及申請方式。

企業對擴展生涯發展的理念和作法，針對個人設計，即直接涉及了個體的動機、自我實現、成長和發展，一切緣由於自我的驅力。如從組織著眼，會較為著重生涯途徑、升遷管道、評估中心等，一切緣於管理階層的需求和遷動。理想的情況下最好是夥伴式的模式，由組織提供資源，主要能夠引導員工自動自發。從組織負責人直至每一位員工分別具備：組織成功的計畫，管理階層的整合系統，主管的激勵工具，員工自身的向上企圖心。

第二節　組織資源與員工生涯發展

雇主可以利用人事程序——如人事規劃、甄選、安置、訓練及評估等

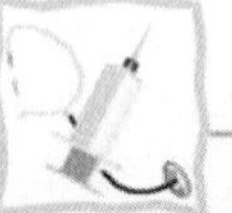

活動，一方面滿足組織用人的需求，一方面確保員工有適當的機會發展其潛力，設定實際的前程目標加以實現。從這個觀點來看，組織的生涯管理不僅限於生涯規劃會議或研討會，相反的必須將前程規劃的觀點注入所有的人事活動，並且有長期的計畫。有明確的工作分析，才可能在組織發展時預測和規劃職位，然後在績效和晉升當中訂定生涯計畫，最後以員工輔導等內涵完成名符其實的「人力資源規劃與發展制度」。

有效的人力規劃才能使得每一個從業人員對自己的生涯發展和計畫有把握，同時更協助組織和個人探索彼此的需求間，有良好的對話。假如這些對話成功，個人更需要自我覺察和技巧的與雇主交流，確保生涯路徑與自身的生涯定錨相符；同時雇主應該對組織內工作往一個不確定的未來移動的現實狀況保持警覺。所以說人力規劃和人力運用是組織面用來操作人與事的左右手，這兩股力量兼顧實用和未來，能力和人品，事擇人和人設事等等的環境和資源層面，協助伯樂（企業）尋到千里馬（個體）的理想。

表 7-1　企業長期人力資源發展體系

階段	第一階段	第二階段	第三階段	第四階段
主題	人力現況評估	人力未來預測	人力供需比較及有關周邊制度	人力發展
內容	·工作分析 {職業說明書 工作規範表 ·工作負荷分析 ·人力檔體系 ·人力結構分析 ·人力消長分析 ·職位體系規劃	·人力預測模式建立 （個體／總體） ·人力標準之設定 ·職位體系規劃	·人力供需分析 ·績效考評制度 ·晉升制度 ·薪資制度 ·生涯計畫	·晉用體系 ·培訓體系 ·員工輔導 ·人力發展體系 ·生涯計畫

資料來源：摘自吳秉恩（1992：331）

表 7-2 人力規劃與人力運用之理念

■環境導向／資源基礎
■實用主義／未來取向
■能力主義／人品本位
■以事擇人／因人設事（先配對事）／（先找對人）
■相馬理論／賽馬理論

一、發展前程避免震盪的起始

在個人的事業生涯中，最重要的是組織在一開始甄選與錄用人才，並賦予第一項工作指派及第一位上司時，就能考慮到生涯發展的問題。對於員工來說，這是一段相當要緊的時期，他必須培養自信心，學習與上司及同事們相處，學習如何接受重任，而最重要的是迅速了解本身的能力、需求和價值觀。換句話說，關於新進員工而言，這是一段「現實考驗期」。新人當初的希望和目標首度面臨著組織生活與本人的才華和需求能否搭配的現實問題。

對於很多第一次上班的員工來說，組織中的生活現實也許可能粉碎了他們當初天真的期望。舉例來說，年輕的企管碩士（MBA）或會計師（CPA）在初次上班時，心中期待的是一分刺激而有挑戰性的工作，能夠學以致用，展現自己的能力並迅速獲得晉升。然而，這些新人經常會失望，因為他們可能被派任不重要而且無風險性的工作，因為組織希望「在我們考驗他時，他不致於惹出麻煩」；也可能因為部門間明爭暗鬥的殘酷現實，或是工作特殊有賴上司給予適度的指導和訓練，上司卻忽視了這些作法，致使新進員工大失所望。

大多數的專家因此都同意，組織所能做的最重要事件之一是，賦予新進員工的第一份工作，應具有挑戰性。例如一項以美國電話電報公司的年輕經理人為對象的研究發現，如果一名經理人在公司第一年的工作較有挑

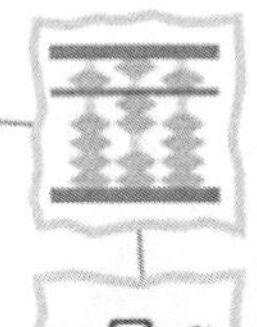

戰性，則此人將有效率和成功，直到五、六年依然如此。初期的工作具有挑戰性，乃是幫助新進員工發展其前程的最有力而又不複雜的措施之一。

讓應徵者真正了解實際的工作情形，似乎是減少現實震盪和增進新進人員長期績效的有效方法。在重要的甄選階段，應徵者與管理者均處於「彼此推銷自己的氣氛」中，如何取得正確的情報，乃成為最大的問題之一。公司急於「求得」優秀人才，而應徵者也急於表現出最佳形象，因此面談中，雙方均提供與獲得不實情報，以致於公司無法了解應徵者的生涯目標，而應徵者對於公司也產生一種不切實際的好印象。應徵者了解公司和工作的實況，可以降低新進人員的離職率，特別是擔任管理等相當複雜的工作。

另外，管理專家都知道新進員工及上司之間存在一種「畢馬龍效應」（Pygmalion effect）的關係，新進員工的第一位上司若對他的支持、信任和期望愈高，則該新進員工的表現愈好。因此，不要把新進員工派給不支持部屬也不要求部屬的主管。相反的，應該選擇績效良好、受過特殊訓練、能支持部屬的督導人員，俾可在新進員工摸索的第一年當中，為其設定較高的標準。

讓新進員工測試自己並建立生涯定錨的最佳方式，或許是讓他逐一嘗試各種具有挑戰性的工作。將新進員工在各個領域上輪調，例如讓他歷經財務、生產、人事等部門，一方面使他有機會估計自己的性向與偏好，另方面則使企業培養出一位能全盤了解組織面貌的管理者。有一種工作輪調的延伸作法，稱為「工作歷練」（job pathing），乃是基於如下的假定：仔細安排工作指派的順序，較諸其他訓練方法，可對個人的發展有更大的影響。因此，有些公司訂有一系列仔細規劃過的工作指派順序，以訓練新進人員走上分店經理等主管職位。工作歷練的結果能大幅減少訓練時間，使得有能力的新進人員很快能夠勝任主管職位。

所以說個體為了滿足一己和組織的共同需求，從初始個人的生涯前程到終結個人工作生涯，其實都需要去學習平衡理想與現實，進而在個體和組織當中保持最佳狀態，去完成從職業到志業的境界。

表 7-3　個體事業生涯均衡

終端事業狀態		初始事業狀態		組織要求		個人需求
•職業	=	畢業	+	職涯選擇	+	生理安全需求
•專業	=	職業	+	完整幕僚	+	尊重自主需求
•事業	=	專業	+	組織承諾	+	成長發展需求
•志業	=	事業	+	公義倫範	+	自我實踐需求

二、退休的規劃與退休前輔導

我們的生命中支配成年期的有兩個基本層面，艾利克森（Erikson）稱之為親密感（intimacy）：指建立親密關係，以及生產能力（generativity）：指具生產力且能撫養後代。許多研究者曾用不同的詞彙表示這兩個層面，像友好與成就、依附和生產力、允諾及能力。但是佛洛伊德說得最為簡明：「一個健康的成人是能夠去愛、去工作的人。」人不見得會隨年齡增長而變聰明，而是從生活經驗中增長智慧的；人也不是因為年紀大而死亡，而是因伴隨年邁而起的生理機能衰退而導致死亡。重新評價生命、調整生活焦點、對過去放手，那麼退休也就是過程，當鼓足接受任何可能的勇氣，懷著信心邁向未來，自然可以履行生命之約。

由於人力市場結構性的變化，國營事業民營化，政府機構每年以 5% 人力縮編的方向進行，軍方也在裁減釋出各種位階的人員，加上 WTO 對農業人口的衝擊，工商業的不景氣和大量外移，造成裁員或被迫退休及提早退休的情況相當普遍。退休對大多數人而言是種酸甜皆有的經驗。有些人一生奮鬥，此時可以享受以前辛勞的果實，不必再煩心工作的問題。有些人則認為退休是種創傷，因為平日忙碌慣了，現在突然教他無所事事，會有一種殘廢無用的沮喪感。事實上，如何使大多數的退休者在無須工作的情況下，仍保有自己的價值感，確是他們今後須面對的重要課題，到底人生四季各有美好的生涯任務（Levison, 1986）。有鑑於此，愈來愈多的

公司開始重視如何幫助退休人員因應以後生活的問題。因台灣人口結構變化，也經常有所謂「銀髮族生涯規劃」，多少也可做為退休生活的參考。

一項研究調查顯示，美國有大約 30%的公司設有正式的退休前教育方案，目的在使員工能順利退休（Dessler, 1994）。最常見的項目包括：

1. 說明社會安全福利（實施退休前教育方案的公司 97%有此作法）。
2. 休閒時間輔導（86%）。
3. 健康輔導（82%）。
4. 生活調整（59%）。
5. 心理輔導（35%）。
6. 輔導在公司外展開另一番前程（31%）。
7. 輔導在公司內展開另一番前程（4%）。

未實施退休前教育方案的公司有 64%認為這些方案有所需要，大多數公司指出在二、三年後也會跟進。不過由於 21 世紀以降，全球金融危機和美國經濟復甦能力比預期來得緩慢，因此延後退休及傳統工作類別的流失面臨轉換已成為日益重要的職場議題。

三、鼓勵生涯規劃活動

雇主同時必須採取一些步驟，使員工更能參與關於自己的生涯規劃與發展的活動。有些公司藉這些活動，讓員工知道生涯規劃的重要性，並了解如何增進其生涯決策。如此，員工可以明白生涯規劃的內容、個人生涯的階段，進而參與各項活動，使自己的生涯定錨更具體，同時訂定更實在的生涯目標。同樣的，組織也應該多舉辦生涯輔導會議（或許可做為績效評估會議的一部分），讓員工與上司或人事專家共同評估在生涯目標的達成程度，並確認還需要哪些栽培。

同時，生涯成長活動其實可以兼顧企業與個人，組織中的在職訓練無論是在內部舉辦或送至其他機構，都得以增進專業知識與技能。而自我成長、休閒、婚姻等個體的活動不但建立生涯支持網路、個人的專業能力，

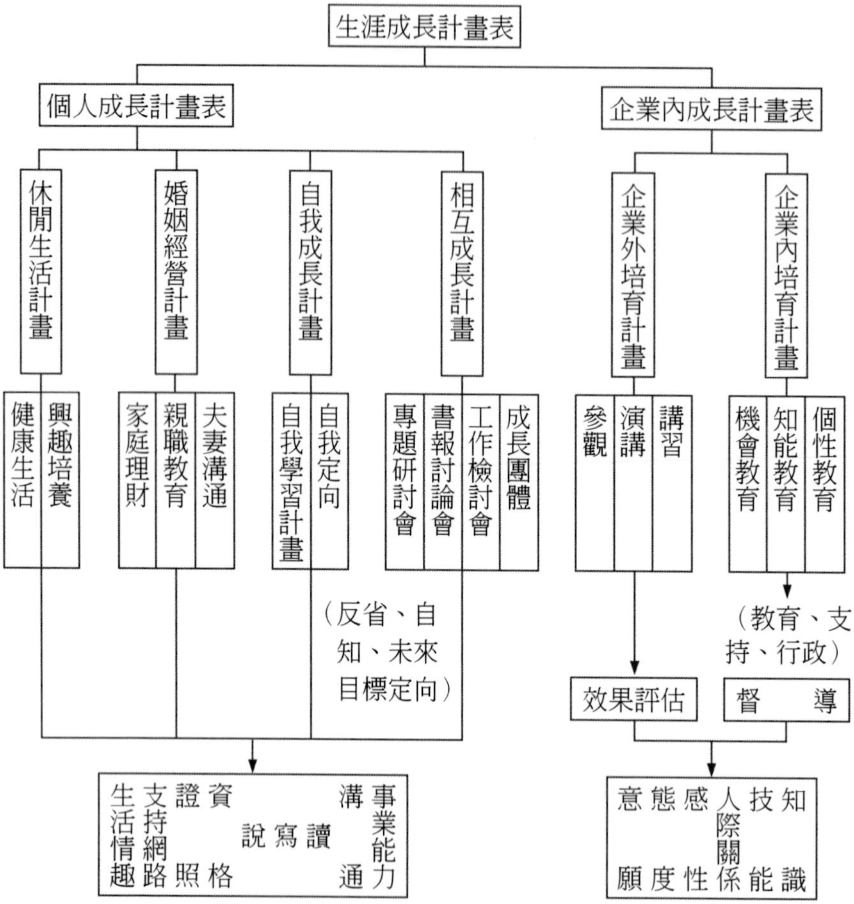

- 生涯成長計畫表
  - 個人成長計畫表
    - 休閒生活計畫：健康生活、興趣培養
    - 婚姻經營計畫：家庭理財、親職教育、夫妻溝通
    - 自我成長計畫：自我學習計畫、自我定向（反省、自知、未來目標定向）
    - 相互成長計畫：專題研討會、書報討論會、工作檢討會、成長團體
    - → 生活情趣、支持網路、證照、資格、說、寫、讀、溝通、事業能力
  - 企業內成長計畫表
    - 企業外培育計畫：參觀、演講、講習 → 效果評估
    - 企業內培育計畫：機會教育、知能教育、個性教育 →（教育、支持、行政）督　導
    - → 意願、態度、感性、人際關係、技能、知識

圖 7-1　企業內生涯自我成長計畫圖

資料來源：張德聰（1991）

同時也促進生活情趣和溝通能力。

第三節　企業員工的生涯輔導

員工個人為求增進其前程抉擇的適切性，必須了解在生涯方面須做許多重要抉擇，而為了做成這些決策，個人必須投入相當的時間精力進行規

劃，才能真正掌握自己的前程。換句話說，不能讓別人越俎代庖而自己卻袖手旁觀，相反的，個人必須決定自己的前程目標，以及為了達成目標所需的教育訓練或工作經歷。也因為如此，自己必須變成一個有效的「診斷者」；藉助生涯輔導、測驗、自我評量書籍等方式，澄清自己的才能和價值觀，確定這兩者和他考慮的前程是否配合。總而言之，生涯規劃的關鍵在於認識自我，即認識自己想在一生中獲得什麼？自己的才能和限制為何？自己價值觀與各種前程方案配合的程度為何等。個人進入組織中成為一員，不論是傳統的考量或現代的挑戰都值得提出來討論。

一、傳統員工需求分析

人生是多變的，但也有一些定數可尋，由人生的定數可觀察到人到底有哪些需要與困境，所以，我們可以從人生發展的過程來分析員工的需求，在此以工作線與家庭線來說明（黃明慧，1995）。

工作線

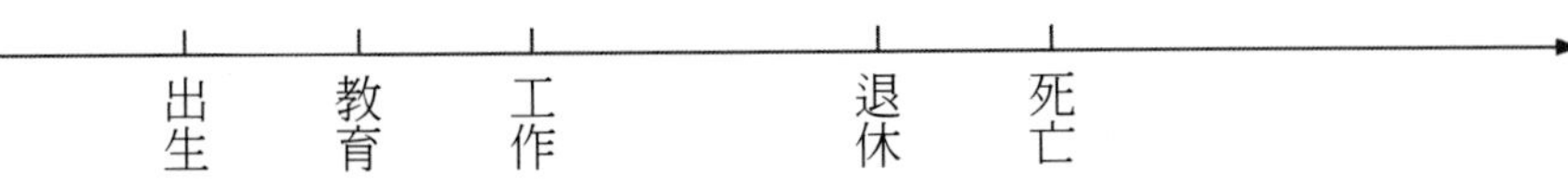

㈠新進員工

1. 由教育走入工作，所擔心的可能較著重在人際關係的問題，如：對他人存著「人心險惡」的刻板印象，及如何與老闆、同事相處。
2. 產生工作認同問題、工作價值觀的問題，以及工作適應問題。
3. 工作壓力是否很重？

㈡工作進入第二年

1. 是否繼續留在企業的關鍵期，員工已對企業體系、組織架構、工作方向、未來升遷角度等，有著較清楚的概念。

2. 開始考慮此份工作是否符合自己的興趣，以決定去留。
3. 如果繼續留在企業，則很有可能成為第一線的主管人員，此時的心理調適將是一個很重要的課題。因為，主管技能可以培養，但是擔任主管的心理準備，也是企業要考慮的。

㈢工作進入五至十年

1. 產生工作瓶頸，於是開始考慮在此企業中是否有升遷機會、是否有其他工作轉換的可能性，若在工作內涵上沒有任何的轉換，則易產生倦怠期的狀態。
2. 是否有升遷或橫向變動的可能性？繼續留在企業中，是否能滿足自我成長及經濟上的需求？所以此階段的員工可能產生去意較堅的狀況。

㈣工作進入十至十五年

1. 工作價值改變，考慮自己是否依然要這麼努力為企業付出？並且較以往更重視自己的「健康問題」。
2. 此階段之員工認為本身對工作及家庭奉獻一段時間了，所以有意願成為一名義工，此為另一價值觀。

㈤工作進入十五年至二十年

1. 進入工作中末期階段。此階段的員工認為企業中雖有許多新進人員加入，自己的經驗被看重，卻不見得被尊重，因為經驗可能已不符合現代社會的需求，進而在工作心態及職能補充上產生很大的壓力。
2. 面臨退休的焦慮、擔心，包括經濟及生活安排上的擔憂，所以特別關心企業政策上的改變對他們的影響。例如退休制度等。

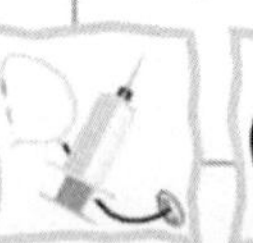

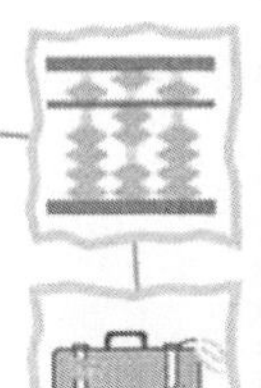

家庭線

出生　教育　感情　結婚　生子　子女獨立　死亡

㈠感情階段

其實在台灣的教育體制下，由教育走入感情或由原生家庭走入婚姻，並未發揮很大的功能，所以會產生很多問題。當很多人在進入感情時，因教育及外在資訊不足，容易產生挫折，因此可能在工作線和家庭線上出現很大的差距。亦即在工作技能上已達成熟，但感情的知能仍嫌粗淺，不知如何應對。常常發現在兩性交往的過程中，問題往往皆起源於對彼此的不諒解，而這也深深影響到工作的表現，所以工作線與家庭線是相互影響的，員工需要在感情上的培養與幫助，才能使工作與感情達到平衡。

㈡婚姻階段

結婚第一年，生活習慣、價值觀可能產生一些衝突，這也會直接或間接影響到工作產能，所以此時企業對此問題的措施或方案是很重要的。而結婚三、四年，進入婚姻的平淡與思動期，對內的思動可能是調整婚姻的內涵，對外的思動有可能產生婚外情，這對於工作也具有其影響力。

㈢生子

面臨了教養子女的問題，很多企業也因此發展了托兒安親的福利措施，但此階段常是工作五到十年者，去意較堅，如果沒有合適的資源可以運用，則大多會配合家庭而調整工作，對企業體的流動率是一關鍵期。

㈣子女獨立階段

可能於企業體中正面臨活得有壓力而沒有自尊的時期，亦或正面臨退休時期。這兩者與子女獨立問題可能會糾結在一起，這對員工在工作產能

上及生活安排上皆會產生影響。尤其近來婦女在企業界已占有許多重要的角色，若其正面臨五到十年的瓶頸，及生育子女的問題，則此階段將為是否選擇雙生涯的關鍵期，對企業體內人口的流動率，也是一重要的時期。

從人生的發展角度來看，藉由家庭線與工作線的角度來觀察員工的需求與困境，並幫助他們，以獲致工作產能的平衡，另外，透過對企業體內員工的特性分析，如：員工的年齡、年資等，配合此一參考架構，俾能對員工協助內容方向有所幫助。這些以「人」為角度的規劃，將有助於組織氣氛的提升、產能的提升。

二、新世紀的生涯挑戰

對許多人而言，在二十一世紀新的工作世界中，需要有絕佳的適應能力。企業組織過去不僅提供工作保障，還給予人們一份安定感、一種歸屬感，以及對自己以外的團體有所貢獻。如今在大多數的企業裡，這樣的安全感早已不存在，徒留給員工一份毫無保障與駐足的悵然，無論是簽約性質的工作或者由於組織變革而外調，即使心裡忐忑不安。雖然每次的工作任務都不同，但卻有機會學習新事物。以下幾個觀念和現代人的生涯息息相關。

1. 具備暫時工作者的思維

意味著即使你現在有所謂的終身工作，也應該開始將自己當成是一名暫時工作者。暫時工作者知道工作是無法事先預測的。暫時工作者知道，展現自己工作技能的決定權是掌握在自己手上。他們不會得到企業的任何訓練以讓他們快速上手。因此應該接受哪些訓練，完全由他們自己決定。舊式的生涯模式有如婚姻，新式的生涯方式當做的是約會。在婚姻關係中，只要婚姻出現不快，雙方都得尋求解決之道。但在約會關係中，任何人都無須嚴陣以待，甚至鬧得不愉快要結束彼此關係時——情緒或財務上——也不會發生任何嚴重的損失。應該把自己想像成是一個具備多項技能的人，

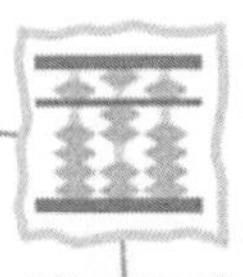

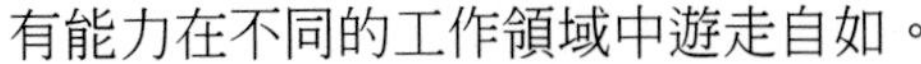

有能力在不同的工作領域中遊走自如。

2. 經濟獨立

暫時工作者知道無法確定自己的經濟來源穩定無虞。假設明天你失業了，你會有足夠的積蓄，直到你找到下一個收入來源嗎？理財規劃師大多會建議你，銀行的存款應保持在六個月薪水的金額，這樣才能有最起碼的經濟保障。

3. 確定就業優勢

儘管你無法擁有工作保障，但卻可以確保自己的專業技能在就業市場上的優勢。假如你亟需在明天立刻找到新工作，你知道自己有哪些技能得以在就業市場中找到工作嗎？你知道應與誰接洽，而這個人可能會是雇用你的人？你的技能是否廣泛，能使你同時應徵好幾個領域的工作？抑或你的技能只能讓你待在某個行業侷限在某個領域中？

4. 讓自己有最新的專業技術

在目前更換工作頻繁與對工作技能的要求都異於以往的情況下，終身學習已是必然的趨勢。你可以繼續待在目前的領域，但必須繼續培養第二專長與知識。

由於近年來，歐洲諸國的經濟動盪和美國的財政困難、失業率居高不下，工作世界面臨了前所未有的嚴峻考驗，同時，中國大陸基於主客觀條件的要求而進行產業結構的調整，更促進職場形態的變化，甚至部分傳統製造業的工作也會完全消失（王志浩，2010）。其間，新興世界國家的問題和工業發達地區的考驗不同（陳憲，2010），就業環境有客觀的變遷，個體更須對安身立命的作法加以調整，所以讓自身擁有符合時勢潮流的技能，並且日益提升，是職場求生不可忽視的挑戰。

5. 生活與工作在暫時世界（陳美岑譯，2000）

⑴你將一再證明自己的實力。

⑵成功繫於你上一次的表現。

⑶你會受到外界因素的影響。

⑷專業技能組合、人際關係技巧與耐力，將讓你免於受到外界因素的影響。

⑸任何關係都是隨時可變的，當你進行不同的計畫案、任務與工作時，與你合作的夥伴也會隨之不同。

⑹當大家必須隨著工作需要而遷移，更多的通勤家庭應運而生。

⑺人們遠離家人與朋友，全球走透透追尋工作機會時，社區意識會比以往更為薄弱。假如你希望自己在暫時世界中脫穎而出，你必須為自己的職業生涯與生活負完全的責任，了解未來的工作趨勢，才能讓你尋找與創造機會上擁有最佳位置。

三、員工協助方案的意義

員工協助方案（Employee Assistance Program）是指「工作員運用適當的知識與方法於企業內，以提供相關的服務，協助員工處理其個人、家庭與工作上的困擾或問題」。其中「工作人員」可以是企業內聘或外聘，可能是專任、兼任義工，也可能是專業、半專業或只受過短期訓練的非專業人員（方隆彰，1995）。

所謂「適當的知識與方法」包括：心理學、輔導學、社會工作、勞資關係、人力資源、組織行為、企業管理、相關政策、法令、跨文化（外勞）管理等相關知識，以及會談、溝通、團體帶領、活動策劃（執行）、調查、評估、壓力鬆弛、轉介等實物技術。

「相關的服務」則依員工的需要提供，包含：諮商類、教育類、諮詢類、福利類、休閒類等各種服務。

「員工」則指：企業內的員工是員工協助方案的主要對象，但並不排斥其他必要的相關人員（如：家屬）。

「處理」包含：「問題解決」的直接服務與「預防推廣」的間接服務。

「個人、家庭與工作上」的「困擾或問題」意指：員工協助方案關心

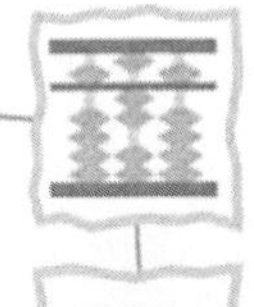

的不只是與工作直接相關的領域。凡是會影響工作的個人心理、生理、人際、經濟及家庭等範圍，皆是員工協助方案可以服務的領域。而「困擾」是指一時的麻煩或不適應，「問題」則指較嚴重的困擾。

員工協助方案的目的

企業實施員工協助方案，可以達成多方面的目的，包括：

1. 員工本身

⑴協助員工解決生活上的問題，以提升生活品質，促使身心能平衡發展。

⑵促進員工良好的人際及互助合作關係。

⑶改進員工福利，滿足員工安定的需求。

2. 工作上

⑴穩定勞動力，如：降低離職率、缺勤率。

⑵提高生產力和工作績效，並提升工作品質。

⑶協助解決工作上的問題，減少工作上的不安，提高工作情緒與士氣。

⑷協助新進員工及一般員工適應工作及環境。

3. 勞資間

⑴增強溝通管道：員工協助方案可扮演上下意見溝通的橋樑，使員工意見心聲有管道可以反映及有效溝通。

⑵促進勞資和諧：經由員工與主管（業主）或工廠與工會間良性的溝通，將可增進勞資和諧的關係。

4. 企業整體

⑴增強員工對企業的向心力：經由企業主動表現關懷員工的心意與措施，將可激發員工的一體感，強化凝聚力。

⑵促進企業發展，樹立良好企業形象：企業發展重視員工，員工意願與企業同步邁進，不但有利整體發展，對外更建立了良好的公共關

係。

由於員工需求及問題各有不同，因此，員工協助方案可提供的服務內容也相當多元，大致可分為七大類別。

1. 諮商類

⑴工作適應，如：工作倦怠、壓力調適、同事關係、職務調動、升遷等。

⑵生活問題，如：情感、婚姻、家庭、人際關係等。

⑶心理、生理健康困擾，如：焦慮、同性戀、手淫、更年期等困擾。

⑷生涯發展諮商，如：前程規劃、退休後生涯調適等。

2. 教育類

⑴參與新進員工講習會，告知EAPs（員工協助方案）訊息，並提供工作、生活調適必要之教導及資訊。

⑵推廣心理衛生知識，如：兩性交往、壓力管理等。

⑶辦理輔導知能、人際溝通、生涯規劃等研習課程，或舉辦親子溝通、領導風格、夫妻懇談、退休前準備、自我認識、壓力抒解等成長性、教育性團體。

⑷輔導員工社團運作。

3. 申訴類

經由書面、電話或面對面等管理處理員工的不滿或建議。

4. 諮詢類

⑴有關法令、所得稅申報、全民健保等相關事項的諮詢。

⑵提供輔導、人際關係方面的資訊。

5. 福利類

⑴提供急難救助、獎助學金等。

⑵提供托兒、托老服務。

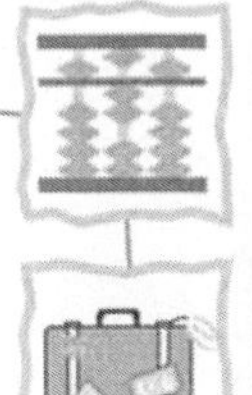

6. 休閒類

辦理休閒、聯誼、康樂性活動。

7. 其他

⑴協調性工作：含調解勞資糾紛，協調各部門以解決員工問題及建立與外界的公共關係等。

⑵協辦性工作：含協助其他單位推動教育性、休閒性活動及協辦勞工福利工作等。

⑶組織發展工作：含建構企業內溝通管道、反應員工意見及相關資訊供決策參考等。

以上服務內容可以說由問題解決到預防推廣，延伸至整體的組織發展，兼具微觀與宏觀的層面。同時也可以找出個體在建立生涯定錨之際的線索，及其角色在蛻變當中逐漸具體化的歷程。

無論是潛在或真實的生產力下降，均涉及員工心理或身體的健康，例如：壓力、酗酒、家庭衝突、財務壓力、個人困境等，在美國有報告指出，組織如果提供「企業人員諮詢計畫」，即可減少缺席和意外事件，進而提升生產力。雖然企業人員諮詢計畫的內容頗多，但近年來個人生涯諮商成為新起的重心。

不論是辦公所在，或轉介到另一個專業機構裡，這個計畫都具有教育功能，協助個體在組織中適應任務、人際及其他工作相關的資訊提供。在近年的研究中，中層的管理人員使用企業人員諮詢計畫的頻率較高，其中的活動多在於各種身心能力的評量、危機處理、與主管談及個別員工狀況等。無論在公司內部，或轉介到專業諮商機構體系中，生涯規劃和發展的顧問有以下的重要貢獻。

1. 協助員工和主管了解工作中的風險。
2. 訓練人們指認自己工作的風格，並教導他們如何改變。
3. 工作對成人的影響與效果。
4. 工作轉至他處的準備。

5. 雙生涯家庭的壓力處理。
6. 工作中情境造成的特殊壓力。
7. 退休準備。
8. 工作評估時的有效應對。
9. 失業的應對。
10. 中小企業所面臨的問題應對。
11. 專業人員所面臨的問題應對。
12. 身心保健的問題。
13. 身心自助及適應問題。
14. 家庭諮商。

第四節　因應全球化策略的生涯議題

在二十一世紀的時代裡，不管我們喜歡與否，全球化的世界已經展開，逼著每個人繼續向前走，不能再懷念過去。全球化其實就是「國際資本化」。全球化的弔詭是，台灣在某些產業上雖強調經濟發展，卻同時製造了失業；台灣政府愈提高自由化的門檻，失業問題就愈嚴重。除了台灣應以人才進軍大陸外，台灣企業用人時亦應強調全球化，小小的台灣必須用這個辦法才可用到全球的資源。換言之，台灣要站在一個有歷練的位置上，要有大的企圖心，眼界要高，更要用心學習。政府的工作就是要改變結構，而不是告訴大家失業是因台商去大陸所造成，如果為了讓一些人可以繼續就業，不能只是禁止一些企業去大陸，而為了解決失業問題，政府應和企業合作，考慮讓失業者接受哪些訓練。

一、中國大陸的發展轉機

在 2003 年 3 月份出版的「遠東經濟評論」調查顯示，經濟學者對美

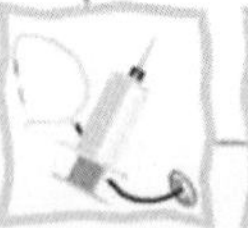

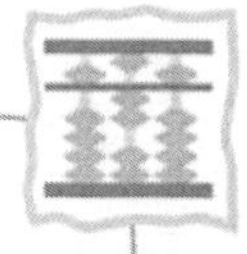

國、歐盟與日本的經濟前景較去年更加悲觀。在美國，2 月的消費者信心指數掉到九年來的新低。歐盟的經濟預估從原先 2.8%降到 1.1%。至於日本，日圓升值加深通貨緊縮的壓力，加上日經指數掉到二十年來的新低，使日本經濟成長前景更顯晦澀，即便安倍經驗的即期驟效，也帶來諸多對未來的茫然。此外美伊戰爭和嚴重急性呼吸道症候群（SARS），雷曼兄弟債倒閉引發全球金融風暴不僅造成亞洲地區經濟、社會的動盪不安和強烈不確定性，同時更是全球的隱憂，可以想見對個個予以安身立命的企業，在實質上和心理上的衝擊幾乎難以估計，所以成人所面對的工作世界不僅充滿了危機，並且更需要培養出創造轉機的能力與準備。

唯一能保持 8%到 9%左右經濟成長的中國大陸，在 2012 年也僅提出預計年成長 7.5%（國家發展和改革委員會，2012）的數字。不過這十多年來，借重全球各類外資力量造成的改革開放中國，的確在人才與職務的供需上有了變化。2014 年後，雖然以習近平為首的中國領導班子將經濟成長以調整結構為主導，但擁有約五億人口的沿海區塊，亦即將換由中共全力宣誓的「開發大西部」接手演出發展的重頭戲，內陸八億多人口的疆域會有另外一番天地。

近期的調查也指出，由於一胎化和社會高齡化等原因，中國 15～64 歲勞動年齡人口已停止增長，隨後進入負增長的轉折年份是 2015 年（United Nations, 2009）。這些曾支持中國急速發展的工作者，逐步開始衍生出中國內地人力市場的挑戰：首先，農民工就業穩定性變差；其次，大學畢業生比教育程度低的勞動者遭遇更大的就業困難；最後，城鎮面臨 40、50 歲人員在勞動市場的脆弱性（蔡昉，2010）。

不可忽視的，去大陸找工作是現在最熱鬧的議題。然而台灣地區人民還有多少競爭優勢？許多看著這十年兩岸發展的專家學者，都感嘆「台商」變成「台幹」，「台幹」變成「台勞」的角色轉換。許多到上海出差的人，也明顯的感到過去的問候是「來觀光嗎？」現在的說法是「來找工作？」。

也有坊間調查指出通常在一年之內，本地人自信可以取代台幹，同時有 67%的上海人不想進入台資企業，32%的上海人不服氣台灣老闆的領導。

而更直接的是兩岸競爭也反應在薪資與工作職務的變化上，同等職位，台幹與大陸人的薪資差距急遽縮小。這些相關數據都證明台商、台幹與台勞的階段性和有趣變化。

當同文同種已不是台商或台幹的利基時，對彼岸企業的需求、個人自身條件的認識變得更為重要。到中國大陸去發展就和人才到任何異域求生存發展一樣，有適應成功與失敗的可能，有發展順利與承受挫敗的變數，把握人境適配的原則就更是生涯規劃的基本理念。唯以個人的能力、興趣、價值觀做為後盾，才不至於在全球化的過程中對於到中國大陸去發展具有不必要的期待和限制。

二、國際化外派人員之生涯規劃

美國《商業周刊》（*Business Week*）談「全球工作移轉新型態」，點出全球化的下一回合就是將高階工作委外：不論是基礎研究、晶片設計、工程工作或者財務分析。過去一年之中，美國銀行（BAC）25,000 名技術與內勤工作人員，就有 3,700 人被裁減，其中三分之一的工作直接委外到印度。這個現象已經悄悄在全球發生。而它背後最大的推動力量之一，就是網際網路的普及以及通訊的整合應用，讓跨國工作變得愈來愈容易。緊接著中國與印度的市場與人才掘起後，全球工作區塊再度挪移，當工作完成突破地域限制後，工作移轉的範圍比以往更大，除製造業外，服務業也加入外移行列，除勞力密集產業外，知識密集、高技術層次的工作，只要外邊人才比國內優秀，薪資比國內便宜，凡不涉及公司核心機密和業務程度愈高企業都有可能委外完成。有研究指出人資活動可分割性愈高，則外製程度愈高，人資活動社會資本需求程度愈低，則外製程度愈高（金傳蓬，2003）。全球化對就業市場的影響，猶如雙向道，雖有可能使外來競爭者倍增，但是有能力者，也可跨上全球舞台取代別人。人力資本的競賽，一經開始，就永不回頭。

企業國際化形成多國籍企業，其員工之組成較為複雜，而且各企業駐

在國之政經情勢、稅法、文化及民風均有不同，因此對員工之運用與發展有極大差異。企業均努力在減少對非當地公民之晉用，而增加延聘企業所在之當地公民，亦即「人才當地化」，理由之一在減少企業內部員工與非當地公民之社會化成本；理由之二則積極地增加對當地商業習慣、風土、民情及財經法規之了解；理由之三乃為減少人力調動與發展之困擾。不少公司常誤以為在母公司表現優異的員工，派往國外分公司亦能適任傑出。然而事實上，依據 Mendenhall、Dunbar 和 Oddou（1987）之研究，以美國而言，其派駐國外分公司之員工有 20%無法勝任國外業務，因此必須花費更高之成本另外調派他人取代或重新雇用。Tung（1981）研究八十餘家多國籍企業，發展在派駐國外分公司之主管表現不良的原因主要有下列幾項。

其一，主管人員本身及配偶無法適應國際環境（含心理、文化及社會環境）。

其二，主管人格特質不適應或心理欠成熟。

其三，主管人員無法承擔及處理海外工作之重任。

其四，主管人員缺乏專業能力或赴海外工作之動機。

由此可見，派駐海外之人員，對海外分公司所在地之「文化調適」及系統性「生涯發展」規劃，將是能否適任之關鍵因素。對駐派海外主管之人力規劃與甄選任用，理想上應包括下列數項：

1. 公司之整體生涯規劃以激勵優秀人員參加甄選之意願。
2. 長期培訓有潛力、有意願之年輕幹部以備外派之需。
3. 制定一套完整之甄選及培訓制度。
4. 派駐人員任務完成之前，應有一套完善的後續生涯規劃，使其不致於產生遣返調適之困境。

因此甄派之條件，由務實觀點來看，除包括其個人背景及特質以外（譬如工作經驗、專業技能、管理能力、安定婚姻、協調性、適應性及健康），尚需具備：(1)國際經營知識及常識；(2)各國關稅、法規；(3)語文能力；(4)談判能力；(5)駐在國之民土風情及商業習慣。

派外人員因面對不同文化環境及工作壓力，因此培訓及生涯規劃，應

以促使其能達到「文化調適」為目的。這類活動包括以下三種類型。

㈠派外前之訓練（pre-departure orientation and training）

施行對象除派外人員，應涵蓋家人，在前往當地國以前，即進行訓練，由於文化調適是漸進而深層的，駐外人員及家眷也需一齊受訓。訓練內容包括當地之語文、文化背景、政經情勢、歷史淵源及生活條件等。尤其語言文化之熟悉及國際觀之培養更是派駐成敗之關鍵（Black & Mendenhall, 1991）。Tung（1981）更認為除了結構性課程訓練外，對駐在國之價值觀及行為體系，必須讓駐外人員有實際與不同文化背景的人一齊生活或工作數週體認，才更有實質減低壓力增加人際能力之益處。就企業內部管理而言，則在使派駐海外之主管能被當地之員工接受，才能發揮領導效果。

㈡後續之生涯發展（continuing employee development）

為強化派外人員之長駐意願及發展，派駐之後續生涯規劃非常重要。如果對派外人員存著「眼不見為淨」，沒有持續性的關懷與實質人力發展活動，一般而言，被員工拒絕派外之機會甚大，並且，派外人員亦會對其未來生涯發展產生焦慮感。實際作法之一可以讓派駐人員回國定期與總公司有互動機會，或於駐在國安排與其他公司人員聯誼及正式研討活動；尚可建立「指導諮詢制度」（Mentoring System），讓總公司主管經常給予駐外人員生活、工作及子女教育之懇談及指導諮詢，在「員工晉升」討論時，亦有機會被考慮。亦即派駐海外人員之晉升發展，必須納入公司總體人力資源規劃與發展體系內，方能確保駐外人員之承諾與貢獻。

㈢再調整訓練與發展（readjustment training and development）

為了「人才當地化」及進一層考慮具當地國籍員工之發展機會，初期派駐當地人員，於一段時日之後，應考慮送回總公司（repatriation），如此對公司及個人（包括派外人員及當地員工）均有益處。但是任期屆滿返國之際，實亦有困難，譬如，返回母公司，可能因此造成實質薪酬減少，或

個人在當地一些個人理財事宜難以處理，必須再一次面對返國之生活適應問題（甚至包括一般日常生活習慣、購物、交通……等），尤其派駐時間愈長，兩國文化及經濟水平差距愈大時，其重新調適即愈困難，這些因素考慮是多國籍企業人力資源管理單位所必須謹慎規劃。

三、企業購併時之生涯管理

1980年美國企業風行購併（acquisition），因此台灣地區在台幣不斷升值後，企業界亦對此相當關切與重視。但思考重點多數集中於購併策略及財務問題，然而由策略性人力資源管理角度觀之，購併之人力運用與發展應為同步思考之議題。尤其對於被購併企業的員工，其恐懼與焦慮所引發的不安與無力感之「購併併發症」（Marks, 1982）更是需預先考量，以減少人力資源之失調。

購併行動一般可分為幾個階段來進行，即包括：1. 計畫階段；2. 進行階段；3. 轉換階段；4. 穩定階段。

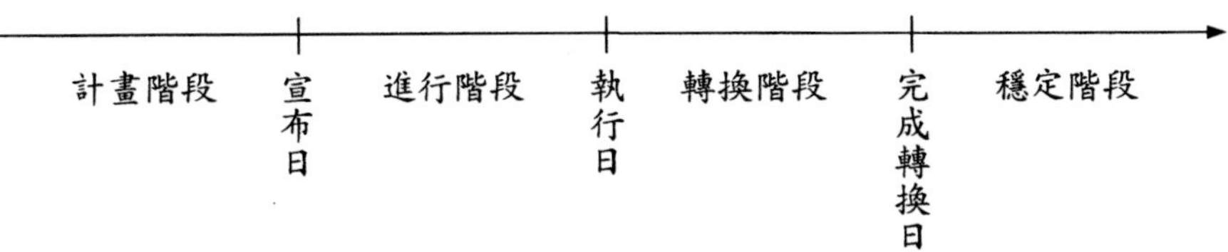

㈠計畫階段

此階段乃在宣布之前，通常試圖保守祕密，但有時消息走漏，會引致標的公司之員工或大眾傳播的消息流傳，還不致引起標的公司之員工太多之壓力。然而對購併公司而言，似乎不宜有任何介入之行動，但需思考購併後依業務方向，研擬人力需求之質量，以利後續人力留用與未來發展。

㈡進行階段

此階段指在宣布日之後及正式合併之前。一般而言，標的公司之經理人員會感到較大的壓力，因為對工作保障感到疑慮。此時，愈高層之經理，可能愈會感到被敵意的接管。購併公司應提供資訊以減少員工之不確定性，特別是購併後之處理方式，若能獲取標的公司經理階層之合作，而成立一個委員會，則上述之工作更可順利的展開。尤其對於可能被留用之員工，開始有意識型態或共存共榮之「同質化」教育及「社會化」過程，對購併後合作性「企業文化」之塑造相當有幫助，可奠定人力發展之基礎。部分失敗購併案例，乃在此階段之疏忽所造成。

㈢轉換階段

這個階段是在購併之法定程序完成後，到完成轉換（整合）。雖然員工已非常確定購併者是誰，但不確定性仍然存在。因為許多組織、人事上的實質改變都在此階段發生。另外購併公司之總裁亦可透過正式管道，發布正確之消息

1. 購併之理由。
2. 有關購併公司的一些事實。
3. 公司名稱的改變。
4. 公司之組織結構與管理將會有什麼改變。
5. 計畫減少員工之數目。
6. 計畫改變公司產品之項目。
7. 新酬謝制度改變的細節

特定工作或職務之裁撤和改變之消息應進一步的告知。這些消息包括：

1. 停職有關之條款。
2. 工作與角色之改變。
3. 管理與呈報關係之改變。
4. 工作職稱、內部與獎酬之改變。

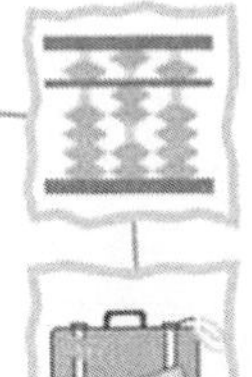

5. 生涯規劃之改變。
6. 公司政策之改變。

這些改變將是未來購併後運作有關人力資源之遊戲規則。應注意：

1. 兼顧被購併公司與購併企業原有人員之質量均衡及職務、權力關係之平衡。
2. 停職可能對他們而言是最重大的消息，如果可能的話，轉任、重新訓練或提早退休計畫之實施等，將有助於改善停職帶來的衝擊。
3. 裁撤消息儘早的發布也是必要的。雖然一時可能造成高流動率或缺勤率，但是這不但對將被退職的員工有幫助，對組織而言，也有正面的功能。公司有較充裕的時間重新安排人事，且被退職的員工也會感覺公司的美意，而減少負面的反應（Leana & Ivancevich, 1987）。下列五項議題也最好能在裁撤時加以執行（Leana & Feldman, 1989）

   ⑴解釋員工被裁撤之原因。

   ⑵說明績效評估在裁撤決策中所扮演的角色。

   ⑶以尊嚴與社會支持對待被停職之員工。

   ⑷對被停職之員工以公平心態推薦轉職。

   ⑸對留下的員工予以必要之管理，並安排新的培訓與生涯發展計畫。

培訓內容方面，一者涵蓋公司有關新業務之專業技能；二者加強不同企業內部員工價值與組織行為之敏感性訓練；三者培養更系統性、整合性之管理能力訓練。而在人力發展活動方面，配合組織調整之行動，在職內培育措施、配置原有兩企業人員之混合組成「工作小組」，學習相互之專長，亦可運用「內群體」（in-group）之互動，加深合作。以資深人員輔導員工工作及生活，並儘速明訂晉升辦法以利員工發展之依據。

㈣穩定階段

此階段是在購併轉換後約半年到一年之後，留任之經理對購併公司可能產生「失調」（maladaptive）現象。因此，在此階段宜採用坦率的對談，

使「失調」行為消除。人力發展活動更應善用技能訓練以外之輔導措施，檢討員工之心態。

在組織中處理生涯規劃，學者和專家有些共同的結論（Hall, 1986）

1. 幾乎沒有組織可以全能的去管理每一位員工的生涯或完美的規劃生涯途徑。
2. 所以員工要假設個人的生涯規劃責任在自己。
3. 為了在組織中負自己生涯的責任，員工需要新的生涯能力，不僅是技術。這可能是種「綜合能力」（metaskills），用它才能學習新能力。最重要的是適應能力，去容忍模糊、未確定性和認同的改變。
4. 協助員工和他的配偶了解和發展他們的生涯方向對組織而言最為有利，因為藉著這些動力可達成企業未來的方向。
5. 組織應提供資訊和對員工生涯有責任感的支持。
6. 組織應讓個體有某種程度的自由度和活動量，這些開放方式可以為企業文化帶來價值感。
7. 為了提供好的生涯計畫和管理，組織須要一個好的人力資源管理策略。生涯發展有效的表現即在於統整性的人力資源系統，也就是指企業有清楚的目標和優先次序。

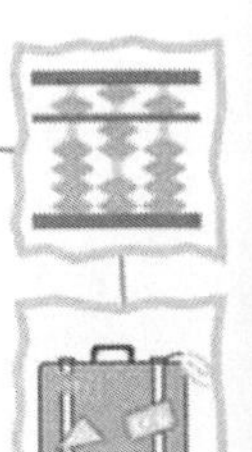

生涯定錨	員工協助方案
企業購併生涯規劃	退休規劃
外派人員生涯規劃	全球化競爭

1. 請舉例說明生涯定錨的幾種方向。
2. 企業中員工之生涯發展至少要考慮哪些角度？
3. 現代企業因應全球化、國際化所產生之生涯議題有哪些？舉例說明自己最感興趣或印象深刻的主題。
4. 談到雙生涯時，婚姻和家庭會變成需慎重考量的人生階段，這些狀況對兩性工作會有哪些影響？
5. 企業人員諮詢計畫的目的和功能是什麼？
6. 如何在提早退休時省察個人興趣進而安排生活方式？你身邊有成功的例子嗎？他成功的因素有哪些？
7. 假如你想到上海去開創生涯的第二個春天，你認為自己有哪些優勢和限制？

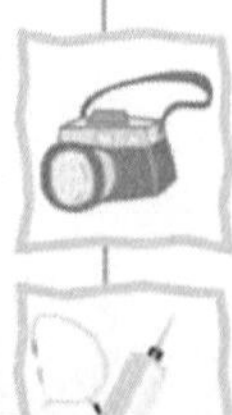

第八章

生涯輔導的檢討與展望

學習目標

詳讀本章後，學習者應能達到下列目標：

1. 了解目前生涯輔導的問題。
2. 學習生涯輔導理論與實務結合的重點。
3. 展望我國實施生涯輔導的未來。

- 生涯輔導的檢討與展望
  - 生涯輔導實務問題分析
    - 學校生涯輔導問題探討
    - 成人生涯輔導問題探討
    - 企業員工生涯輔導問題探討
  - 生涯輔導理論的發展與實務的結合
    - 社會變遷與生涯輔導
    - 生涯輔導理論的多元性與整合的嘗試
    - 生涯輔導研究的方向
    - 生涯輔導的重點
  - 我國生涯輔導的展望
    - 新生涯輔導觀
    - 生涯輔導制度的建立
    - 生涯輔導資源的擴充
    - 生涯輔導工作的推展

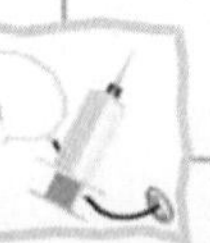

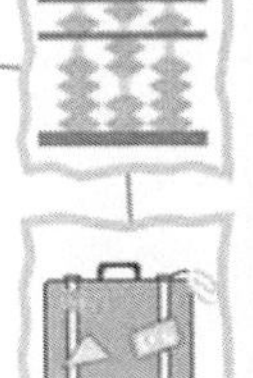

摘要

我國實施傳統職業輔導工作已有四十年以上的經驗，而正式推展生涯輔導工作亦有十年以上的歷史，所採行的輔導措施已逐漸普及各級學校、社會乃至企業組織，惟實施迄今，仍有若干問題有待突破與解決。

本章首先就目前國內於學校、社會及企業組織，所推展生涯輔導的現況加以檢討，分析有關的問題。進而從生涯輔導理論的發展與實務的結合角度，說明生涯輔導工作者必須以開放的態度接觸不同的典範，思索拓展視野；並從不同的角度探究問題的焦點所在；藉理論的指引，以當事人為主體，配合個案的主觀背景，尋找生涯定向的機會。在新生涯輔導工作觀的引導之下，建立完善的生涯輔導制度、擴充生涯輔導資源，則未來生涯輔導的推展必將呈現光明的遠景。

第一節　生涯輔導實務問題分析

一、學校生涯輔導問題探討

我國各級學校之學生特性及生涯輔導工作之推展方式如本書第五章所述，其中強調國小實施生涯輔導工作之必要性，而不論是國小、國中、高中、高職或大專校院，生涯輔導工作的主要內涵不外乎：了解個人特質、認識工作世界，以及將個人及工作世界做一適當配合等三個重點。此外，生涯規劃除強調個人的能力提升及自我覺察外，也重視個人對生命意義的體認。我們除了教導學生配合工作世界的要求而調整自我之外，也強調讓學生有所思索，看看要為自己塑造出如何的生命藍圖。

在學校系統中，過去十幾年來，生涯輔導工作一直都被認為是生活輔導及學習輔導之外，次要的一環，國小老師以為小學生不需要生涯輔導，因為他們還小，沒有工作的問題，只要生活常規上不出問題，功課能維持順利升上國中即可。國中教師的態度則分為兩個極端，對升學學生而言，老師著重考試，輔導其進入高級中學；對準備就業的學生而言，則透過技藝訓練及建教合作等方式，指導學生就業。前者為完全忽視生涯輔導的觀念，後者則是持狹隘的生涯輔導觀念，事實上只是就業安置而已。所幸此一現象在近年來九年一貫及十二年國教等政策推動下稍有改善。

在高級中學裡，雖說學生高二開始根據興趣及能力區分為文理兩組，但學生在決定之前，對自己以及對於文理組的未來方向並無足夠的探索，而在參加入學考試之前，或是推薦甄選之時的選填志願，也是著重以考試的成績落點來作為未來科系的決定依據。大專階段的生涯輔導工作，也以職業資料的提供及就業安置為主要重點。生涯輔導工作可以說是學校體系裡，升學主義之下的犧牲品，學生在成長的歲月裡喪失了應有的探索及學

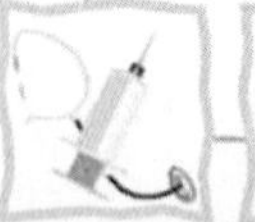

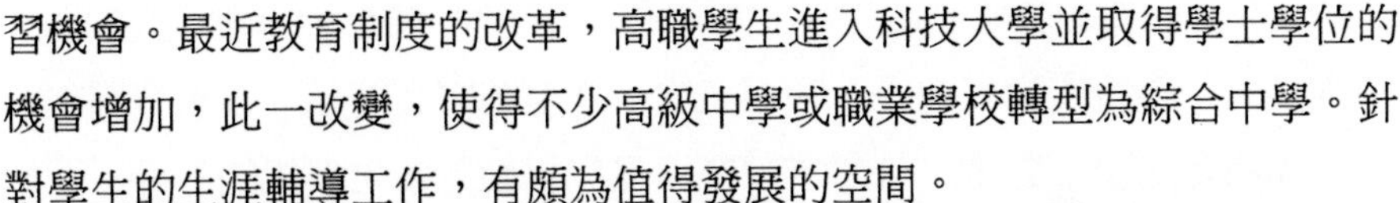

習機會。最近教育制度的改革，高職學生進入科技大學並取得學士學位的機會增加，此一改變，使得不少高級中學或職業學校轉型為綜合中學。針對學生的生涯輔導工作，有頗為值得發展的空間。

近年來生涯輔導的觀念逐漸受到重視，學者們也開始強調廣義的生涯輔導觀念，至少在協助學生了解自己的興趣、性向、能力、價值觀念及人格特質等認識自己這方面的工作，已開始被認為是生涯輔導的一環，而且是生涯輔導的第一個步驟。而第二個步驟，也就是職業世界的探索，學校也逐漸能配合社區及政府機構，辦理相關的訪問活動及資料提供。生涯輔導工作的最後一個步驟，也就是個人及工作世界的配合方面，有賴前兩個步驟的正確認識、相關的決定技巧及計畫能力。

綜觀當前學校生涯輔導工作推展的困境與問題，在人力與設備問題方面，因為六年輔導工作計畫與後續的青少年輔導工作計畫對各縣市輔導室的補助而無大礙，然偏遠地區的中小學，其人員及設備方面仍有待加強。而在生涯輔導的輔助工具方面，專業的輔導方案、本土化的心理測驗，以及電腦輔助輔導方案仍有待加強。此外，不同團體的人對生涯仍抱持不同觀念，因而在生涯輔導工作的推展方面也有相當阻礙，學校的老師、行政人員、教育行政單位以及學生家長，應透過有效的溝通管道讓彼此的觀念更為接近，一方面可減少專業人員枯竭（burnout）的現象，另一方面也可透過共同的努力來推行生涯輔導工作，以免只以片斷的資訊作為個人生涯抉擇的依據。因此凡與學生成長與發展有關的，家長、教師及學生本人都應有正確的生涯觀念，並以適切方法協助每個人建立正確的生涯觀念。

學術研究者亦不能免於其責，應配合實務工作，以更多的研究探討目前各級學校推動生涯輔導措施的效益，看看國人所關注的生涯課題是否均有明確的方案。九年一貫教育改革制度實施之後，更可以就六大議題中生涯發展此一議題為焦點，檢討生涯教育在各領域課程的融入情形。生涯評量工具方面，修訂自國外的評量工具是否能適合國內學生所需，新編的生涯輔導工具是否適用，都是值得探究的議題。

總之，無論是延長國教也好或是九年一貫制度也好，愈往上延伸，考

慮個人生涯發展的課題愈形重要，概因國中小時期正值發展階段，其性向、興趣、人格等特質尚在成長、探索之中，然至高中職時期，各項特質之發展已臨穩定階段，對未來升學或就業途徑之規劃需要更具體的引導，至於大學階段則應是初步實踐其生涯選擇的重要時刻。換言之，自國三至高三的階段，生涯輔導之重要性絕對不容忽視，若在此階段之後，仍無法清楚認識自己、了解工作世界，對未來的發展方向仍混淆不清，勢將形成個人生涯發展的困境，不僅無法達成原先改良聯招所預期的目標，反而延長青少年無奈、無助的歲月，對個人與社會均是莫大的損失。近年來，不論是針對中學階段的高中及大學類科選擇，抑或大學階段的工作世界探索與連結，在實習或遊學等方面的探索與學習更需要加強輔導。

二、成人生涯輔導問題探討

在學校體系之外，成人的生涯輔導工作與國家的社會福利政策及社區的支持有關。一般而言，成人在生涯發展方面所面臨的問題，包括在工作中的適應、第二專長的培訓、轉業失業的輔導、受重大傷害之後的復健或轉業、女性對家庭及事業的兼顧、退伍軍人的創業或就業輔導，甚至老年者的退休輔導等。近年來在失業率節節攀升的情況下，對失業者的輔導，更是一大問題。這些不同背景的成人，在生涯輔導方面的需求不亞於尚未就業的學生，過去我們似乎看不出有哪些機構在替這群人服務，即使有，其所提供的服務在專業程度方面亦是參差不齊。舉例來說，有私人執業或財團法人所附屬的輔導機構與學界配合，而提供完善的訓練或輔導服務，但也有些單位因人員專業訓練不足，而僅僅提供職業資料或就業訊息的情形。近年來，青年發展署或勞動部除針對青年提供直接服務，例如第二專長訓練以及鼓勵創業等措施之外，也針對大專院校就業輔導人員提供專業在職訓練，並於台灣地區成立十個生涯輔導資源中心，以提升對大專院校學生及畢業校友的生涯輔導服務。

一般而言，成人階段經常遇到的生涯發展問題包括以下幾種情形：失

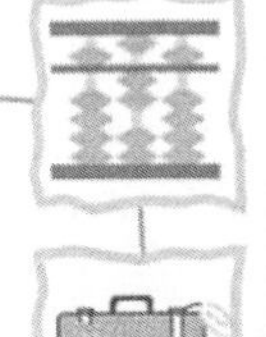

業、專業枯竭、女性在工作與家庭之間的衝突處理問題、雙生涯家庭所遭遇的問題、求職技巧方面的問題。失業對大部分成人而言是件相當嚴重的問題，尤其是在被解雇的情形下，勞資糾紛頻頻而起，過去我們看不出有哪些專業機構在為這些失業民眾提供專業性的生涯輔導。近年來，因為921地震以及世界經濟的不景氣，因失業問題而引起的民生問題，更是嚴重。而非典型肺炎在台肆虐，也造成經濟及就業上的重大創擊。勞動部勞動力發展署近年來雖然針對失業勞工而提出失業補助及輔導服務，但這些制度的整體實施效果則仍有待進一步的評估。此外，專業枯竭的問題則與個人的工作壓力、生活事件及工作滿意有關，這方面除企業內應顧及員工的需求之外，一般社區或政府相關單位亦應提供成人相關的輔導服務。

女性在生涯輔導方面所遭遇的問題，也隨著女性主義的抬頭而逐漸受到重視。一般而言，女性在生涯發展方面所遭遇的阻礙，要較男性的發展來得複雜。一些阻隔因素與性別本身有關，例如可能因為性別的因素，工作升遷機會較男性少，因為是女性而容易受到性騷擾，因為是女性，較重視人與人之間的軟性關係（指情感上的交流），而忽略了工作任務上的要求。此外，來自家庭及社會期許的總總阻隔因素，對女性成人而言，均應有機會透過輔導服務而覺察自己的態度，並發揮自己的能力。

在雙生涯家庭所遭遇的問題方面，不論是男性或女性，除了白天工作之外，也背負著維繫家庭關係的使命，如何在工作與家庭之間取得平衡，讓家庭角色與工作角色互相支持，而不致成為彼此的絆腳石，除了成人本身的調適之外，相關的輔導服務能協助成人過得更好。

在求職技巧的獲得方面，對出了社會的成人而言，更難找出適當的學習機會，有關履歷撰寫及面談技巧，有賴個人從書籍或相關資料獲得，而過去只能從相關報章廣告中獲得的就業資訊，現今因為網路發達而較有好轉。值得注意的是，這些謀職技巧畢竟只是生涯輔導中的一環，我們需提醒個案或助人者，不能因此忽略了個案在求職過程中的其他因素。

近年來老人比例的增高，有關老人的社會問題也逐漸呈現。老年人應當會花些時間對個人生活做一回顧及統整，但針對此一部分所提供的服務

幾乎是空白的。獨居老人的情形增加，除起居生活的穩定之外，對個人退休後的整體生活省思，政府或社區相關輔導單位是可以著力的。

從以上所描述的成人生涯發展問題來看，不同團體或背景的成人有不同的輔導需求，因而針對成人而提供的生涯輔導工作必須相當的多樣化，也許政府相關單位可針對某一群體提供滿足其特殊需求之輔導，而社區或私人執業單位，對走出學校之外的成人，仍應當提供必要的綜合性生涯諮商方案，以協助個人發揮潛能，並減少不必要的社會問題。

三、企業員工生涯輔導問題探討

時代演變，目前各企業界對員工著重人性化的管理方式，相關機構均已成立各自的教育訓練中心，而諮商輔導方面的服務也逐漸受到重視，有些機構有特別的專業人員配置，有些機構則是採志願服務義工的方式進行員工的輔導服務，不論如何，企業界對員工的生涯發展輔導仍有其限制，其一為專業人員的不足，其二為企業主管對員工福利並不重視的情形，其三為員工本身對生涯發展的觀念模糊。近年來受到全球經濟不景氣的影響，企業經營者更無暇顧及員工的生涯成長問題。這些情形均限制了生涯輔導工作在企業界的發展潛力。

在諸多的生涯輔導方式中，個別諮商、團體輔導、心理測驗的使用以及主題工作坊，是較為普遍的方式，這些方式在企業界的使用情形並不一致，做的深度如何，員工的問題是否得到解決，得視輔導者專業訓練的背景而定。而其中心理測驗的使用，企業間經常委託輔導專業團體進行施測，但使用的重點通常是以人員的篩選、錄用或升遷為主，而非以員工的個人發展及問題解決為主。此一問題與測驗倫理有關，使用時不得不謹慎為之。

由於企業與個人之間的關係不同於個人與個人之間的關係，員工的需求與公司發展的需求如何兼顧，就成為諮商工作在企業界推展時不能忽略的一個因素。此外，個人的職業統整（career identity）發展如何，與個人在服務單位的工作經驗有何關係，與一個企業組織的發展又有什麼關係，

也是企業界生涯諮商的重要課題。而個人所關心的事業成功（career success），究竟該如何定義，是薪資所得、工作滿意、生涯成熟，或是有其他用以衡量工作成果的工具，也可能是企業中生涯諮商員工個人所關心的問題。

企業界在運用輔導專業以突破現有困境方面，可以朝以下幾個重點著手。第一為設立專職部門，或配合現有教育訓練及福利制度而晉用輔導專業人員，以輔導人員來協助推展廣義的生涯觀念，減少雇主與員工之間的歧見，雇主能體會員工的需求，而員工亦能重視公司整體的發展。一般而言，在專業訓練的內容方面，通常包括員工各類心理問題的輔導、藥物濫用情形的輔導或轉介、危機處理、諮詢服務、以及評量工具的使用等。企業界推展生涯輔導工作的第二個作法，是借重心理測驗及相關輔導書籍的發展，可以由企業本身的專業人員或配合學術界的相關人才來共同發展，而使用這些圖書或測驗工具的一個原則是並重公司整體及員工個人利益。第三個作法，也是一般企業界很容易接受的方法，是有關電腦化資訊及輔導系統的發展，員工可透過電腦網路交換工作心得，主管亦可透過電腦解答員工所提出的問題，或是與員工對公司的發展做意見交換。然而近年來因為戰爭及疾病的影響，許多企業紛紛倒閉，且部分企業是在毫無預警的狀況下宣布破產，勞資糾紛甚至私人恩怨頻傳，不僅影響整個企業界的員工扶助服務，協助員工進行生涯規劃的觀念在企業界幾乎是不再受到重視。隨著戰爭與疾病的持續，社會結構及工作機會也跟著改變，個人對工作世界的探索，已經失去一定程度的掌握範圍，即使要根據社會結構的需求來增進個人的就業競爭能力，也是相當的困難。

總之，企業與輔導原本隸屬於不同的兩個專業，生涯諮商雖是重視個人的潛能發揮及自我實現，但也不能忽略企業對國家、社會所負的使命，而企業單位除追求整體利益及進步之外，當然也應當運用輔導專業，顧及倫理，並從長遠的觀點，顧及公司及員工的福祉與未來發展。

第二節　生涯輔導理論的發展與實務的結合

一、社會變遷與生涯輔導

大部分生涯輔導理論或多或少都注意到自我的察覺、探索和決定與個人生涯發展息息相關，自我是個人內在穩定的建構，但卻無法與生長的社會文化環境割離，事實上，自我是在人際互動之間、在各種活動與角色扮演的經驗中逐漸發展成型。在這個漫長的社會化過程中，社會變遷的事實必然影響個人自我的內涵與結構，生涯輔導理論建構者已注意到這種現象（Blustein, 1994; Blustein & Noumair, 1996; McAuliffe, 1993; Vondracek, 1992），而實務工作者亦必須覺察這個事實。

本書第一章已大略描繪部分社會變遷的事實，包括職業結構的變化、跨國企業的競爭、企業經營方式的調整，以至於組織型態的扁平化、彈性工時制度與兼職工作方式的興盛等。歷年青輔會大專青年就業調查所發現的高比例轉業現象，甚至近年逐漸趨於嚴重的失業問題等，可能即是此等變遷的反應。對個人而言，成長中的青年面對著高學歷高失業率的困境；中年人在固定工作二、三十年之後，突然遭到資遣；老年人在退休前失去生活的戰場；層出不窮的職業傷害、婦女與少數族群在職場受到的歧視或騷擾等等問題（Jones, 1996）。種種情況透過媒體的報導或個人親身的經歷，必然都會攙入自我發展的過程之中，經過否認（與己無關）、面對（事實俱在）、接受（不得不承認）的階段，逐步形成或動搖已然脆弱的自我，而面對這些社會變遷所造成的問題，個人如何為自我的生涯發展找到妥切的答案？

生涯輔導理論並未針對這些現象一一提供對策，某些理論甚至可能只是建構於傳統穩定或假設性的生涯空間中，無法給予現成的答案。但即使

如此，許多理論所強調的自我與自我認定，卻仍是解決問題的核心，一旦失去自我，生存的意義也隨之消失，因此解鈴仍需繫鈴人，因著社會變遷所造成的生涯困境，仍需回到自我上尋找答案。

隨著時代的變遷與典範的轉移，生涯輔導理論在自我的概念上，已更強調社會建構的基礎，自我不僅是個人一己的發展，它的觸角及於與他人的關係、與整個社會脈動的關聯（Blustein, 1994; Lent & Brown, 1996a; McAuliffe, 1993），因此所謂的自我覺察與探索，就不僅是個人在象牙塔中的自我反省而已，實務工作者也必須了解此一必要性，更不能逃避其職責。

社會變遷是時代演進必然的現象，其本身無所謂好壞，端視個人如何看待因此而來的壓力，如果對個人生涯造成了不良的影響或傷害，除需要透過各種管道呼籲企業界與雇主重視員工的福祉外，生涯輔導人員更應加強宣導開闊的生涯理念，使困境中的個人得以從寬廣的生涯觀找出生路：生涯不僅繫於工作，工作不是生命意義與價值的惟一來源（Marshall, 1983）。至於學校生涯輔導工作更應將社會變遷的事實與真相納入輔導內涵之中，透過輔導人員與當事人之間的互動，發展創造性的「對話空間」（Jones, 1996; Lyddon, 1995），讓學生在生涯探索階段即能建立踏實的生涯自我概念，儘早學習如何面對未來的挑戰；同時，企業組織也必須充分體認人力資源的開發與運用的意義，妥善規劃各項員工生涯輔導措施，讓企業與員工均能在變遷之中獲得成長的機會。

二、生涯輔導理論的多元性與整合的嘗試

變遷的痕跡同樣烙印在生涯輔導所依循的理論基礎上：由最初僅有以帕森斯的三原則為核心的特質因素論，至50年代舒波開始將發展心理學、自我心理學等概念引進生涯輔導後，逐漸呈現多元化的蓬勃景象，除特質論外，發展論、心理動力論、類型論、工作適應論、社會學習論等，各自展現其對生涯發展、生涯抉擇、工作適應等課題的獨特見解，形成生涯輔

導的高潮時期。

自80年代起，生涯課題亦成為諮商心理學中一個重要的焦點（Borgen, 1984; Gelso & Fassinger, 1990; Osipow, 1990），心理學上許多重要的概念，特別是時興的認知理論，紛紛引入生涯輔導中，例如自我認知（ego-idenity）、自我效能（self-efficacy）、個人建構（personal construct）、社會認知（social cognitive）、認知複雜度（cognitive complexity）等，均成為生涯理論重要主題，匹得生、Reardon和Sampson（Peterson, Reardon, & Sampson, 1991）的書，更融合認知與訊息處理理論形成獨特的生涯輔導觀，而其他主要的心理學理論，如艾德勒（Adler）的個人心理學中所提及的生活型態與生活腳本的概念，亦成為許多生涯輔導學者所樂於引介的另一種支流（Savickas, 1989; Watkins, 1993）。總之，90年代所呈現的興盛情況有如百花在縫隙中綻放。

隨著多元思潮的衝擊，許多生涯輔導理論亦有治眾說於一爐的趨勢，其中又以生涯發展論最具代表性：舒波早期依其「生涯型態研究」（Career Pattern Survey）的結果，以發展任務、發展階段、生涯成熟以及自我概念的實踐（Super, 1957, 1963）做為生涯發展歷程的核心，80年代則將角色的概念明確地引入其生涯發展論之中，創出「生命－生涯彩虹」（life-career rainbow）的符號，說明生涯角色的扮演在跨越時、空概念上的意義，其後再以「拱門模式」（archway model）將彩虹圖所未能包容的眾多心理、社會情境因素一併置於此一宏大的架構之中，顯示出個人的生涯發展仍有其軌跡可循（Super, 1990, 1994）。

在舒波最後所呈現的生涯模式中，事實上已將其他理論所探討的許多基本概念涵蓋其中，舒波甚至在1994年的拱門模型圖中，將各家名號標誌在圖上，顯示其統整性與折衷性，從鉅觀的角度深入體會整體生涯發展的要義。舒波這種整合取向促使理論不斷有所演進，而許多有心之士亦發覺生涯輔導在多年經營之後，已有必要朝向整合的方向努力，譬如伯金（Borgen, 1991）在評論二十年來職業行為研究的文獻後，即認為諸多文獻在在顯示各家理論隱約存在許多共通之處，目前已到達所未有的整合（conver-

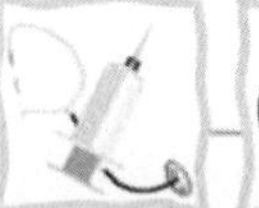

gence）契機：這種整合更可採用科際整合、多層面的觀點達成（Hackett, Lent, & Greenhaus, 1991）。而大多數的學者均認為異中求同的趨勢，不僅有助於實務工作者，亦對各家理論有互補的作用，也可刺激不同角度的思考（Savikas & Lent, 1994）。

以發展論的觀點而言，事實上，發展的理念亦隱含於其他生涯理論中，譬如特質論（以及後來演進的適配論）承認各種特質即隨生涯經驗發展而來，社會學習理論亦同樣強調生活經驗中工具式學習與連結式學習對其生涯發展的影響，心理動力論則更對早年經驗，家庭環境與個人生涯發展的關係提出其獨特的觀點。換言之，發展的概念已為各家生涯輔導理論的共識，只不過各家對此概念所強調的重點不同，因此其所採取的輔導策略亦有所別。

再譬如特質論以及何倫的類型論、戴維斯（Dawis）與拉奎司特（Lofquist）的工作適應論等，都強調人格特質的重要性，性向、興趣、價值觀等特質都屬於人格的範疇，這些特質一一反應於個人所做的選擇上。特質論認為可以衡量個人所具有的特質，並以之與職業從業人員的特質相比對，因此生涯輔導的重點即在強化此種比對，使個人能獲得最大發展的空間。而發展論以自我為人格核心，在生涯成熟、角色凸顯，以及工作價值觀的評量上，仍以其同儕做為參照點，與適配論若合符節，舒波（Super, 1994）因此認為他亦屬於適配論圈內人，但強調此等特質之評量必須先於特質論所注重的性向、興趣等評量工作（Super, 1983）。

就此課題而言，社會學習理論提及個人經由四方面的因素發展出的自我觀與世界觀，對個人生涯抉擇與計畫有重大的影響，而近年克朗伯茲（Krumboltz, 1991）所編製的「生涯信念量表」基本上即承續此一觀點，但克朗伯茲關切的是影響當事人生涯抉擇與行動的基本信念：不同的生涯信念影響其如何做決定、如何採取行動，至於性向、興趣、工作價值觀，乃至生涯成熟、角色凸顯等特質，則非其所欲探討的重點。

同樣的情況可見於對認知因素的重視：克朗伯茲的生涯信念基本上就是認知歷程的產物，舒波的自我概念是個人建構的結果，甚至如帕森斯的

第三個原則，也可由當事人以其認知歷程，主動參與進行「真實的推論」（true reasoning），而不僅是輔導人員全權指導而已（Chartrand, 1991）。至於近年來十分受重視的生涯自我效能更是認知領域中的重要概念，甚至已成為社會認知生涯理論的核心（Lent & Brown, 1996）。

克朗伯茲（Krumboltz, 1994）曾以市面所售的地點為喻，圖上所繪均為同一地區各個街道、建築物等的符號，然而不同公司所出版的地圖，會依其需要凸顯圖中某一部分，如旅遊地圖可能將名勝古蹟特別加以標示，甚至加上詳細的道路指標，登山地圖則特別注重山川、高度，為購物者所繪製的地圖則凸顯百貨商場之所在，隨實際情況各取所需，生涯輔導理論亦可如是觀之。倡議將生涯理論加以整合的歐斯伯（Osipow, 1990）亦認為在試圖整合之際，各個理論的特性仍有其重要的貢獻，不可一概抹殺。至少在目前為止，主要的理論仍可分別說明生涯歷程中不同的現象，如因企求整合而統一為一家之言，就理論的發展而言似非良策，就實務的角度來說，似乎亦不必操之過急。總之，沒有一個理論可以解釋生涯的全貌，但多元的觀點有助於輔導工作者從不同角度思考生涯的課題，而適度的整合則可以提供各家理論彼此交流的管道，因此整合的嘗試應是健康的徵兆。

三、生涯輔導研究的方向——從邏輯實證論到現象學

在生涯輔導學者尋求整合之際，已有另一股聲音認為以往科學方法所建構的生涯模式，無法描繪生涯的全貌，特別是對女性、少數族群的生涯歷程更難以適用，而且若仍以客觀、實證的角度研究此等被忽視的族群，既使樣本擴及更多母群，所得結果仍不出一言堂的窠臼（Richardson, 1993），因此基本的研究方法論必須改弦更張，始能為生涯輔導工作找到新的出路。

生涯輔導理論始於二十世紀之初，這個世紀承繼十八、十九世紀自然科學的脈絡，標榜的是科學的精神、科學的方法，在此思潮下，心理學研究者多奉之為最高準則，而職業輔導在帕森斯帶領之下，隨此潮流而逐漸

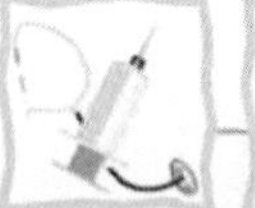

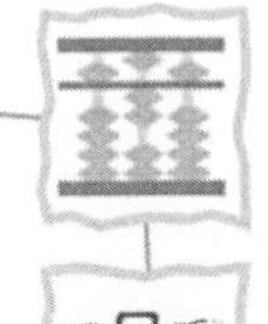

開拓其專業領域，因此沙維卡斯（Savickas, 1994）即認為帕森斯最大的貢獻在於將輔導青年選擇職業的工作科學化，他所謂的「真實的推論」主要即以合乎科學的方法進行「媒合」（matching）的工作，雖然當時尚無目前廣為生涯輔導工作者所使用的評量工具，但其基本精神呼應二十世紀理性思考的潮流，遂成為數十年來生涯輔導的主流。

此種研究（與思考）取向長久以來影響生涯輔導理論的發展，即使為眾人所推崇的舒波亦未脫離此一路線，在其長達五十年的生涯研究中，舒波將以往完全以職業選擇為重心的輔導理念，轉向以更寬廣的生涯觀點探討個人一生的發展歷程，對生涯輔導而言是一項重大的突破，但仍未替職業心理學帶來新的科學哲學（Savickas, 1994）。即使近年來已有許多學者開始重視少數族群的研究，而在研究方法上也有相當重大的突破，諸如採用多變項分析、因果模式及線性結構模式等統計方法，解決以往無法處理的資料，然而其所根據的認識論仍屬於邏輯實證的取向。

布朗和布魯克（Brown & Brooks, 1990）在其主編的《生涯選擇與發展》一書中即曾特別提醒讀者，大部分生涯輔導理論的哲學基礎皆以邏輯實證論（logical positivism）為出發點，在該書中僅有鐵德曼（D. Tiedeman）所提出的理論具有現象學（phenomenological perspective）的色彩，布朗預測未來將有更多研究（理論）採用現象學的方法，探討生涯選擇、生涯發展、生活角色之間的關聯等課題。瓦許等人（Walsh, Craik, & Price, 1992）在論及適配論的發展時，亦預見詮釋論與社會建構論的興起將是以往科學預測研究之外，另一值得重視的發展趨勢。

李察遜（Richardson, 1993）認為過於受制於邏輯實證論與經驗論的傳統，使得生涯輔導理論陷於抗拒變遷而無法自處的困境，大多數人所探討的生涯概念隱含著自我中心的個人主義與優越感的色彩，不足以宣示生涯的全貌，更不應奢談整合，她認為在帕森斯、舒波之後，應進一步從社會建構論（social constructionism）的角度，以個人為生活的主體、主動的機制，深入探究工作在個人生活中的意義，而且不只限於傳統職業結構中所謂的工作，因為對許多人而言，工作具有多重的意義，即使舒波將生涯的

理念擴及工作之外其他的生活角色，但隱約之間仍以工作為主導，因此仍無法以之論及所有不同階層、性別、種族者的生涯。

李察遜的論點頗為激烈，由前節所述可知多元的生涯理論並非全然不能接納新的觀念，對工作之外的生活角色及其與整個生涯歷程的關聯，亦為近年研究的熱門課題（Tinsley, 1994），但此一論辯關乎認識論上基本典範的問題，僅從表面上討論樣本是否涵蓋更多族群、研究主題是否遍及生涯之全部等等枝節，都不足以找出其交集。事實上早於半世紀前，羅吉斯（Rogers, 1951）即已將現象學的觀點引入諮商心理學中，其所主張的同理心與無條件的積極關切都在強調進入當事人的現象場地是諮商的關鍵，或許這種觀點與實證論的科學觀點不能相容，以致如此重要的諮商理論未能引起生涯輔導學者的重視（Borgen, 1992），但近年來，同樣屬於現象論取向的個人建構論已廣為生涯輔導學者所引用，而近年廣為生涯諮商界所討論的敘事諮商（narrative counseling）亦屬此一觀點的引伸（Collin, 2001）。

總而言之，生涯輔導理論從單一到多元，繼而興起另一種研究典範的呼籲，這種轉變是全新的建構，也是十分明顯而必然的現象，接納不同的典範不等於摒棄舊典範，重要的應是生涯研究者是否能以開放的態度去接觸不同的典範，思索如何拓展視野、從不同角度探究同一主題的可能性；換言之，生涯研究者可以樂觀的心情迎接新的典範，實務工作者也有必要從這個角度重新思考其輔導的取向。

四、生涯輔導的重點——以當事人爲主體結合理論與實務

理論不能脫離實際而存在，特別是提供專業服務的生涯輔導工作，更需要理論的引導。雖然生涯輔導實務工作可能因不同的理論取向，而有不同的著重點，同一個個案可能有不同角度的輔導策略與方法，但隨著理論整合的趨勢，殊異之處可說已指向條條道路通羅馬的目標。美國生涯發展季刊十年前開始陸續提供生涯輔導的案例，由該季刊所登載的數十個案例中，可發現數名資深輔導專業人員執筆所敘述的可能採行之輔導措施，異

中有同、同中有異，這種情況頗為符合與上節所述的分殊及整合的趨勢，但更重要的是從個案出發，可以更清楚地將「知識」轉化為「了解」，對個案做更深入的同理與體悟，當事人的自我成為輔導的核心，而理論就可以在此核心周遭發揮其引導作用。

以個人中心諮商理論為例，該理論在生涯輔導理論體系中雖未特別凸顯其地位，但在實務工作上，卻已是國內許多實務工作者所樂於接受的觀念，生涯輔導人員在接受一般諮商技巧的訓練時，即已相當熟稔羅吉斯的觀點，對當事人的尊重、進入當事人的知覺場內給予同理的反應，這種基本的諮商關係已是眾人皆知的事，因此無論其生涯輔導的理論取向為何，大多能考慮如何給予當事人更多參與的空間，以生涯輔導工作上最常使用的測驗為例，從測驗的選擇到結果的解釋，當事人都有相當大的發揮空間，這種情形大致已做到對當事人基本的認同。

理論與實務之間存在著的落差，可能因以往生涯輔導的理論多建基於邏輯實證的典範，而測驗之發展又是職業輔導的基礎，因此不免過度重視測驗在預測生涯決定上的功能，或者以測驗做為診斷一個人的「錯誤」或缺陷的工具，而不是幫助他找到可以著力的地方。在測驗全能的思考模式下，諮商員甚至可能以其社會影響力量說服當事人接受其所做的解釋（Reed, Patton, & Gold, 1993）如此自然無法談到開拓其視野、以測驗的結果做為引發個人的自覺、從事進一步探索活動的動力來源。金樹人（1993b）以完形學派波爾斯（F. S. Perls）的理論闡釋只有在當事人自覺並積極檢視其整個發展的歷程，才是輔導的開始，才能使一個人成為如其所是的生涯藝術家。實務工作者有必要就此課題加以深思，理論與實務才有結合的可能。

測驗是依據特質理論所發展的策略與技巧之一，而何倫依理論所編製的「自我探索量表」（Self-Direct Search）是理論與實務結合的另一範例，該量表原意是讓當事人主動參與自我生涯探索的歷程，當事人做完量表、自行計分後，配合何倫等人所編的「職業索驥」（Occupations Finder）或「科系索驥」（College Majors Finder）等資料，即可自我解釋其結果（Hol-

land & Rayman, 1986）。與此情況十分相似的是目前市面上許多生涯自我規劃的書籍，採用自我引導的編輯方法，當事人可以跟隨書中文字說明，一步一步探索個人與環境各方面的訊息，甚至進行自我評量、做決定、擬計畫等。

目前已普遍獲得肯定的生涯課程（Oliver & Spokane, 1988），其設計也同樣注意當事人（學生）的主動參與和實際的探索行為，尤其透過角色扮演的過程，配合錄影帶重播方式讓當事人即刻獲得回饋，再配合當事人原有的認知層面，逐步進行所謂的「假設考驗」（hypothesis testing），則可由其選擇性注意的焦點或反應方式，逐漸分化及於其他更重要的訊息（Gibson, 1988）。這種社會認知取向運用於抉擇技巧訓練的效果已獲得實證研究的支持（Blustein & Strohmer, 1987），其所強調的重點類似現象學理論：個人是資訊處理的科學家，善用其對所處情境的知覺，妥善加以引導，則有更佳的效果。

至於目前已成為生涯輔導重要措施的電腦輔助生涯輔導系統，更是一種提供當事人主動參與的方法。早期諸多生涯研究者考慮生涯資料的龐雜繁瑣，可以藉電腦大量儲存、快速處理的特性，節省許多人力與時間，具有此等特色的 CIS、GIS 等系統於三十年前美國各州即已廣泛採用，隨著電腦愈趨發達，其功能日益擴大，於是允許個人主導的設計開始出現，目前在美國許多大專院校廣泛使用的 SIGI ＋、DISCOVER，除能於線上施測、即刻獲得回饋外，使用者可自行選擇需要的內容，剔除不想要的特質，甚至可自行預估成功的機率（Sampson et al., 1993）。此種設計除可節省輔導人員部分時間外，亦是另一種自我引導、自我探索的機會。

以當事人為主體的自我探索策略，其重點即在如何進入當事人的知覺場、配合其所思所欲、透過社會認知的基礎給予適當的輔導，而協助當事人獨立、有定見、做好生涯準備也正是輔導工作的目標。換言之，在強調當事人主動參與、輔導人員同理並提供互動空間的前提下，生涯輔導理論與實務得以相互結合，藉理論所提供的指引，配合個案的主觀背景，尋找生涯定向的機會。

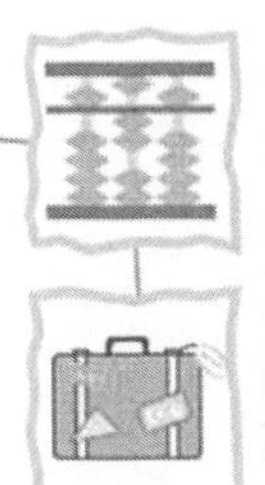

第三節　我國生涯輔導的展望

一、新生涯輔導觀

生涯的概念已從傳統狹隘的職業或工作問題，進而擴及個人生命歷程中各種角色的選擇與實踐，換言之，生涯是個人生命意義的組織與統整的表現，而自我就是表現生命的核心。傳統社會穩定而有明顯的行為準則，生涯的課題並不特別凸顯，哲學家對人生的意義提出深峻的思考方向，但可能不及宗教家引導眾生破解生命無常的效果，村夫漁婦拾其皮毛而終生信奉，對生活雖有怨懟卻也日復一日，世代相安無事。但近年社會變遷所帶來的震憾，遠超過個人所能負荷，即使宗教也無法給予完全的答案。對某些人而言，這種紛擾的困境帶來漂泊不定的感受，因此常隨著流行的風潮尋求不同方式的慰藉，但也有些人將之視為對自我的挑戰，愈挫愈勇，乃至成為自己的主人。

事實上，每一個生涯困境或轉銜階段都是建構生涯自我的良機，自我是個人與社會交互作用的產物，因此在面對社會變遷所帶來的衝擊時，個人更不能忽視這股勢力對個人的影響。自我雖具有長期穩定的特質，但個人每天在處理日常生活事務之際，外在的現象必然與自我發生交互的作用，初期可能可以嘗試將新經驗置於既有的認知架構中，以習慣的方法應付之，但若長期暴露於這些資訊以及挫折或挑戰經驗後，自我的反應方式是因應變遷的關鍵，但無論如何，這種反應將透過個人的認知系統而納入自我之中，成為自我的一部分（Peterson et al., 1991）。自我可能從單純的調整到實質的轉變（Borders & Archadel, 1987; Lyddon, 1990; McAuliffe, 1993），前者僅是順勢因應，不免帶有鴕鳥作風，能將外在種種變數與內在認知相結合而做密切連結的才是實質的轉變，也才是自我的重新建構，由此才可

能在人生的舞台上實踐其真正的自我。

以社會建構為基礎的生涯觀並不否定個人建構的必要性，事實上，社會建構論強調個人建構是在社會互動與符號交互作用中產生（Gergen, 1985），但如完全依人際互動的結果或外在機制的期望，所形成的仍是盲目的自我，真正的自我應是建基於人際互動或外在機制之上，但超越任何既定的建構，又能很有彈性的進出內外現象場地，如此的自我建構就能在面對各種情境時應付自如（McAuliffe, 1993）。

由於現代社會高度的發展，個人的生活層次逐漸提升，生活的目的不再以謀生為足，生計輔導工作個人整體的生活與生命的層面出發，所牽涉的範圍相當廣泛，生計輔導、生計教育、生涯發展、生涯規劃等概念與活動，即為因應這些課程，所發展出來的助人工作。以往的生涯輔導工作可能較少將多元化社會存在著殊異的理念與價值體系這個事實納入考慮，因此將所提供的一套專業服務視為萬靈丹，以為當事人只要接受這一套輔導或訓練，就可徹底解決問題。事實上，這個社會所呈現的多樣化色彩已給人眼花撩亂、莫衷一是的感覺，輔導人員所提供的一套如果只是眾多論調中的一種而已，則徒增當事人的負擔，更無法顯現輔導專業的效果。

在變遷的時代中，社會建構論可能隱含著機遇因素、不可預測、非決定性，但社會既有的體制（如官僚體制、學校系統、性別角色，乃至傳統文化等）仍有其穩定作用，因此多元化與分殊性是當前社會的特質，但人類發展仍有其同質性，輔導人員仍可在這個基礎上提供必要的協助，不致有隨波逐流的疑慮（Thomas, 1996）。但如實務工作者陷於紛擾的社會變動之中，無法跳脫表象所帶給當事人以及輔導人員本身的困境，理論所指引的策略與方法變成毫不加以懷疑的假定，以致輔導人員本身就採取「非理性」的思考模式，則整個輔導過程可能將陷於頭痛醫頭、腳痛醫腳的窘境，不僅當事人無法獲得任何協助，輔導人員也將對理論產生懷疑，以致動搖其專業信念，反而造成更大的困境。

總而言之，輔導人員不僅將當前社會變遷的真相傳達給當事人，亦不僅只是補充當事人不足或缺失的資訊，輔導人員更需掌握可實現的契機，

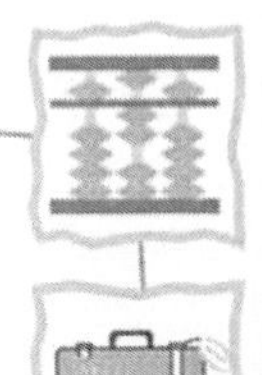

以當事人的自我為主體，進入其知覺場地，與當事人共同探索其發展背景的生態系統，尋找生涯迷思的盲點，進而協助當事人以開放的態度面對紛擾的社會現象，從不同的層面思考這些資訊或經驗對個人生涯發展的意義，協助當事人從自我的建構出發，建立積極而統整的生涯觀。

二、生涯輔導制度的建立

近幾年來，生涯的課題已普遍受到重視，生涯輔導已然成為各級學校輔導工作的重點，然而我國的教育體制始終無法擺脫聯考制度的陰影，國中以上的各級學校學生的生涯發展無不受其影響，因此學校輔導室縱有完善的生涯輔導措施，卻難以發揮其功能，此一問題固然與升學主義的觀念有密切關係，然而制度完備與否亦為重要關鍵。

學校為實施生涯輔導的第一站，其成敗關係學生未來的生涯發展，學校生涯輔導工作若能落實，學生在離開學校體系之前即能有正確的生涯理念，學會成熟的決策技巧，對未來的生涯發展已有妥善的規劃，面對社會變遷或生涯困境時，亦有適當因應能力，則企業員工或社會一般民眾的生涯輔導工作自然更易進行。但生涯發展是終生的歷程，從教育體系到企業組織以及社會生活，前後有其必然的關聯性，因此在生涯輔導的體制上，必須加以串連，凡涉及民眾生活與生涯發展的有關機構或制度，包括學校教育、職業訓練、考試任用、就業輔導，以至於社會福利、社區活動等，均有整體的規劃，彼此相互協調對應，減少單兵作戰式的服務。

目前我國各級政府的組織分工獨立，縱向的規劃已有定規定循，然橫向的協調與配合卻非易事，較少以統整性的角度規劃各項與生涯有關的事務，更遑論結合民間機構的力量來有效的發揮服務功能。因此在無數次全國性教育或輔導會議上，均有建立跨部會委員會之建議，其主旨即在將整合上述相關機構的功能，期以一貫可行的政策與具體措施，從中央到地方、從嬰兒到老年，為所有的民眾開創不虞匱乏、無庸煩慮的生機。

在現行官僚體制下要正式建立此等橫向連繫的管道可能並非易事，但

仍可由小處著手。以學校內部的體制而言，生涯的課題不僅止於升學或就業途徑的選擇，生涯態度與觀念從小就應加以培養、導向，因此在國小的生涯輔導工作上，應與所有任課教師連繫，充分利用各科教學機會，適時地將正確的生涯理念納入學習範圍，使學生於平日生活中即能思考與體驗生涯的相關課題。國中輔導活動時間除應確實依照標準實施，不得因升學因素而挪用時間或應付了事之外，亦應將生涯的理念納入各科教學內容與活動中，使教師能以學生長遠的發展為考量，而非僅以升學為唯一目標。

高中、高職雖無固定時間，然正可利用學生面對大學科系選擇的關鍵時機，導引學生思考長遠的生涯課題，透過更多的探索與覺察，整理出個人發展的方向，而不急著僅以心理測驗或學業成績做為其填寫科系的依據。大學階段更是歷練生涯課題的重要時刻，藉鼓勵學生修習第二專長學科，積極參與社團活動、社區服務或企業建教合作等機會，提供學生接觸現實社會的機會，驗證或實踐其生涯的決定，藉此方式連結教育與社會體系的生涯網路。

上述措施或已明文訂定於課程標準、或已有成功的體例可循，但如何確實執行，實有賴學校主管人員深切了解生涯的重要性，督導輔導人員切實依照規定實施生涯輔導，同時亦要求一般教師在強調升學或就業之餘，亦能考慮學生生涯發展的重要，對所有學生實施各種生涯輔導的措施。同時教育行政系統亦必須發揮督導功能，以期於學校教育中即能為個人的生涯發展奠定良好的基礎。

生涯輔導與諮商工作的實施有賴專業輔導人員，然而在一般教學科目或團體活動中，亦有甚多機會涉及生涯的問題，因此一般教師亦應對生涯輔導有基本的認識。師範體系或設有教育學程的一般大學，在師資培育課程中，必須將生涯輔導或類似的科目列入修習範圍，由個人本身的生涯省思、規劃開始，探討生涯理念與個人發展的關聯，並學習生涯規劃的方法，以本身的認知與體驗做為往後輔導國、高中學生的基礎。

在十餘年的學校教育之後，數十年的生涯皆與現實社會生活息息相關，因此社會一般民眾的生涯輔導即有賴健全的社會服務網絡。現行的國民就

業服務制度已有「就業服務法」之依據，重要的是如何落實法令的精神，除提供資源、支援各級學校推展生涯輔導措施外，在例行的職業介紹、就業諮詢工作之餘，其服務重點應再擴及對於婦女再就業、身心障礙者與弱勢族群的就業問題，以及退休人力的妥善運用。至於如何快速廣泛地傳播就業資訊、積極連繫廠商開創就業機會、加強勞工技術能力、提供第二專長訓練機會等，亦為就業服務機構當務之急。

總之，在各相關機構無法因應民眾生涯需求做統整性之規劃前，由人力較多、資源尚豐的學校體系做起，進而結合其他機構的資源，逐步建立一貫的生涯輔導制度，或為當前暫行之道，唯長遠之計，仍應以統整的方案為依歸。

三、生涯輔導資源的擴充

推展生涯輔導工作除了需要觀念上的溝通與制度的建立外，還要有適當的輔導材料與工具，才能確實發揮其效果。生涯輔導中常需要使用若干個別輔導或團體輔導的材料，諸如價值澄清、自我認識、認識工作世界、抉擇技巧、求職注意事項等，此等材料有的與一般心理輔導中所使用者相近，有的則需針對生涯問題另行設計。國內已有相當多的研究採用各類輔導材料，且其實用價值亦經若干實證的研究獲得肯定，許多單位亦陸續編有手冊、錄影帶、叢書等，若能加以整理彙集，並建立暢通的管道，當可廣泛提供輔導人員參考選用。

由於教育部、青輔會與職訓局的努力，生涯輔導工作中常用的測驗工具在量上已有相當的成長，但仍有不足之虞，特別是測驗結果與生涯資訊之間的連結仍需加強，以充分發揮測驗的效用。至於適用於成人或特殊對象（如身心殘障者）的測驗工具亦需修訂編製，以切實照顧彼等的生涯發展。

目前我國生涯輔導工作中，特別欠缺的是學校與工作世界的資訊，尤其是後者，因社會變遷急遽，職業結構有相當大幅度的改變，工作世界之複雜非一般人所能完全了解，雖已有若干書面文字及錄影帶等資料，但仍

不足以提供各級學生廣泛使用，未來需要更多職業分析或資料分析專業人員在此一方面多加充實。至於學校資料方面亦有待整理彙編，目前大學入學考試中心已嘗試編輯學校（系）之資料，對於高中生涯輔導工作之推展當有相當幫助。

由於輔導人員之不足與資訊取得之不易，因此電腦輔導工具的開發實為生涯輔導工作另一重要方向，透過電腦大量儲存與快速反應的特性，甚且可將若干輔導措施，以精巧的程式設計置於電腦系統之中，讓使用者自行操作，並即刻獲得回饋。勞委會職訓局已開發此類生涯輔導電腦輔助系統，對於學生及一般民眾的生涯輔導應有實質的貢獻。

材料與工具之編制固然重要，但更重要的應是使用這些材料與工具的人。過去對生涯輔導的了解不多，因此即使輔導本科系畢業的專業輔導人員，可能僅修習一門「生涯輔導」以及相關的「教育與職業資料分析」，對生涯輔導的理念與方法不一定有深入的了解。有鑑於此，近年來，行政院青輔會與勞委會職訓局，以及教育部已陸續辦理許多梯次的在職訓練，教育部訓委會更將之列為輔導重點，策劃生涯輔導工作坊，對觀念的釐清、工具的使用以及輔導的方法等，有相當的助益。此種在職訓練的方式有加強辦理的必要，且可針對生涯輔導各個領域或有關的技巧，再做深入的研習，以提升輔導人員的知能。

生涯輔導所需之資訊源源不斷，上述各項資料若能進一步連結網路系統，則不僅彙編之資料、手冊等訊息可藉此而廣為流傳，輔導人員更可藉電子布告欄或討論區進行雙向溝通，有助於發行單位、編制者與使用者之間的意見溝通，進而增益各項資訊的效用。

四、 生涯輔導工作的推展

生涯發展為個人一生的事，有人稱之為「志業」、「進路」，無論如何，均是以積極的態度面對無限的未來，其重要性不言可喻。由上述現況的分析，可推知生涯的理念已逐漸為國人所注意，但這一關乎個人一生的

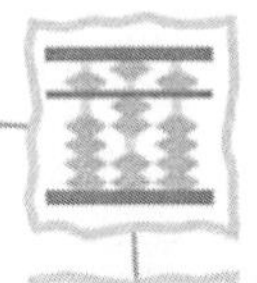

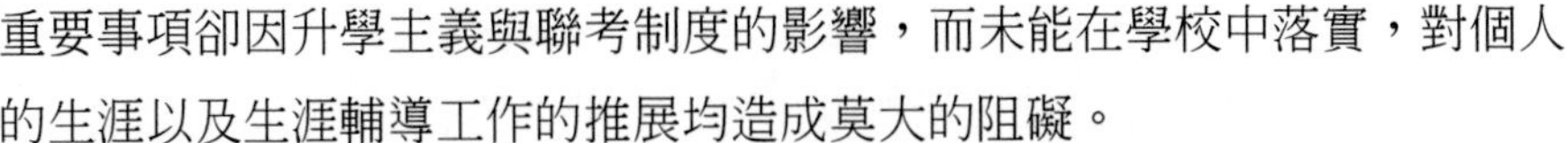

重要事項卻因升學主義與聯考制度的影響，而未能在學校中落實，對個人的生涯以及生涯輔導工作的推展均造成莫大的阻礙。

聯考制度的存在由來已久，研議多年所提出之兩階段考試的改良式聯招或不失為可行的方案，然而如何輔導學生選擇其生涯方向仍非該方案所能解決的問題。近年教育部研議以職業教育為主軸之延長國教為十二年的計畫，若能確實實施，至少可部分減少國中上高中的升學壓力，但問題仍然存在：如何輔導學生依其特質與需要，順利地由國中進入高職或其他學校。學生生涯順遂與否、其生涯方向為何、抉擇能力的高低、價值觀的建立等，都與成年後面對變遷中社會種種的生涯課題有密切關聯。換言之，生涯輔導的推展已是刻不容緩的工作，所有教育與社會工作者必須認清此一事實，切實掌握工作的重點。

本書前七章已分別就學生、企業員工及社會一般民眾的生涯輔導提出具體的說明，歸納言之，其重點包括：

1. 價值觀的澄清與建立是生涯輔導的首要工作，尤其在當前所謂轉型期社會中，更應透過各種價值澄清的活動或諮商，積極引導學生肯定其所追求的正向的價值，同時學習與生涯發展相關的知識與技能，避免一廂情願的只求「錢多事少離家近」的生涯夢。不過價值觀的形成並非短時間內的事，即使成人亦有可能因社會的轉變而產生混淆的價值觀，因此必須在學校與家庭共同的努力下，長期地給予適當的協助與輔導，從小即能建立正確的價值觀念。
2. 生涯規劃需要配合許多現實的考慮，有關現實環境的各種客觀資料與訊息均必須切實掌握。因此學校輔導人員應多方蒐集與學生升學、就業有關的資訊，同時在適當的輔導活動中，引導學生探索、了解完整而正確的生涯訊息，以免學生瞎子摸象、以片斷的資訊作為個人生涯抉擇的依據。企業員工的生涯輔導更需考慮個人生涯發展與企業組織的關聯，而能將公司內部關係著員工生涯的資訊（包括經營理念、職務遷調、福利措施以及退休制度等）讓所有員工有所了解。

3. 由於社會變遷所帶來的衝擊相當廣泛，即使對尚未踏入社會學生而言，仍需要做心理上的準備，舉凡與個人發展有關的資訊或社會現象、尤其是可能影響學生性格發展有關的問題，都應在其求學期間設法引導、探索；生涯輔導雖不直接處理性格或行為偏差問題，但為未來的生涯發展著想，仍應深入探究自我的各個層面，並尋求適合個性的生涯路徑。
4. 成長與探索階段最重要的目標在能力的培養、發展，並在現實狀況中加以考驗，因此學校生涯輔導工作的另一重點在擴大學生的生涯接觸面，提供更多活動的機會並鼓勵學生踴躍參與，在實際接觸的經驗中，開拓更寬廣的生涯領域。同樣的觀念亦適用於企業員工專業能力的提升或第二專長的培養，業主必須考慮如何協助員工適應未來的發展，及早做好準備。
5. 抉擇與計畫能力的培養是生涯輔導的另一項重點，輔導人員可參考國內已出版的相關書籍及研究報告，設計適合發展水準與需要的輔導，在團體輔導活動或個別諮商的過程中進行，以各階段生涯中可能面臨的問題為素材，配合其對自我環境的認識，逐步教導理性抉擇的技巧，必可增進其生涯的效果。

上述工作非生涯輔導專業人員可以單獨完成，它所牽涉的主題關乎每一個人一生的發展，尤其是價值觀的澄清與建立更是生涯輔導的首要工作，不過這不是短時間內可以見效的，實有待各界人士共同研擬對策、合力推展，尤其是家長、學校教師，乃至企業主管，更有必要共同關心子女、學生、員工的未來發展。不過由推展生涯輔導工作其他方面的配合情況而言，包括整個社會對青少年的重視與關懷，應仍可十分樂觀地預期成功的可能性。時勢所趨，亟盼所有關心社會整體發展的人士，能正確認識生涯的理念，為每一個人一生的發展著想，從生涯輔導的角度協助需要幫助的人覓得適切的生涯方向，順利邁上生涯坦途，為己為人成就生命的價值。

生涯統整（career identity）

社會建構（social constructionism）

自我評量題目

1. 試檢討我國目前學校生涯輔導工作的問題。
2. 試檢討我國目前成人生涯輔導工作的問題。
3. 試檢討我國目前企業員工生涯輔導工作的問題。
4. 試述生涯輔導理論與實務結合之道。
5. 如何建立完整生涯的輔導制度？
6. 如何擴充生涯輔導工作之資源？
7. 試述你個人對推動生涯輔導工作的展望。

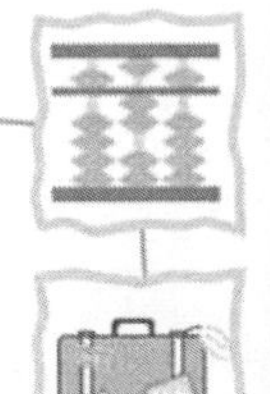

參考書目

1111 人力銀行（2003）。取自 http://www.111.com.tw

丁秀雄（1992）。聽覺障礙兒童人格特質之探討。特教園丁，**3**，26-27。

天下雜誌編輯部（1991）。起跑——第一個工作。台北：天下雜誌。

王志浩（2010）。大國經濟之路。北京：中信。

方芷絮（1987）。國中畢業生就業輔導工作概況。載於行政院青輔會編印，青年就業輔導年報（頁 113-123）。

方隆彰（1995）。「員工協助方案」概論。載於員工協助方案實務手冊（頁 11-25）。台北：張老師。

牛格正等（1990）。成人生涯發展量表之編制及其相關因素之研究。行政院國家科學委員會專題研究報告。（NSC 0301-H018-01）

王淑敏（1995）。論生涯團體輔導與諮商——理念，功能與實務技巧。載於行政院青輔會編，大專學生論文集（頁 218-230）。

田秀蘭（1988）。影響男女大學生職業興趣及職業選擇人境適配程度之有關因素。國立台灣師範大學教育心理與輔導研究所碩士論文，未出版，台北。

田秀蘭（1996）。我國高中學生職業興趣結構之比較研究。中華輔導學報，**4**，69-93。

田秀蘭（1997）。「生涯阻礙因素量表」之編製及其因素結構。屏東師院學報，**11**，81-104。

江亮演（1988）。台灣老人生活意識之研究。台北：蘭亭。

江亮演（1993）。老人的社會生活。台北：中華日報。

行政院主計處（2003）。2003 年 4 月 14 日，取自 http://www.dgbas.gov.tw/census~n/four/91mub.doc

行政院主計處（2010）。2010 年 1 月 12 日，取自 http://www.stat.gov.tw/ct.asp?xItem=25948&ctNode= 516

行政院主計處（2012a）。2012 年 3 月 20 日，取自 http://www.dgbas.gov.tw/public/Attachment/22229412271.pdf

行政院主計處（2012b）。2012 年 3 月 20 日，取自 http://www.stat.gov.tw/ct.asp?xItem=25948&ctNode=516

行政院勞委會職訓局就業輔導組（2003）。就業市場與情勢分析。台北：行政院勞委會職訓局。

吳秉恩（1992）。企業策略與人力發展。台北：中國經濟企業研究所。

吳芝儀（1997）。以建構研究法探討個人建構系統與生涯決定的相關論題。輔導季刊，**33**(3)，42-51。

宋湘玲、林幸台、鄭熙彥（1985）。學校輔導工作的理論與實施。高雄：復文。

余德慧策劃，張老師月刊編輯部（1990）。中國女人的生涯觀——安家與攘外。台北：張老師。

李鍾桂等（1989）。明天的太陽。台北：張老師。

林幸台（1987）。生涯輔導的理論與實施。台北：五南。

林幸台（1990）。生計輔導的理論與實施。台北：五南。

林幸台（1993a）。高中生涯輔導具體措施之研究。台北：教育部訓育委員會。

林幸台（1993b）。測驗在生涯輔導上的應用。台北：心理。

林幸台（1995）。生涯輔導之發展趨勢。載於行政院青輔會編，大專學生論文集（頁 22-32）。

林幸台、金樹人、陳清平、張小鳳（1994）。生涯興趣量表。台北：測驗出版社。

林幸台、鄭熙彥、陳清平（1996）。電腦輔助生涯輔導系統研究。行政院勞委會職訓局委託，台北：國立台灣師範大學特殊教育系研究。

林幸台、蕭文（1991）。美國輔導人員專業證照制度之研究。台北：教育部訓育委員會。

林瑞欽（1995）。生涯輔導之基本觀念。載於行政院青輔會編，大專學生論文集（頁 1-21）。

林蔚芳（1994）。談生涯個別諮商的實施（頁 182-194）。台北：行政院青年輔導委員會。

林蔚芳（1995）。談生涯個別諮商之實施。載於行政院青輔會編，大專學生論文集（頁 191-194）。

林寶貴（1994）。語言障礙與矯治。台北：五南。

金傳蓬（2003）。知識特性與社會特性對於人力資源活動外製程度之影響。國立

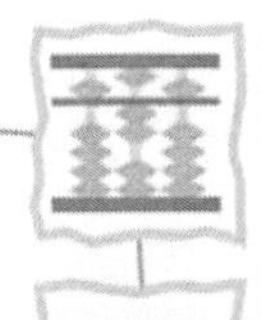

政治大學企業管理研究所博士論文，未出版，台北。

金樹人（1988）。**生計發展與輔導**。台北：天馬文化。

金樹人（1991a）。**國民中學生涯輔導具體措施之研究**。台北：教育部訓育委員會。

金樹人（1991b）。職業興趣與人格之關聯性研究。**教育心理學報，24**，91-115。

金樹人（1993a）。大學生生涯發展輔導手冊。台北：行政院青年輔導委員會。

金樹人（1993b）。心理測驗在生涯諮商中的應用：兼論解釋過程中案主的自我覺察。**測驗與輔導，117**，2381-2386。

金樹人（1997）。**生涯諮商與輔導**。台北：東華。

金樹人（1999）。**職業興趣組合卡**。台北：心理。

金樹人（2011）。**生涯諮商與輔導**。台北：東華。

金樹人、張德聰、蔡蜀雲（1992）。**中國人之職業興趣結構分析（III）**。行政院國科會專題研究成果報告（NSC82-0301-H003-04）。

范德鑫（1993）。心理測驗的發展趨勢。載於中國測驗學會主編，**心理測驗的發展與應用**（頁 1-22）。台北：心理。

姚萍譯（2001）。C. Jackson 著。**了解心理測驗過程**。台北：五南。

柯永河（1995）。**健康、性格、習慣量表指導手冊**。台北：測驗出版社。

柯永河、胡冠璋、王若蘭、黃素菲、張小鳳、曹中瑋、成蒂、劉淑娟、李選（1989）。**走過女性一生：零至八十歲的「婦女問題與幸福公式」**。台北：遠流。

徐云（1992）。**心理測驗在中國的現狀與發展**。杭州：杭州大學心理系。

高玉蓉（1994）。啟聰學校高職階段學生生涯成熟之研究。國立台灣師範大學特殊教育研究所碩士論文，未出版，台北。

高敏惠（1995）。**成功聽障人士生涯歷程及其影響因素之探討**。國立台灣師範大學特殊教育研究所碩士論文，未出版，台北。

國家發展和改革委員會（2012）。**2011 年國民經濟和社會發展計劃執行情況與2012 年國民經濟和社會發展草案報告**。北京：十二屆全國人大會議。

張小鳳、郭乃文（1993）。**心靈溫度計**。台北：時報。

張春興（1989）。**心理學概要**。台北：東華。

張峰鶴（1994）。如何利用資訊網路加強就業服務。**學生輔導通訊，30**，71-81。

張雅萍、黃財蔚（2014）。**華人工作適應量表**。台北：心理。

張蓓莉（1985）。聽覺障礙學生的情緒問題。**特殊教育季刊，15**，6-9。

張德聰（1991）。一輩子的作文題目——生涯規劃。工廠之友半月刊（80.11.15、80.11.30），第 2 版。

張德聰（1993）。生涯輔導。載於賴保禎、周文欽、張德聰合著，輔導原理與實務（頁 353-396）。台北：空中大學。

張德聰（1995）。運用諮商歷程研究法於諮商員訓練之探索研究。生活科學學報，創刊號，45-76。

張德聰（1999）。運用焦點解決法於成人生涯轉換諮商效果之研究。國立台灣師範大學教育心理與輔導研究所博士論文，未出版，台北。

張德聰、張小鳳（1995）。成人生涯諮商。載於行政院青輔會編，大專學生論文集（頁 100-137）。

許永熹、楊坤堂（1993）。國民小學生涯輔導具體措施之研究。台北：教育部訓育委員會。

郭為藩（1985）。特殊兒童心理與教育。台北：文景。

陳月娥（1996）。重新換跑道——談專業者職涯規劃。社教資料雜誌，**217**，16-17。

陳如山（1991）。生涯困境與突破。載於羅文基、朱湘吉、陳如山等合著，生涯規劃與發展。台北：空中大學。

陳美岑譯（2000）。B. Moses 著。未來工作像什麼——來自暫時世界的好消息。台北：城邦。

陳淑琦（1999）。大學理工科系學生生涯自我效能、結果預期、職業興趣與職業選擇之相關研究。國立高雄師範大學輔導研究所碩士論文，未出版，高雄。

陳彰儀、張裕隆（1993）。心理測驗在工商企業上的應用。載於中國測驗學會編，中國測驗學會成立六十週年慶論文集（頁 137-154）。

陳憲（2010）。美國病，中國病。上海：文匯。

彭駕騂（1993）。夕陽無限好，黃昏更美麗——退休後之生涯規劃。教師天地，**65**，17-22。

黃安邦（1991）。心理測驗。台北；五南。

黃明慧（1995）。員工需求分析(一)——從人生發展分析員工需求，員工協助方案實務手冊。台北：張老師。

黃富順（1992）。成人心理。台北：空中大學。

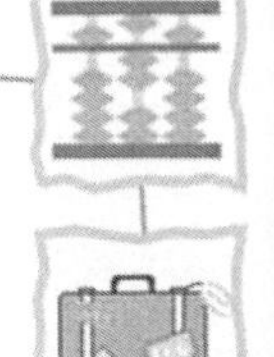

黃惠惠譯（1985）。Gerard Egan 著。轉變生機——如何有效安排成人的新局面。台北：張老師。

黃德祥（1988）。國中與國小班級中影響學生社會行為與社會關係之相關因素研究。國立政治大學教育研究所博士論文，未出版，台北。

楊國樞（1990）。從社會變遷展望二十一世紀。輔導月刊，**26**（3/4），5-12。

楊朝祥、李大偉（主編）（1990）。大專生涯輔導工作手冊。台北：行政院青年輔導委員會。

經建會：未來十年專技職缺最多（2003，2 月 5 日）。中國時報，財經產業版。取自 http://forums.chinatimes.com.tw/special/nojob/main.htm.

劉安屯、程玲玲（1992）。規劃社輔機構生涯輔導具體措施。教育部輔導工作六年計畫研究報告。台北：教育部訓育委員會。

劉焜輝、林幸台、王淑敏、林蔚芳（1993）。五年制專科學校生涯輔導方案之探討。台北：行政院青年輔導委員會。

劉焜輝、金樹人（1989）。生計諮商之理論與實施方法。台北：行政院青年輔導委員會。

蔡昉（2010）。成長的煩惱——中國在劉易斯轉折期面臨的就業難題。比較，**47**，1-12。

蔡俊良（1994）。組織文化、員工生涯定位與其生涯發展需求、工作滿意度之相關研究。國立彰化師範大學輔導研究所碩士論文，未出版，彰化。

蔡美玲譯（1989）。D. Francis 著。改善一生的十二個步驟。台北：遠流。

黎麗貞（1997）。大學女生性別角色、生涯自我效能、生涯阻礙與職業選擇之相關研究。國立高雄師範大學輔導研究所碩士論文，未出版，高雄。

韓楷檉（1994）。成人生涯發展與生涯輔導。學生輔導通訊，**30**，34-41。

韓楷檉（1995）。我國空中大學學生生涯輔導需求及其輔導方案建構之研究。國立彰化師範大學輔導學系博士論文，未出版，彰化。

韓楷檉（1996）。成人的生涯發展與規劃。社教資料雜誌，**217**，10-12。

羅文基、朱湘吉、陳如山（1991）。生涯規劃與發展。台北：空中大學。

顧瑜君、顧雅文（1990）。中國人的婚戀觀——允諾與嫁娶。台北：張老師。

Anastasi, A.(1988). *Psychological testing.* New York: Macmillan.

Anderson, S., & Brown, C. (1997). Self-efficacy as a determinant of career maturity in urban and rural high school seniors. *Journal of Career Assessment, 5,* 305-316.

Anderson, W. P., & Niles, S. G. (1995). Career and personal concerns expressed by career counseling clients. *Career Development Quarterly, 43,* 240-245.

Astin, A. W. (1993). An empirical typology of college students. *Journal of College Student. Development, 34,* 36-46.

Bandura, A. (1997). *Social learning theory.* Englewood Cliffs, NJ: Prentice-Hall.

Bartram, D. (2006). *Testing on the Internet: Issues, challenges, and opportunities in the field of occupational assessment.* England: John Wiley & Sons.

Berlew, D. E., & Hall, D. T. (1964, Fall). The management of tension in organization: Some preliminary findings. *Industrial Management Review*, 31-40.

Betz, N. E., & Hackett, G. (1981). The relationship of career-related self-efficacy expectations to perceived career options in college women and men. *Journal of Counseling Psychology, 28,* 399-410.

Betz, N. E., Harmon, L. W., & Borgen, F. H. (1996). *Skills confidence inventory.* Palo Alto, CA: Consulting Psychologists Press.

Black, J. S., & Mendenhall, M. E. (1991). The U-curve adjustment hypothesis revised: A review and theoretical framework. *Journal of International Business Studies, 22,* 226-247.

Blustein, D. L, & Noumair, D. A (1996). Self and identity in career development: Implications for theory and practice. *Journal of Counseling & Development, 74,* 433-441.

Blustein, D. L. (1994). "Who am I?" The question of self and identity in career development. In M. L. Savickas & R. W. Lent (Eds.), *Convergence in career development theories* (pp. 139-154). Palo Alto, CA: Consulting Psychologists.

Blustein, D. L., & Strohmer, D. C. (1987). Vocational hypothesis testing in career decision making. *Journal of Vovational Behavior, 31,* 45-62.

Borders, L. D., & Archadel, K. A. (1987). Self-beliefs and career counseling. *Journal of Career Development, 14,* 69-79.

Borgen, F. H. (1984). Counseling psychology. *Annual Review of Psychology, 35,* 263-290.

Borgen, F. H. (1992). Expanding scientific paradigms in counseling psychology. In S. D.

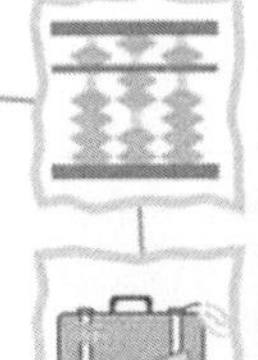

Brown & R. W. Lent (Eds.), *Handbook of counseling psychology* (pp. 111-139). New York: John Wiley.

Borgen. F. H. (1991). Megatrends and milestones in vocational behavior: A 20-year counseling psychology retrospective. *Journal of Vocational Behavior, 39,* 263-290.

Bowman, S. L. (1993). Career intervention strategies for ethnic minorities. *Career Development Quarterly, 42,* 14-25.

Brammer, L. M., & Abrego, P. J. (1981). Intervention strategies for coping with transitions. *The Counseling Psychologist, 9,* 27.

Brown, D. (1996). Brown's value-based, holistic model of career and life-role choices and satisfaction. In D. Brown, L. Brooks, & Assoc. (Eds), *Career choice and development* (3rd ed.) (pp. 337-372). San Francisco: Jossey-Bass.

Brown, D., & Brooks, L. (1990). Introduction to career development: Origins, evolution, and current approaches. In D. Brown, L. Brooks, & Associates (Eds.), *Career choice and development* (pp.1-32). San Francisco: Jossey-Bass.

Brown, D., & Brooks, L. (1991). *Career counseling techniques.* Boston: Allyn & Bacon.

Brown, D., & Crace, R. K. (1996). Values in life role choices and outcomes: A conceptual model. *Career Development Quarterly, 44,* 211-223.

Campbell, D. P. (1992). *Campbell Interest and skill survey.* NCS Pearson.

Carites, J. O. (1974). Career development processes: A model for vocational maturity. In E. L. Herr (Ed.), *Vocational guidance and human development.* Boston: Houghton Mifflin.

Carney, C. G, & Wells, C. F. (1991). *Discuss the career with you* (3rd ed.). California: Brookes-Cole Publisher Company.

Chartrand, J. M. (1991) The evolution of trait-and-factor career counseling: A person environment fit approach. *Journal of Counseling & Development, 69,* 518-524.

Cochran, L. R. (1997). *Career counseling: A narrative approach.* Thousand Oaks, CA: Sage.

Collin, A. (2001). An interview with Mark Savickas: Themes in an eminent career. *British Journal of Guidance & Counselling, 29,* 121-136.

Conoley J. C., & Kramer, J. J. (Eds.) (1989). *The tenth mental measurements yearbook.*

Lincoln, NE: Buros Institute of Mental Measurements.

Cook, E. P., Heppner, M.J., & O'Brien, K. M. (2002). Career development of women of color and while women: Assumptions, conceptualization, and interventions from an ecological perspective. *Career Development Quarterly, 48,* 291-305.

Crites, J. O. (1981). *Career Counseling: models, method, and materials.* New York: McGraw-Hill.

Cronbach, L. J. (1990). *Essentials of psychological testing* (5th ed.). New York: Harper & Row.

Dawis, R. V., & Lofquist, L. H. (1984). *A psychological theory of work adjustment: An individual differences model and its application.* MN: University of Minnesota Press.

Dawis, R. V., England, G, & Lofquist, L. (1964). A theory of work adjustment. *Minnesota Studies in Vocational Rehabilitation, 15.* Minneapolis: University of Minnesota Industrial Relations Center.

Dessler, G. (1994). *Human resource management* (6th ed.). Englewood Cliffs, NJ: Prentice-Hall.

Dolliver, R. H. (1967). An adaptation of the Tyler Vocational Card Sort. *Personnel and Guidance Journal, 45,* 916-920.

Drummond, R. J., & Ryan, C. W. (1995). *Career counseling: A developmental approach.* Englewood Cliffs, NJ: Prentice-Hall.

Entrakin, L. V., & Everett, J. E. (1981). Age and midcareer crisis: An empirical study of academics. *Journal of Vocational Behavior, 19,* 84-97.

Etzioni, A. (1988). Normative-affective factors: Toward a new decision making model. *Journal of Economic Psyhology, 9,* 125-150.

Fitzgerald, L. F., & Betz, N. E. (1994). Career development in cultural context: The role of gender, race, class, and sexual orientation. In M. L. Savickas & R. W. Lent (Eds.), *Convergence in career development theories: Implications for science and practice* (pp. 103-117). Palo Alto, CA: Counseling Psychologists Press.

Fouad, N. A. (1993). Cross-cultural vocational assessment. *Career Development Quarterly, 42,* 4-13.

Gati, I. (1981). Interest changes and structure of interests. *Measurement and Evaluation in*

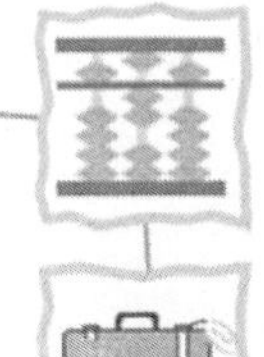

Guidance, 14, 96-103.

Gati, I. (1984). On the perceived structure of occupations. *Journal of Vocational Behavior, 25,* 1-29.

Gati, I. (1996). Computer-assisted career counseling: challenges and prospects. In M. L. Savickas & B. W. Walsh (Eds.), *Handbook of career counseling theory and practice* (pp. 169-190). Palo Alto, CA: Davies Black.

Gati, I. Shenhav, M., & Givon, M. (1983). Processes involved in career preferences and compromises. *Journal of Counseling Psychology, 40,* 53-64.

Gelatt, H. B. (1962). Decision Making: A Conceptual Frame of Reference for Counseling. *Journal of Counseling Psychology, 9,* 240-245.

Gelatt, H. B. (1967). *Information and decision theories applied to college choice and planning.* New York: College Entrance Examination Board. (ERIC Document Reproduction Service ED015486)

Gelso, C. J., & Fassinger, R. E. (1990). Counseling psychology: Theory and research on interventions. *Annual Review of Psychology, 41,* 355-386.

Gergen, K. J. (1985). The social constructionist movement in modern psychology. *American Psychologist, 40,* 266-275.

Gibson, E. J. (1988). Exploratory behavior in the development of perceiving, acting and the acquiring of knowledge. *Annual Review of Psychology, 39*(1), 1-41.

Gibson, R. L., Mitchell, M. H., & Basile, S. K. (1993). *Counseling in the elementary school: A comprehensive approach.* Needham Height, MA: Allyn & Bacon.

Gilligan, C. (1982). *In a different voice.* Cambridge, MA: Harvard University Press.

Ginzberg, E., Ginsburg, S. W., Axelrad, S., & Herma, J. (1951). *Occupational choice: An approach to a general theory.* New York: Columbia University Press.

Goldman, L. (1990). Qualitative assessment. *The Counseling Psychologist, 18*(2), 205-213.

Gottfredson, L. S. (1981). Circumscription and compromise: A developmental theory of occupational aspirations. *Journal of Counseling Psychology, 28,* 545-579.

Greenhause, J. H. (1973). A factorial investigation of career salience. *Journal of Vocational Behavior, 3,* 95-98.

Gribbon, W. D., & Lohnes, P. R. (1968). *Emerging career.* New York: Teachers College Press.

Gysbers, N. C., & Moore, E. J. (1975). Beyond career development: Life career development. *Personnel & Guidance Journal, 53,* 647-652.

Gysbers, N. C., Heppner, M. J., & Johnston, J. A. (2003). *Career counseling: Process, issues, and techniques.* NJ: Pearson Education.

Hackett, G. (1995). Self-efficacy and career choice and development. In A. Bandura (Ed.), *Self-efficacy in adaptation of youth to changing societies* (pp. 232-258). Cambridge: Cambridge University Press.

Hackett, G., & Betz, N. E. (1981). A self-efficacy approach to the career development of women. *Journal of Vocational Behavior, 18,* 326-339.

Hackett, G., Lent, R. W., & Greenhaus, J. H. (1991). Advances in vocational theory and research: A 20-year retrospective. *Journal of Vocational Behavior, 38,* 3-38.

Hall, D. T. (Ed.)(1986). *Career development in organizations.* San Francisco: Jossey-Bass.

Hansen, J. C. (1984). The measurement of vocational interests: Issues and future directions. In S. D. Brown & R. W. Lent (Eds.), *Handbook of counseling psychology* (pp. 99-136). New York: Wiley.

Hansen, L. S. (1981). New goals and strategies for vocational guidance and counseling. *International Journal for the Advancement of Counseling, 4*(1), 21-34.

Harren, V. (1979). A model of career decision making for college student. *Journal of Vocational Behavior, 14,* 119-133.

Harris-Bowlsbey, J. (1992). Computer-based career development systems across the life span. In D. H. Montross & C. J. Shinkman (Eds.), *Career development: Theory and practice* (pp. 356-368). Springfield, IL: C. C. Thomas.

Harris-Bowlsbey, J., Riley-Dikel, M., & Sampson, J. P., Jr. (1998). *The internet: A tool for career planning.* Tulsa, OK: National Career Development Association.

Hartman, B. W., Fuqua, D. R., & Blum, C. R. (1985). A path analytic model of career indecision. *The Vocational Guidance Quarterly, 33,* 234-240.

Havighurst, R. J. (1953). *Human development and education.* New York: Longmans Green.

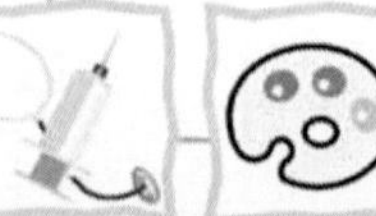

Helms, S. T. (1973). Practical applications of the Holland occupational classification in counseling. *Communique, 2,* 69-71.

Herr, E. L., & Cramer, S. H. (1984). *Career guidance and counseling through the life span* (2nd ed.). Glenview, IL: Scott, Foresman.

Herr, E. L., & Cramer, S. H. (1988). *Career guidance and counseling through the life span* (3rd ed.). New York: Harper Collins.

Herr, E. L., & Cramer, S. H. (1992). *Career guidance and counseling through the life span.* (4th ed.). New York: Harper Collins.

Herr, E. L., & Cramer, S. H. (1996). *Career guidance and counseling through the life span: systematic approaches* (5th ed.). New York: Harper Collins.

Hershenson, D., & Szymanski, E. M. (1992). Career development of people with disabilities. In R. M. Parker & E. M. Szymanski (Eds.), *Rehabilitation counseling: Basics and beyond* (2nd ed.) (pp. 273-303). Austin, TX: PRO-ED.

Hill, C. E., & O'Brien, K. M. (1999). *Helping skills: Facilitating explorations, insight, and action.* Washington, D. C.: American Psychologist Association.

Holland, J. (1973). *Making vocational choices: A theory of career.* Englewood Cliffs, NJ: Prentice-Hall.

Holland, J. L. (1985). *Making vocational choices: A theory of vocational personalities and work environments* (2nd ed.). Englewood Cliff, NJ: Prentice Hall.

Holland, J. L. (1994). *The self-directed search.* Odessa, FL: Psychological Assessment Resources.

Holland, J. L. (1997). *Making vocational choices: A theory of vocational personalities and work environments* (3rd ed.). Odessa, FL: Psychological Assessment Resources.

Holland, J. L., & Holland, J. E., (1997). Distributions of personalities within occupations and fields of study. *Vocational Guidance Quarterly, 25,* 226-231.

Holland, J. L., & Raymen, J. R. (1986). The Self-Directed Search. In W. B. Walsh & S. H. Osipow (Eds.), *Advances in vocational assessment: Vol. I: The assessment of interests* (pp. 55-82). NJ: Erlbaum.

Holland, M. (1981). Relationships between vocational development and self-concept in sixth grade students. *Journal of Vocational Behavior, 18,* 228-236.

Hoyt, K. B., & Hebeler, H. (1974). *Career education for gifted and talented students.* Salt Lake City, OR: Olympus Pub.

Hurlock, E. B. (1980). *Developmental psychology.* New York: McGraw-Hill.

Jin, S. R. (1986). Holland's typology: An empirical student on its factorial structure. *Bulletin of Educational Psychology, 19,* 219-254.

Jones, B., & Krumboltz, J. D. (1970). Stimulating vocational exploration through film-mediated problems. *Journal of Counseling Psychology, 17,* 107.

Jones, L. K. (1996). A harsh and challenging world of work: Implications for counselors. *Journal of Counseling & Development, 74,* 453-459.

Juntunen, C. (1996). Relationship between a feminist approach to career counseling and career self-efficacy beliefs. *Journal of Employment Counseling, 33,* 130-143.

Kapes, J. T., Mastie, M. M., & Whitfield, E. A. (1994). *A counselor's guide to career assessment instruments* (3rd Ed.). Alexander, VA: National Career Development Association.

Katz, M. R. (1993). *Computer-assisted career decision making: The guide in the machine.* Hillsdale, NJ: Lawrence Erlbaurn Associates.

Keirsey, D. (1999). *Keirsey character sorter.* Retrieved from http://www.keirsey.com

Kelly, G. A. (1955). *The psychology of personal constructs.* New York: Norton.

Klein, K. L., & Weiner, Y. (1977). Interest congruency as a moderator of the relationship between job tenure and job satisfaction and mental health. *Journal of Vocational Behavior, 10,* 91-98.

Knefelkamp. L. L., & Slepitza, R. (1976). A cognitive development model of career development: An adaptation of Perry scheme. *The Counseling Psychologist, 6*(3), 53-57.

Krumboltz, J. D. (1979). A social learning theory of career decision making. In A. M. Mitchell, G. B. Jones, & J. D. Krumboltz (Eds.), *Social learning theory and career decision making* (pp. 19-49). Cranston, RI: Carroll.

Krumboltz, J. D. (1991). *Mannual for the career belief inventory.* Palo Alto, CA: Consulting Psychologists Press.

Krumboltz, J. D. (1994). Improving career development theory from a social learning perspective. In M. L. Savikas & R. W. Lent (Eds.), *Convergence in career development*

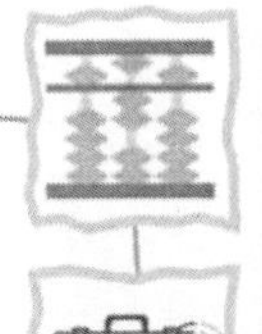

theories: Implications for science and practice (pp. 217-224). Palo Alto, CA: Consulting Psychologists Press.

Krumboltz, J. D., & Thoresen, C. E. (1964). The effects of behavioral counseling in group and individual settings on information-seeking behavior. *Journal of Counseling Psychology, 11,* 324-333.

Krumboltz, J. D., Mitchell, A. M., & Jones, G. B. (1976). A social learning theory of career selection. *The Counseling Psychologist, 6,* 71-81.

Kuder, F., & Zytowski, D. G. (1999). *Kuder career search with person match.* Adel, IA: National Career Assessment Services.

Laczo, R. M., Choukalas, C. G., Barlow, P. J., & Lange, M. B. (1998). *Utility of self-efficacy in the prediction and classification of psychological major.* Paper presented at the annual convention of the American Psychological Association in San Francisco, CA.

Layton, P. L. (1984). *Self-efficacy, locus of control, career salience, and women's career choice.* Unpublished doctoral dissertation, University of Minnesota.

Leana, C. R., & Feldman, D. C. (1989). When mergers force layoffs: Some lessons about managing the human resource planning. *Human Resource Planning, 12*(2), 123-140.

Leana, C. R., & Ivancevich, J. M. (1987). Involuntary job loss: Institutional interventions and a research agenda. *Academy of Management Review, 12,* 301-312.

Leibowitz, E. B., & Lea, H. D. (1985). *Adult career development: Concepts, issues, and practices.* Alexander, VA: National Vocational Guidance Association.

Lent, R. W., & Brown, S. D. (1996a). Applying social cognitive theory to career counseling: An introduction. *Career Development Quarterly, 44,* 307-309.

Lent, R. W., & Brown, S. D. (1996b). Social cognitive approach to career development: An overview. *Career Development Quarterly, 44,* 310-321.

Lent, R. W., & Hackett, G. (1994). Sociocognitive mechanisms of personal agency in career development. In M.L. Savickas & R. W. Lent (Eds.), *Convergence in career development theories* (pp. 77-102). Palo Alto, CA: Consulting Psychology Press.

Lent, R. W., Brown, S. D., & Hackett, G. (1994). Toward a unifying social cognitive theory of career and academic interest, choice, and performance. *Journal of Vocational Be-*

havior, 45, 79-122.

Lent, R. W., Brown, S. D., & Hackett, G. (1996). Career development from a social cognitive perspective. In D. Brown & L. Brooks (Eds.), *Career choice and development* (pp. 373-422). San Francisco: Jossey-Bass.

Lent, R. W., Brown, S. D., & Hackett, G. (2002). Social cognitive career theory. In D. Brown & Associates (Eds.), *Career choice and development* (4th ed.)(pp. 255-311). San Francisco: Jossey-Bass.

Lent, R. W., Brown, S. D., Brenner, B., Chopra, S. B., Davis, T., Talleyrand, R., & Suthakaran, V. (2001). The role of contextual supports and barriers in the choice of math/science educational options: A test of social cognitive hypotheses. *Journal of Counseling Psychology, 48,* 474-483.

Levison D. J. (1980). Toward a conception of the adult life course. In N. Smelser & E. Erikson (Eds.), *Themes of work and love in adulthood* (pp.265-289). Cambridge, MA: Harvard University Press.

Levison, D. (1986). A conception of adult development. *American Psychologist, 41,* 3-13.

Lyddon, W. J. (1990). First-and second-order change: Implication for rationalist and constructivist cognitive therapies. *Journal of Counseling & Development, 69,* 122-127.

Lyddon, W. J. (1995). Cognitive therapy and theories of knowledge: A social constructionist view. *Journal of Counseling & Development, 73,* 579-585.

Marks, M. L. (1982). Merging human resources: a review of current research. *Mergers and Acquisitions, 17,* 38-44.

McAuliffe, G. J. (1993). Constructive development and career transition: Implications for counseling. *Journal of Counseling & Development, 72,* 23-28.

McDaniels, C. (1978). The practice of career guidance and counseling. *INFORM, 7*(1), 1-2,7-8.

Mendenhall, M., Dunbar, E., & Oddou. G. (1987). Expatriate selection, training, and career-pathing: A review and critique. *Human Resource Management, 26,* 331-345.

Miller, D. C., & Form, W. H. (1951). *Industrial sociology.* New York: Harper.

Miller, T. K. (1995). *The books of professional Standards for Higher Education.* Washington, D. C.: Council for the Advancement of Standards in Higher Education.

Mitchell, L.K. & Krumboltz, J. D. (1990). Social learning approach to career decision making: Krumboltz's theory. In D. Brown & L. Brooks(Eds.), *Career choice and development: Applying contemporary theories to practice* (2nd ed.) (pp. 145-196). San Francisco: Jossey-Bass.

Montross, D. H., & Shinkman, C. J. (1992). *Career development: Theory and practice.* Springfield, IL: Charles C. Thomas.

Morgan, J. I., & Skovholt, T. M. (1977). Using inner experience: Fantasy and daydreams in career counseling. *Journal of Counseling Psychology, 24*(5), 391-396.

Muchinsky, P. M. (1990). *Psychology applied to work: An introduction to industrial and organizational psychology.* Pacific Grove, CA: Brooks/Cole.

National Career Development Association. (1991). Ethical standards. In D. Engels (Ed.), *The professional practice of career counseling and consultation: A resource document* (2nd ed.) (pp. 11-17). Alexandria, VA: Author.

National Occupational Information Coordinating Committee, NOICC (1992). *The National career development guidelines project.* Washington, DC: U.S. Department of Labor.

Niles, S. G., & Harris-Bowlsbey, J. (2002). *Career development interventions in the 21st century.* Upper Saddle River, NJ: Pearson Education.

Oblowiz, N., Green, L., & Heyns, I. V. (1991). A self-concept scale for the hearing-impaired. *The Volta Review, 93*(1), 19-29.

Okun, B. F. (1984). *Working with adults: Individual, family and career development.* Monterey, CA: Brooks/Cole.

Oliver, L. W., & Spokane, A. R. (1988). Career-intervention outcome: What contributes to client gain? *Journal of Counseling Psychology, 35,* 447-462.

Osipow, S. H. (1983). *Theories of career development.* (3rd ed.). Englewood Cliffs, NJ: Prentice-Hall.

Osipow, S. H. (1990). Convergence in theories of career choice and development: Review and prospect. *Journal of Vocational Behavior, 36,* 122-131.

Parsons (1909). *Choosing a vocation.* Boston, MA: Houghton Mifflin.

Peterson, G. W., Reardon, R.C., & Sampson, J.P., Jr. (1991). *Career development and services: A cognitive approach.* Pacific Grove, CA: Brooks/Cole.

Phillips, S. D. (1994). Choice and change: Convergences from the decision making perspective. In M. L. Savickas & R. W. Lent (Eds.). *Convergence in career development theories.* Palo Alto, CA: Consulting Psychologists Press.

Pyle, K. R. (1976). The relationship of group career counseling and computer-assisted career guidance to the career maturity of community college students (Doctoral dissertation, University of Florida, 1976). *Dissertation Abstracts International, 37,* 4143-4144A.

Rayman, J. R., & Harrsi-Bowlsbey, J. H. (1977). Discover: A model of a systematic career guidance program for college students. *Vocation Guidance Quarterly, 26,* 3-12.

Raynor, J. O., & Entin, E. E. (1982). *Motivation, Career striving, and aging.* NY: Hemisphere.

Reed, J. R., Patton, M. J., & Gold P. J. (1993). Effects of turn-taking sequences in vocational test interpretation interviews. *Journal of Counseling Psychology, 40,* 144-155.

Richardson, M. S. (1993). Work in people's lives: A location for counseling psychologists. *Journal of Counseling Psychology, 40,* 425-433.

Roe, A. (1956). *The psychology of occupation.* New York: Wiley.

Rogers, C. R. (1951). *Client-centered therapy: Its current practice, implications and theory.* Boston: Houghton Mifflin.

Rose, R. G. (1993). *Practical issues in employment testing.* Odessa, FL: Psychological Assessment Resources.

Rotberg, H. L., Brown, D., & Ware, W. B. (1987). Career self-efficacy expectations and perceived range of career options in community college students. *Journal of Counseling Psychology, 34,* 164-170.

Rounds, J. B., & Tracy, J. (1992). *Evaluating Holland's and Gati's vocational interest models: A structural meta-analysis.* Paper presented at the centennial convention of the American Psychological Association, Washington, D. C.

Rounds, J. B., & Tracy, J. (1996). Cross-cultural structural equivalence of RIASEC models and measures. *Journal of Counseling Psychology, 43,* 310-329.

Rubinton, N. (1985). Career exploration for middle school youth: A university-school cooperative. *Vocational Guidance Quarterly, 33,* 249-255.

Sampson, J. P., Jr. (1999). Integrating Internet-based distance guidance with services provided in career centers. *Career Development Quarterly, 47,* 243-254.

Sampson, J. P., Jr., Peterson, G. W., Lenz, J. G., Reardon, R. C., & Saunders, D. E. (1996). *Career Thoughts Inventory.* Odessa, FL: Psychological Assessment Resources.

Sampson, J. P., Jr., & Reardon, R. C. (1991). Current developments in computer-assisted careers guidance in the USA. *British Journal of Guidance & Counseling, 19,* 113-128.

Sampson, J. P., Jr., Reardon, R.C., Wilde, C. K., Noris, D. S., Peterson, G. W., Strausherger, S.J., Garis, J. W., Lenz, J. G., & Saunders, D. E., (1993). *A differential feature cost analysis of fifteen computer assisted career guidance systems.* (ERIC Document ED 363 825)

Sampson, J. P., Jr., Vacc, N. A., & Loesch, L. C. (1998). The practice of career counseling by specialists and counselors in general practice. *Career Development Quarterly, 46,* 404-415.

Savickas, M. (1984). Career maturity: The construct and its measurement. *Vocational Guidance Quarterly, 32,* 222-231.

Savickas, M. L. (1989). Career-style assessment and counseling. In T. J. Sweeney (Ed.), *Adlerian counseling: A practical approach for a new decade.* (3rd ed.). Muncie, IN: Asselerated Development.

Savickas, M. L. (1994). Vocational psychology in the postmodern era: Comment on Richardson (1993). *Journal of Counseling Psychology, 41,* 105-107.

Savickas, M. L. (1995). *A framework for linking career theory and practices.* Paper presented at the fifth National Conference of the National Career Development association, San Francisco.

Savickas, M. L., Lent, R. W. (Eds.) (1994). *Convergence in career development theories: Implications for science and practice.* Palo Alto, CA: Consulting Psychologists Press.

Schein, E. H. (1978). *Career dynamics: Matching industrial and arganizagional needs.* Boston: Addison-Wesley.

Schein, E. H. (1992). Career anchors and job/role planning: The links between career planning and career development. In D. H. Montross & C. J. Shinkman (Eds.), *Career de-*

velopment: The theory and practice (pp.207-218). Springfield, IL: C. C. Thomas.

Schein, J., & Delk, M. (1974). *The deaf population of the United States.* Silver Spring: National Association of the Deaf.

Seligman, L. (1994). *Developmental career counseling and assessment.* Thousand Oaks, CA: Sage.

Slaney, R. B., & Mackinnon-Slaney, F. (1990). The use of vocational card sorts in career counseling. In E. C. Watkins & V. Campbell (Eds.), *Testing in counseling practice* (pp. 317-371). Hillsdale, NJ: Lawrence Erlbaum Associates.

Smith, E. J. (1981). Culture and historical perspectives in counseling Blacks. In S. W. Sue (Ed.), *Counseling in cultural different* (pp. 141-185). New York: John Wiley.

Spokane, A. R. (1991). *Career intervention.* Englewood Cliffs, NJ: Prentice-Hall.

Strong, E. K., Jr., Campbell, D. P., & Hansen, J. C. (1985). *Strong interest inventory.* Palo Alto, CA: Consulting Psychologists Press.

Super, D. E. (1951). Vocational adjustment: Implementing a self-concept. *Occupations, 30,* 1-5.

Super, D. E. (1957). *The psychology of careers.* New York: Harper & Row.

Super, D. E. (1963). Self-concepts in vocational development. In D. E. Super & others (Eds.), *Career development: Self-concept theory.* New York: College Entrance Examination Board.

Super, D. E. (1970). *Work value inventory.* Boston: Houghton Mifflin.

Super, D. E. (1976). *Career education and the meaning of work: Monographs on career education.* Washington, DC: The Office of Career Education, USOE.

Super, D. E. (1981). Approaches to occupational choice and career development. In A. G. Watts, D. E. Super & J.M. Kidds, (Eds.), *Career development in Britain.* Cambridge: Hobsons.

Super, D. E. (1983). Assessment in career guidance: Toward truly developmental counseling. *Personnel & Guidance Journal, 61,* 555-562.

Super, D. E. (1990). Career and life development. In D. Brown, L. Brooks, & associates, (Eds.), *Career choice and development: Applying contemporary theories to practice.* (2nd ed.) (pp.197-261). San Francisco: Jossey-Bass.

Super, D. E. (1994). A. life-span, life-space perspective on convergence. In M. L. Savikas & R. W. Lent (Eds.), *Convergence in career development theories: Implications for science and practice* (pp.63-74). Palo Alto, CA: Consulting Psychologists Press.

Swain, R. (1984). Easing the transition: A career planning course for college students. *Personnel & Guidance Journal, 62,* 529-533.

Swanson, J. L. (1997). *Theory into practice in assessing women's career barriers.* Paper presented at the 105th annual meeting of the American Psychological Association.

Swanson, J. L., & Tokar, D. M. (1991a). College students' perceptions of barriers to career development. *Journal of Vocational Behavior, 38,* 92-106.

Swanson, J. L., & Tokar, D. M. (1991b). Development and initial validation of the career barrier inventory. *Journal of Vocational Behavior, 39,* 344-361.

Thomas, K. T., & Parker, R. M. (1992). Application of theory to rehabilitation counseling practice. In S. E. Robertson & R. I. Brown (Eds.), *Rehabilitation counseling: Approaches in the field of disability* (pp. 34-78). London: Chapman & Hall.

Thomas, S. C. (1996). A sociological perspective on contextualism. *Journal of Counseling Development, 74,* 529-536.

Tiedeman, D. V., & O'Hara, R. P. (1963). *Career development: Choice and adjustment.* New York: College Entrance Examination Board.

Tien, H. (1993). *The development of the Chinese Vocational Interest Inventory and a comparison of Holland and Gati Interest models.* Unpublished dissertation, University of lowa, IA.

Tinsley, H. E. A. (1994). Construct your reality and show us its benefits: Comment on Richardson (1993). *Journal of Counseling Psychology, 41,* 108-111.

Tolbert, E. L. (1974). *Counseling for career development.* Boston, MA: Houghton Mifflin.

Tracey, T. J. G., & Hopkins, N. (2000). *The correspondence of interests and self-efficacy with occupational choice.* Paper presented at the annual meeting of the American Psychological Association in Washington, D. C.

Tung, R. L. (1981). Selection and training of personnel for overseas assignments. *Columbia Journal of Word Business, 41*(Spring), 68-78.

Tyler, L. E. (1961). Research exploration in the realm of choice. *Journal of Counseling*

Psychology, 8, 195-201.

United Nations (2009). *The world population prospects: The 2008 revision.* New York: The Author.

Vondracek, F. W. (1992). The construct of identity and its use in career theory and research. *Career Development Quarterly, 41,* 130-144.

Walsh, D. J. (1987). Retinal limits to the detection and resolution of gratings. *J. Opt. Soc. Am. A., 4,* 1524-1529.

Walsh, W. B. (1990). A summary & integration of careers counselling approaches. In W. B. Walsh & S. H. Osipow (Eds.), *Career counselling: Contemporary topics in vocational psychology.* Hillsdale, NJ: Lawrence Erlbaum Associates.

Walsh, W. B., & Osipow, S. H. (Eds.) (1990). *Career counselling: Contemporary topics in vocational psychology.* Hillsdale, NJ: Lawrence Erlbaum Associates.

Walsh, W., Craik, K., & Price, R. (1992). Person-environment psychology: A summary and commentary. In W. Walsh, K. Craik, & R. Price (Eds.), *Person-environment psychology: Models and perspective* (pp. 243-269). Hillsdale, NJ: Lawrence Erlbaum.

Watkins, C. E. (1993). Psychodynamic career assessment: An Alderian perspective. *Journal of Career Assessment, 1,* 355-374.

Webster's new collegiate dictionary (1973). Springfield, MA: Merriam-Webster.

Williams, C. P., & Savickas, M. L. (1990). Developmental tasks of career maintenance. *Journal of Vocational Behavior, 36,* 166-175.

Wilson, P. J. (1986). *School counseling programs: A resource and planning guide.* Madison, WI: Department of Public Instruction.

Yost, E. B., & Corbishley, M. A. (1987). *Career counseling: A psychological approach.* San Francisco, CA: Jossey-Bass.

Young, R. A. (1995). *An action approach to career counseling.* (ERIC Document ED404579).

Zandy, B. L., & Lea, H. D. (1985). *Adult career development: Concepts, issues, and practice.* Maryland: NCDA.

Zunker, V. G. (1990). *Using assessment results for career development.* Pacific Grove, CA: Brooks/Cole.

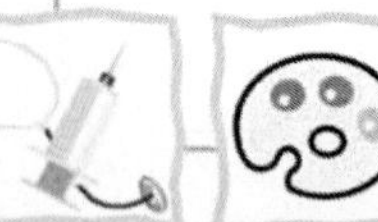

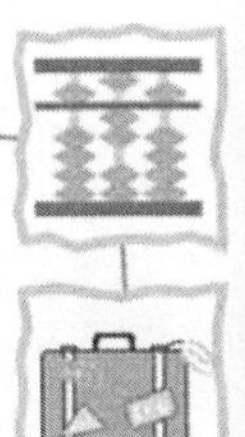

國家圖書館出版品預行編目（CIP）資料

生涯輔導／林幸台等著. --初版.--
臺北市：心理, 2010.11
面；　公分.--（輔導諮商系列；21092）
ISBN 978-986-191-392-6（平裝）

1. 生涯規劃　2. 就業輔導

192.1　　　　99018887

輔導諮商系列 21092

生涯輔導

作　　者：林幸台、田秀蘭、張小鳳、張德聰
執行編輯：李　晶
總 編 輯：林敬堯
發 行 人：洪有義
出 版 者：心理出版社股份有限公司
地　　址：231026 新北市新店區光明街 288 號 7 樓
電　　話：(02)29150566
傳　　真：(02)29152928
郵撥帳號：19293172　心理出版社股份有限公司
網　　址：https://www.psy.com.tw
電子信箱：psychoco@ms15.hinet.net
排 版 者：臻圓打字印刷有限公司
印 刷 者：東縉彩色印刷有限公司
初版一刷：2010 年 11 月
初版四刷：2024 年 3 月
I S B N：978-986-191-392-6
定　　價：新台幣 420 元